抗阻训练
从入门到精通

全彩图解第5版

[英] 托马斯·R.贝希勒（Thomas R. Baechle）

罗杰·W.厄尔（Roger W. Earle） 著

何璘瑄 译

人民邮电出版社

北京

图书在版编目（CIP）数据

抗阻训练从入门到精通：全彩图解 ：第5版 / （英）托马斯·R. 贝希勒（Thomas R. Baechle），（英）罗杰·W. 厄尔（Roger W. Earle）著；何璘瑄译. —— 北京：人民邮电出版社，2022.4

ISBN 978-7-115-56692-8

Ⅰ．①抗… Ⅱ．①托… ②罗… ③何… Ⅲ．①体能—身体训练—基本知识 Ⅳ．①G808.14

中国版本图书馆CIP数据核字(2022)第039209号

版权声明

免责声明

本书内容旨在为大众提供有用的信息。所有材料（包括文本、图形和图像）仅供参考，不能替代医疗诊断、建议、治疗或来自专业人士的意见。所有读者在需要医疗或其他专业协助时，均应向专业的医疗保健机构或医生进行咨询。作者和出版商都已尽可能确保本书技术上的准确性以及合理性，并特别声明，不会承担由于使用本出版物中的材料而遭受的任何损伤所直接或间接产生的与个人或团体相关的一切责任、损失或风险。

内 容 提 要

本书首先介绍了抗阻训练的生理学机制、常用训练器械的类型和使用方法，以及锻炼者需要掌握的拉伸、举重和保护技术。接着，本书采用真人示范分步骤图解的方式，详解了针对胸部、背部、肩部、上臂、腿部、核心区等不同区域的动作练习的执行步骤、常见错误及改正方法，并解析了确定和调整动作练习的训练负荷的方法。最后，本书介绍了制定满足不同需求的训练计划的九大规范化步骤，以及针对特定运动的抗阻训练和高强度间歇训练的方法。

本书既适合富有经验和训练有素的个体，也适合刚开始尝试抗阻训练的新手。不论是希望全面提升肌肉力量、耐力、协调性和灵活性的健身及运动爱好者，还是想要提高自身执教水平的健身及体能教练，都能从本书中获益。

◆ 著　　　[英]托马斯·R. 贝希勒（Thomas R. Baechle）

　　　　　罗杰·W. 厄尔（Roger W. Earle）

　　译　　　何璘瑄

　　责任编辑　李亚欢

　　责任印制　周昇亮

◆ 人民邮电出版社出版发行　　北京市丰台区成寿寺路 11 号

　　邮编　100164　电子邮件　315@ptpress.com.cn

　　网址　https://www.ptpress.com.cn

　　中国电影出版社印刷厂印刷

◆ 开本：700×1000　1/16

　　印张：17.75　　　　　　　　　2022 年 4 月第 1 版

　　字数：364 千字　　　　　　　2022 年 4 月北京第 1 次印刷

　　著作权合同登记号　图字：01-2019-7206 号

定价：128.00 元

读者服务热线：**(010) 81055296**　印装质量热线：**(010) 81055316**

反盗版热线：**(010) 81055315**

广告经营许可证：京东市监广登字 20170147 号

目录

抗阻训练从入门到精通

爬楼梯是一种能够让你变得更强壮、更健康并更能了解抗阻训练的方法。当你准备进行该项训练时，你不能一步跃至终点，但可以一步步地向终点攀爬。

一项来自体育用品制造商的研究表明，在美国，抗阻训练是最受欢迎的体能训练方式，美国有超过5000万人参加抗阻训练。抗阻训练流行的原因很简单：它成效显著，极有助于提高力量水平、肌肉张力，有助于重塑身材、体形并促进健康。除此之外，抗阻训练可以对休闲及竞技运动表现产生积极影响。遗憾的是，关于抗阻训练，编写风格浅显易懂，且能够指导无经验人群较轻松地理解相关知识并充满信心地运用到实践中的书籍寥寥无几。一些书中使用的术语往往比较混乱，解释不够清楚，需要读者短时间内理解的知识过多。因此，仅通过解释和说明并不能使读者熟知抗阻训练的相关技巧和概念。本书将通过精心设计抗阻训练的每一步，并充分提供实践机会及自我评估机会的方式，帮助读者学习和进步。

本书侧重于介绍两个主要领域：第一，介绍练习器械，教你学会在均衡训练计划中进行常见的抗阻训练；第二，本书将介绍制定抗阻训练计划所需的知识。本书开篇将讲述进行抗阻训练后身体的反应与适应，以及合理摄入营养的重要性。随后本书将描述一部分重要内容，这部分包括如何为开始训练做好准备以及怎样安全地使用各类抗阻训练器械。在此基础上，本书将介绍基础的举重技术和训练保护技巧。随后，针对推荐的练习，本书将对其动作技术进行描述。阅读本书时，读者需要格外关注书中介绍的新知识和逐渐增加的训练强度。例如，学习正确的动作技术时，应从较轻的训练负荷（重量）开始。然后，待掌握练习的动作要点后，可以逐步增加负荷。以这种方式来组织、安排练习和训练负荷，可以在无须担心受伤的情况下学习如何完成练习，同时可显著改善肌肉耐力、力量、身体成分和个人整体健康水平。第4章至第9章描述了旨在锻炼某一特定肌群的练习；另外，如果想进行更多具有挑战性的练习，这几章中也有一些附加练习供读者选择。

> 这些附加练习在文中或表格中用星号（ * ）标记，在图片标题中用 🔧 标记。

读者会发现本书中的练习步骤和训练是独特的。本书提供了一种解释和理解抗阻训练内容、技术的有效方法。一步接一步的说明和自我评估方法使这本书成为非常容易理解的指导书，让你能充分利用抗阻训练时间。

此外，本书的新版本增添了关于训练选择（针对特定运动和高强度间歇训练）的延伸讨论，更新了参考文献。在新版本中读者可以发现以前的一些练习现在产生了令人兴奋的变化，这些练习更加精简也更容易应用。另外，本书还增添了一些新练习，使读者可以向更高水平的技术发出挑战。因此本书不仅适用于富有经验和训练有素的人，也适用于那些刚开始尝试抗阻训练的新手。

读者可以从本书的任意一章轻松过渡到下一章。本书的前3章帮助读者奠定了了解训练器械和基本举重的技术和概念的牢固基础。随着不断进步，读者将学习如何以安全、高效的方式来完成一个基本的训练计划。读者还将学会何时以及如何对训练强度进行必要的调整（如改变负荷、重复次数或组数）。当站在顶端的阶梯上时，读者将发现自己已经对掌握的抗阻训练知识和技术有了自信，这些抗阻训练知识可以帮助读者根据自己具体的需求来制定相应的抗阻训练计划。也许最重要的是，读者将会对自己的健康和力量水平以及身体形态的改变而感到满意。

要想弄明白如何围绕第1章至第3章制定个人训练计划，需熟知第1章中的一些概念和知识。它们将有助于读者了解身体如何对抗阻训练产生反应和进行适应，同时会让读者意识到均衡营养的重要性，并使读者在训练方面投入的每一分钟都能得到相应的回报。

本书采用从入门到精通的顺序提供了一个指导完成抗阻训练技术动作的系统方案，该方案还能帮你设计抗阻训练计划。建议用以下方法来学习第4章至第9章。

1. 阅读每章中的详细说明。这个说明涵盖该章涉及什么内容，为什么这一章是重要的，以及如何完成该章中描述的动作；可能涉及一个基本技术、一个概念、一种方法或这三者的结合。

2. 按照技术图片进行训练。图片中会展示并解释练习时如何正确地控制身体姿势，从而使读者正确地完成每一个练习。这些图片展示了练习的每个阶段。对于本书基本计划中的每个练习，通常会建议读者从3个练习（一个自由重量和两个器械练习）中选择一个进行训练。一些练习仅需要自身的体重。

3. 在阅读了每个练习的说明后，请仔细阅读书中的错误动作部分。在进入每一章最后面的练习环节前，读者可以通过了解这些错误动作对自己在练习中的表现进行必要的纠正。

4. 每一章最后的实践环节通过重复且有目的的练习来提高读者的技术水平。阅读每一个练习和小测验的说明及进行成功检查的相关要求，随后进行相应的练习并记下你的得分。训练计划是从易到难的，所以一定要在开始进行下一个训练前确保自己的动作质量达到所要求的水平。本书的编排顺序旨在帮助读者获得持续成效。部分章提供了测试，在继续学习下一章之前，读者可以通过这些测试对自己的水平打分并计算总分，以确定对该章内容的掌握情况。在每章的最后，都有一个"成功总结"帮助读者复习重要的概念和技术；然后有一个名为"在进入下一章前"的小栏目，也可以帮助读者确定是否准备好继续学习下一章。

在第4章到第9章中，当读者已经针对自己身体的每个部分选择了一项练习，并且掌握了基本的技术后，可以准备开始进行第10章中的训练。读者不需要决定进行哪项练习、练习的组数和重复次数，因为这些在第10章中已被事先安排好了。读者需要做的就是按照描述的计划进行练习。

第11章和第12章会介绍第13章中的基本训练计划背后的逻辑——解释"为何"和"如何"。这两章中的一些公式和指南可帮助读者完成确定热身负荷和初始训练负荷这两项较难的工作，并对它们做出必要的调整。这些说明、例子和自我评估问题（包括答案）是十分有用的，通过学习这些内容，读者将会为制定个人训练计划做好准备。

第11章至第13章讲述了有关制定计划的知识；如果进行抗阻训练是为了改善休闲或竞技运动中的表现，可运用第14章中的指南；如果想制定高强度间歇训练计划，可查阅第15章。

在一步步打造健康、强壮、富有魅力的体魄的进程中，祝你好运！这将是一段建立信心、成效显著且充满乐趣的历程！

致谢

感 谢众多来自美国人体运动出版社帮助我们完成此书的人：贸易和专业部门总监贾森·梅辛历（Jason Muzinic），他从一开始就对本项目提供支持（从25年前就开始了！）；开发编辑安妮·哈勒（Anne Hall）；以及执行主编汉娜·沃纳（Hannah Werner）。特别感谢朱莉·马克思·古德罗（Julie Marx Goodreau）执行审查，使本书得以在适当的时间发行；克里·埃文斯（Keri Evans）设计了本书的封面；朱莉·登策尔（Julie Denzer）巧妙地修饰了设计；贾森·艾伦（Jason Allen）为本版拍摄了新照片；戴琳·里德（Dalene Reeder）顺利解决了许可问题。

来自托马斯·R. 贝希勒

我的第一本书是与巴尼·格罗夫斯（Barney Groves）合作完成的，于1992年由美国人体运动出版社出版。从那时起，我所有的书（17本）都是在特别好友罗杰·W. 厄尔和韦恩·韦斯科特（Wayne Westcott）的帮助下编写的。我钦佩这两位绅士的专业知识、大力支持和诚恳态度，但最重要的是与他们多年的友谊。

我还要感谢美国人体运动出版社对深化力量训练和健身知识所发挥的作用。20世纪90年代初期，很少有出版商了解力量训练对改善运动成绩、机体健康方面的贡献，他们同样不了解力量训练对儿童和老年人的积极影响，而美国人体运动出版社是个例外！

由我撰写的这些书籍涵盖了本人在60年的训练、教学以及倡导力量训练安全有效的价值观中所习得知识的精华。我想把这本书献给我的妻子苏茜（Susie）；我的儿子托德（Todd）和克拉克（Clark），以及两位儿媳奥兰达（Orenda）和伊丽莎白（Elizabeth）；我哥哥的家人；还有我的弟弟沃尔特（Walt）和他的伴侣南希（Nancy）；纪念已故的父母埃尔诺拉（Elnora）和沃尔特（Walter），以及哥哥鲍勃（Bob）。

来自罗杰·W. 厄尔

首先感谢本书的合著者托马斯·R. 贝希勒，他在1989年让我这个没有名气的学生与他一起撰写《抗阻训练：为大学生写的讲义》（*Weight Training: A Text Written for a College Student*）。尽管那本"书"只是一本螺旋装订而成的很厚的讲义，但它是你现在拿着的《抗阻训练从入门到精通》的第1版。其中黑白影印的关于运动技术的照片是我穿着Gold's Gym背心拍摄的，而且短裤特别短（但当时很酷），但托马斯仍让我和他一起完成这本书，然后将它作为我们在克赖顿大学一起教授的抗阻训练活动课的必要读物。除了在克赖顿大学的时光，我们还一起代表NSCA认证委员会在全球各地举行认证考试，一路上吃过很多奇怪的东西（如牛骨髓），看到过许多奇妙的景点（如长城）。我们最终由于工作而分开了（虽然我们不想这样），但在经历了生活所带来的许多变化后，我们仍然是坚定的朋友。感谢托马斯给予我的支持、鼓励、力量及我们的宝贵友谊！

我还要公开感谢我的父母罗杰・厄尔（Roger Earle）和卡伦・厄尔（Karen Earle），尽管我们分开多年，但他们从未停止对我的照顾。感谢他们坚定不移的爱。我很幸运能再次和他们一起生活。

特别感谢我的孩子凯尔茜（Kelsey）和她的丈夫萨姆（Sam），以及可爱的女儿乔（Jo）和德西（Desi）；艾莉森（Allison）和她的丈夫马特（Matt），以及被宠坏的小狗露露（Lulu）；纳塔利（Natali）和卡桑德拉（Cassandra），以及她们挚爱的妈妈唐亚（Tonya）和丈夫埃迪（Eddie）；还有我亲爱的孩子凯利（Kelly）和亚历克斯（Alex），他们慷慨地让我走进他们的生活。

我想把这本书献给米歇尔（Michelle），是她使我的生活充实得超出了想象。因为有她，才有现在的我，我永生难忘。

抗阻训练基础

当你以有规律的抗阻训练搭配合理的饮食时，你身体的各个系统会朝着积极的方向转变：肌肉变得更强壮，皮肤变得更有光泽，增加训练内容也不容易感到疲劳，神经肌肉系统（神经-肌肉）变得更加协调。这意味着，大脑学会选择性地募集特定的肌肉和肌纤维，以用于应对抗阻训练的负荷。神经肌肉系统也提升了控制动作速度的能力，并根据每一个练习的要求采用正确的动作模式。

这部分内容有助于你理解身体对抗阻训练会产生怎样的生理反应。另外，你会对营养需求、体重增加或减轻带来的问题、休息的重要性有更深入的认识，并且更加关注训练器械及安全问题。

认识肌肉

肌肉组织分为3种类型：平滑肌（如肠道）、骨骼肌（如肱二头肌）和心肌（如心脏），如图1所示。在诸如抗阻训练这样的运动中，骨骼肌的发展是最重要的。骨骼肌（有时被称为横纹肌）通过肌腱附着于骨骼上，如图2所示。骨骼肌会对来自大脑的刺激做出反应。

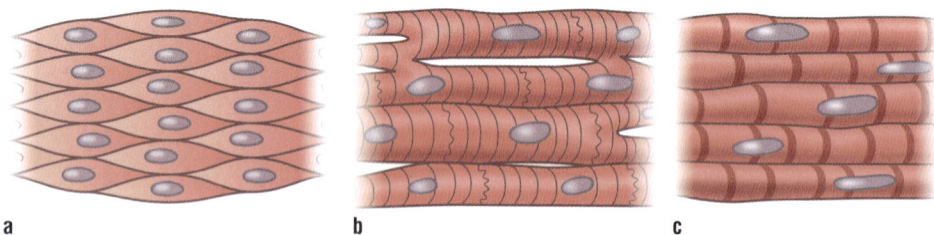

a   b   c

图1　3种肌肉组织类型：a.平滑肌；b.骨骼肌；c.心肌

虽然400多块骨骼肌中的大部分被划分为一个个肌群，但这些骨骼肌也可单独或通过与其他骨骼肌相互配合来发挥作用。个体在进行练习时有哪些骨骼肌参与以及如何参与，取决于其所执行的练习和在该练习中用到的技术。手握器械的宽度、双脚的位置以及移动杠铃杆的路径是决定募集哪些肌肉以及给肌肉多大压力的重要因素。本书的一些图片和说明，会指出进行一项抗阻训练时锻炼的是哪些肌群。

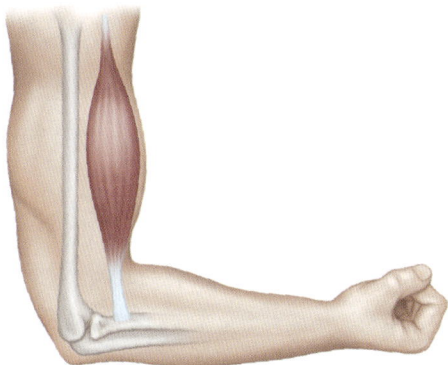

注：肱二头肌肌纤维汇聚至一条肌腱，并附着于前臂的桡骨。

图2 肌肉附着

抗阻训练中肌肉收缩的形式包括等长收缩、向心收缩和离心收缩。

等长收缩（或称静力收缩）时，在肌肉收缩过程中观察不到肌肉长度的变化。有时肌肉在一次收缩过程中会产生"粘滞点（Sticking point）"，这时动作会产生短暂的停顿。

向心收缩是指在肌肉收缩时，肌肉缩短的收缩形式。例如，在肱二头肌弯举练习过程中，当肱二头肌发力将哑铃移向肩部时，该肌肉产生张力并缩短，如图3a所示，这种肌肉运动就是向心收缩。肌肉在向心收缩期间的运动也被称为主动运动。

"离心动作"一词用来描述肌肉张力增大，但被拉长的肌肉动作。仍以肱二头肌弯举为例，在哑铃开始下放时（图3b），肱二头肌的离心动作会控制哑铃下降，此时肱二头肌仍然存在张力。离心收缩与向心收缩的不同之处在于，肌肉离心收缩时肌纤维被慢慢地拉长，以控制下放哑铃的速率。这种运动被称为被动运动，原因在于它的运动方向与向心（主动）运动的方向相反。造成抗阻训练时肌肉酸痛的主要原因是离心运动（拉长），而不是向心运动（缩短）。

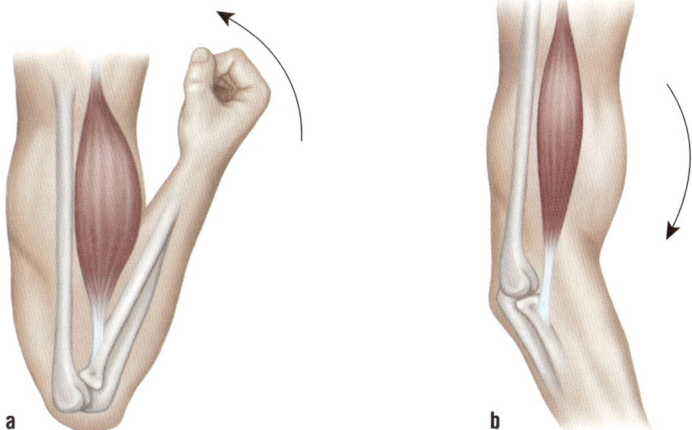

图3 肌肉动作：a. 肱二头肌弯举的向心收缩（向上）阶段，肌肉缩短；b. 肱二头肌弯举的离心收缩（向下）阶段，肌肉被拉长

肌肉力量的提高

抗阻训练提高肌肉力量的程度受不同因素的影响，包括学习动作阶段产生的神经肌肉系统变化，以及肌肉力量的增加引起的肌肉系统变化。这些变化受基因潜力的影响，如受基因影响的肌纤维类型。

"肌肉力量"一词是指在一次收缩中肌肉产生最大力的能力，可以通过检测一个动作或多个动作中的"一次重复最大重量"来测定，通常将"一次重复最大重量"称为1RM。例如，如果在杠铃上加100磅（1磅约为0.45千克，余同）的重量，尽最大力量完成动作时只能够执行一次，那么你在这次练习中的1RM就等于100磅。力量是针对一块肌肉或肌群而言的。这个特殊概念将在第11章进行讨论。

关于抗阻训练引起肌肉力量增加的原因有两种解释。一种解释称其与神经系统变化有关，另一种则称其与肌肉质量增加有关。在第一种情况下，"神经"一词指的是与肌肉系统协同作用来增加肌肉力量的神经系统。在此过程中，附着在特定肌纤维上的神经被命令去刺激这些肌纤维。因此，当动作技术提高时，大脑和肌肉就会学会如何以较小的力气更高效地举起更重的负荷。

通过持续的训练，身体能募集更多的肌纤维，并选择那些在执行较重负荷的练习时最高效的肌纤维。那么，一个神经学习因子会促成力量的变化，许多神经学习因子加在一起会对肌肉带来更显著的影响。这恰好解释了为什么以前久坐不动的人在抗阻训练最初几周中力量会得到提高。

在最初的几个星期后，虽然神经学习因子继续发挥作用，但力量的持续增长主要还是与肌肉质量的增加有关。由于许多单个肌纤维增粗、变强，肌肉的横截面积变得更大；随着肌肉横截面积的增大，肌肉发力的能力也变得更强。因此，早期肌肉力量的提高是神经学习因子导致的，而后期肌肉力量的继续增大则是肌肉质量的增加造成的。

研究表明，进行抗阻训练后，力量提高的程度通常为8%~50%，取决于以下方面：（1）个体训练习惯和最初测试时的力量水平；（2）评估的肌群；（3）训练计划的强度（负荷、重复次数、组数、间歇时间）；（4）训练计划的时长（周、月、年）；（5）遗传因素。对于以前没有受过抗阻训练的个体，以及那些进行大肌群练习、负荷较大、组数较多、训练安排较密的个体，力量提高的程度最大。人体的一些特质，如肌肉长度、肌腱附着在骨骼上的角度，决定了力学上的优势和劣势，它们能够提高或限制一个人的力量潜能。

男人一般比女人强壮，这并不令人感到吃惊。但是，这种差异与肌肉质量和肌肉发力的能力无关，因为男性和女性在这两方面几乎是相同的。男性平均肌肉组织含量占其总体重的40%，女性则占23%，这种差距在很大程度上造成了男性的力量优势。这种差异也有助于解释为什么一般情况下，在上肢力量方面，通常女性力量水平比男性低43%~63%；在下肢力量方面，通常女性力量水平比男性低25%~30%。

由此得出"女性力量增长的潜力与男性不同"的结论是错误的，但女性的绝对力量与男性相比绝不在一个层面上。研究表明，只要经常参加高强度的举重训练，女性举重运动员、力量举运动员和田径运动员的肌肉质量也可以达到与男性类似的水平。同时，抗阻训练的研究结果一再表明，执行低强度训练计划的女性可以在不增长不必要的肌肉体积的情况下，显著提高肌肉力量和张力。发生这些变化的同时，身体脂肪也会减少，这将使她们的身体更健康，也更具有吸引力。

肌肉体积的增加

现在我们还不清楚究竟是什么导致了肌肉体积的增加，但肌肉肥大、肌肉增生和遗传基因是经常被探讨的因素。

通常认为肌肉体积的增加是现有肌纤维的增粗导致的，这些现有肌纤维在人一出生时便存在。在肌纤维内，那些非常细的蛋白质链（肌动蛋白和肌球蛋白）的尺寸增大，形成更大的肌纤维。许多单个肌纤维增粗带来的累积效应导致了视觉上整个肌肉体积的改变。这些现有肌纤维的增粗被称为肌肉肥大（图4）。

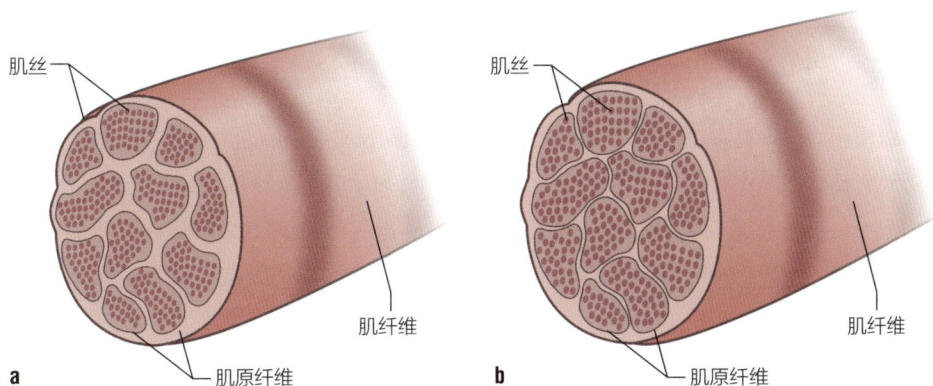

图4　肌肉体积变化（训练导致肌肉肥大）：a. 训练前的肌肉；b. 训练后的肌肉。注意构成肌原纤维的肌丝直径的变化

尽管目前人们普遍认为肌肉肥大是肌肉体积变大的原因，但一些研究表明，肌肉体积变大是由于肌纤维纵向分裂后形成了新的肌纤维，这种理论被称为肌肉增生。肌纤维的分裂也被认为是肌肉体积增加的原因。

如果接受肌肉肥大理论中现有肌纤维增粗的过程，那么就必须承认一块肌肉的体积增加存在一定界限，这是遗传因素的限制导致的。因为肌肉体积的增加是现有肌纤维的增粗导致的。正如我们所知，有些人的肌肉肌腱复合体天生有利于发展力量，而对肌纤维的数量而言也是一样的道理。有些人天生就比别人拥有更多的肌纤维，因此他们肌肉肥大的基因潜能会更强大。不论遗传基因如何，都应设计一个有效的训练计划并刻苦训练，这样才能充分开发潜能。

前面提到的骨骼肌可以分为两种基本类型（白肌纤维和红肌纤维），每一种类型的肌纤维都有独特的功能和特点。白肌纤维能够产生更大的力，但是容易疲劳。通常情况下，白肌纤维体积增大的速度更快。由于白肌纤维具备产生更大力的能力，所以在抗阻训练和需要高水平爆发力的运动项目中，募集的是白肌纤维，例如，田径项目中的铅球、铁饼和标枪，或者美式橄榄球。

红肌纤维相对白肌纤维而言产生的力较小、产生力的速度较低，但是它的耐力较强，也就是说红肌纤维在感到疲劳前持续收缩的时间更长。有氧代谢主导的运动项目中募集的是红肌纤维，例如，长跑、游泳和自行车，这类项目所需的力量较小但需要更强的肌肉耐力。

不是每个人都拥有同样比例的白肌纤维和红肌纤维。白肌纤维比例较大的个体发展力量的潜力较大，因此，在某些力量主导的运动项目中或在抗阻训练这样的活动中他们更可能取得较好的成绩或效果。相反，那些红肌纤维比例较大的个体在那些需要较小力量和较高水平肌肉耐力的活动中取得成效的潜力更大，例如，长距离游泳或马拉松比赛。

提高肌肉耐力

肌肉耐力是指肌肉在较长的一段时间内以中等负荷反复收缩的能力。肌肉耐力提高的表现为肌肉疲劳前肌肉收缩的时间延长，个体在一项练习中能重复更多的次数。在这一点上，肌肉耐力与肌肉力量不同，肌肉力量是肌肉单次尽最大力收缩的能力。和肌肉力量一样，肌肉耐力针对训练涉及的某块肌肉或某些肌肉。例如，规律地进行肱二头肌弯举，增加重复次数，能增加上臂前部肌肉的肌肉耐力，而不是腿部肌肉的肌肉耐力。

抗阻训练对肌肉耐力的提高是通过减少运动早期募集的肌纤维数量并为后续运动留有一定的肌纤维储备实现的。运动中募集的肌纤维数量减少与肌肉力量的增强有关，也就是完成相同运动动用的力量百分比降低了。例如，如果在肱二头肌弯举中测得个体最大力量为50磅，那么完成负重为25磅的肱二头肌弯举需要动用个体50%的力量。然而，如果通过定期训练，肱二头肌力量增加到100磅，那么执行这个任务只需要动用练习者25%的力量，动用的力量百分比也就降低了。

改善心肺耐力

许多研究已证实，抗阻训练对于心肺耐力的影响通常表现为摄氧量的变化（肌肉运输和摄取氧气的能力）。可以肯定地说，负荷较大、重复次数较少、组间休息时间较长的抗阻训练计划对心肺耐力的影响较小。当训练计划中的训练负荷为轻度到中度（1RM的40%~60%），重复次数较多（15次及以上），并且组间休息时间较短（30~60秒）时，提升一点摄氧量和力量（5%）是有可能的。在这种情况下，摄氧量的变化程度同样受到整个训练计划的训练强度和时长（周、月、年）的影响，另外还受到训练计划开始前个体的体能情况和力量水平的影响。尽管抗阻训练不是增强心肺耐力最有效的形式，但可以制定抗阻训练计划来增大力量，并在一定程度上改善摄氧量。

改善心肺耐力最有效的方法是进行有氧运动，如散步、跑步、游泳、骑自行车或越野滑雪。这样的运动包含连续的、有节奏的动作，比抗阻训练这类无氧运动持续的时间长。一个设计良好的整体健身计划应该同时包括抗阻训练和有氧运动。

改善肌肉协调性与柔韧性

有些人仍然认为抗阻训练会降低肌肉协调性并减少肌肉柔韧性，尽管事实与之相反。在完成一组重复练习后，肌肉即刻感到麻木（失去触觉），上、下肢感到沉重，这些只是暂时的，并不会降低肌肉协调性。恰恰相反，抗阻训练有可能产生改善肌肉协调性的效果。握紧杠铃并将其从地面举过头顶（借力推举），让放在后背的杠铃杆保持平衡（*后蹲），以及平衡地举起两手中的哑铃（*哑铃仰卧飞鸟），这些动作都有助于改善肌肉协调性。肌肉协调性的改善，配合腿部力量的增加，还有助于减少老年人跌倒的风险。

运用良好的技术，并采用一种对动作加以控制的方式来进行抗阻训练，能够提高所有关节活动范围下的肌肉力量。这样的训练还将改善肌肉的柔韧性，为提高力量起到更好的刺激作用，同时也有利于降低受伤的概率。目前还没有证据表明，合理进行抗阻训练会降低柔韧性和动作的协调性。

抗阻训练对青春期前儿童的好处

研究表明，青春期前的儿童参加一项精心设计、在监督指导下的抗阻训练计划后，肌肉力量可提高40%，这种肌肉力量的增长要远大于他们仅通过自然生长发育获得的肌肉力量增长，并且小至6岁的儿童从抗阻训练中也受益良多。人们普遍认为，这些力量的增长可归因于先前讨论的神经系统因素（而不是肌肉质量的增长）。抗阻训练的其他好处包括：强健骨骼，改善身体成分，提升发力的功率和速度。

抗阻训练对老年人的好处

针对老年人的研究发现，那些有规律地进行锻炼的老年人能保持他们的健康水平。然而那些活动不足的个体在30~40岁每年大约减少0.5磅的肌肉，50岁后，每年会减少约1磅的肌肉。赫伯特·德弗里斯（Herbert deVries）是一名令人尊敬的研究人员，他认为在老年人中观察到的肌肉流失是久坐不动的生活方式导致的，是衰老的结果之一。

老年人进行抗阻训练的好处是显著的。它可以建立一个更强大的肌肉骨骼系统，提高骨密度，预防骨质疏松症；而且它还可以提高身体力量，降低跌倒率和退行性疾病的发病率，从而提高生活质量。

整体健康的改善

除了前面提到的好处，有规律的抗阻训练还可以通过增加葡萄糖的消耗来降低患2型糖尿病的风险；通过降低血压来降低患心血管疾病的风险；通过增加胃肠蠕动速度来降低患结肠癌的风险；通过增加骨密度来降低患骨质疏松症的风险。这些好处，连同力量、肌肉耐力、身体成分、协调性和柔韧性的改善，可以显著改善一个人的整体健康状态。

不管是男性还是女性，老年人还是年轻人，在开始抗阻训练的早期通常不会感到力量增强，直到第3周或第4周以后。抗阻训练第1周通常伴有力量下降的特点，这或许是因为肌肉组织产生微创伤（撕裂），另外疲劳也可能是原因之一。在第1周的最后一部分训练中，力量的下降会尤其明显，所以如果在第1周快结束时感到乏力，不要觉得惊讶。随后，个体将会对接下来的力量增加而感到兴奋、印象深刻：未来每周可能会提高6%的力量。

延迟性肌肉酸痛和过度训练

当个体在开始抗阻训练的第1周或第2周中感觉到一定程度的肌肉酸痛时，不要感到惊讶或气馁。虽然没有明确的说法来解释为什么我们会感到延迟性肌肉酸痛，但我们知道它与一项练习的离心阶段有关。例如，肱二头肌弯举和自由重量卧推的下放（离心）阶段会导致肌肉酸痛，但这些练习的举起（向心）阶段通常不会引起肌肉酸痛。通常肌肉的酸痛不适会在两到三天后消退，令人感到不可思议的是，导致肌肉酸痛的训练正是有助于缓解肌肉酸痛的方法。因此，要减轻肌肉酸痛，可以尝试在导致肌肉酸痛的训练中减轻负荷或不使用负荷，以及在训练前后进行拉伸。

过度训练与延迟性肌肉酸痛不同。过度训练是一种在一段时间里运动表现处于平台期或运动表现下降的状态。当身体尚未从上一次训练中充分恢复就进行下一次训练时，就会发生过度训练。通常，过度训练是由于忽视训练间的休息，训练太过猛烈（生病后过快恢复训练或每周安排的训练太多），营养习惯不良，或者没有遵循推荐的训练指南。

过度训练的身体警示信号如下。

- 一次训练后肌肉极度酸痛和僵硬。

- 从一次训练到下一次训练期间肌肉的酸痛感逐渐增加。

- 体重减少了，尤其是在并没有努力减重时。

- 无法完成与当前体能水平相匹配的合理训练。

- 食欲降低。

如果出现两个及以上的上述症状，个体需要降低训练强度、训练频率或缩短训练时间（或这些方法的组合），直到这些警示信号消失。相比从过度训练恢复至正常训练，有效预防更可取。

遵循以下的方法，避免过度训练。

- 逐渐增加训练强度。

- 高强度训练与低强度训练交替进行，使身体在训练中充分恢复（在第12章中讨论）。

- 保证睡眠时间充足。

- 合理饮食。

- 根据实际需要调整训练强度。

营养和体重问题

营养学是研究营养素如何在训练和休息时提供维持身体功能的能量、物质和营养的学科，这些营养素包括碳水化合物、蛋白质、脂肪、维生素、矿物质和水。有一个良好的营养规划并结合规律的训练计划，那么取得成效将是自然而然的结果。

一般的健康膳食指南（碳水化合物、脂肪和蛋白质各自的占比为55%、30%和15%）就适合那些进行抗阻训练的个体。50岁及以上的个体应摄入额外的蛋白质，使蛋白质摄入量超过15%的水平。尽量选择含有复合碳水化合物的食物，而不是那些仅含单糖、饱和脂肪酸或不饱和脂肪酸的食物。确保适量饮水（每天6~8杯水）。遵循这些膳食指南，个体会获得人体必需的能量和营养素，有助于改善肌肉力量、耐力，使肌肉变得更加发达。

下面是关于影响身体机能的营养和膳食因素的概述。有关此主题的更多信息，请参阅美国营养和饮食学会官方网站、美国农业部的"选择我的餐盘"官方网站、《南希·克拉克的运动营养指南（2020年版）》[*Nancy Clark's Sports Nutrition Guidebook*（2020）] 或《中老年人力量训练指南》（*Fitness Professional's Guide to Strength Training Older Adults*）中有关中老年人营养的内容。

营养需求

碳水化合物是人体能量的主要来源。每克糖提供4千卡（1千卡约为4.19千焦，余同）能量，可分为单糖和多糖两类。对于那些训练强度较大的个体而言，增加多糖（复合碳水化合物）的摄入量是非常重要的。首选的碳水化合物来源有麦片、面包、面粉、谷物、水果、意大利面和蔬菜（复合碳水化合物），其他来源包括糖果、加糖谷物、含糖饮料、甜点和蜂蜜（单糖）。

脂肪提供的能量更多，每克脂肪提供9千卡能量，是碳水化合物或蛋白质的两倍多。脂肪能够保持皮肤健康、保温并保护重要器官。脂肪可以从植物性食物或动物性食物中获得，通常分为饱和脂肪酸与不饱和脂肪酸。不饱和脂肪酸（包括单不饱和脂肪酸、多不饱和脂肪酸）是首选的，因为它们有益于降低患心脏病的风险；不饱和脂肪酸的常见来源有橄榄油、菜籽油和玉米油等。饱和脂肪酸的常见来源有肉类（如牛肉、羊肉和鸡肉）、乳制品（如奶油、牛奶和奶酪）与鸡蛋。

蛋白质是人体细胞的组成部分。它负责修复、重造和更新细胞，调节所有的身体机能，并在某些情况下提供能量。每克蛋白质提供4千卡的能量。蛋白质的基本构成单位是氨基酸，氨基酸又进一步被分为必需氨基酸和非必需氨基酸两类。通常组成人体绝大多数蛋白质的20种氨基酸中，有8种（或9种，根据不同的参考标准而定）被认为是必不可少的，必须通过饮食获取。其他的12种（或11种）被称为非必需氨基酸，可以在人体内合成。含有的必需氨基酸种类齐全、含量充足、比例适当的蛋白质被称为完全蛋白质。

肉、鱼、家禽、蛋类、牛奶和奶酪都是完全蛋白质的来源。推荐的富含蛋白质的食物包括奶制品、瘦肉和鱼，它们也属于低脂肪食物。不完全蛋白质的来源有面包、谷物、坚果、干豌豆和豆类。

对于身体维持正常生理功能而言，维生素是必不可少的。维生素分为水溶性维生素和脂溶性维生素两种。不管哪种类型的维生素都不含能量，补充维生素也不会为身体提供更多的能量。

矿物质是人体代谢过程的生成器、活化剂、调节器、传送机和控制器。和维生素一样，矿物质也不提供能量。

水虽然不为身体活动提供能量，但它为代谢提供媒介，同时也是新陈代谢的最终产物之一。水约占肌肉组织重量的72%，占人体总体重的40%~60%。通过对饮水和排尿的调节，身体能够保持精妙的水平衡状态。

上述营养指南及美国营养政策与促进中心提出的营养指南，可以帮助个体为健康饮食选择最合适的食物。指南建议吃多种食物，饮食中增加面包、水果和蔬菜的分量，限制脂肪和糖的摄入。这些营养指南可以帮助个体根据年龄、性别和活动水平找到适合自己的食物。

节食和减肥

身体成分是指构成身体的脂肪质量与瘦体重质量（肌肉、骨骼、器官）的比。与仅仅用体重秤评价身体构成不同，身体成分是描述健康和体质状况的一种更加准确的方法。饮食摄入和活动水平这两个因素会对身体成分产生重要影响。

不幸的是，超过66%的美国人在所有时间均进行某种形式的节食。每天都有数以百万计的人在减肥，有些人的体重降低了，但他们之中很多人的体重又会反弹。多数人都希望能以某种方式减肥或保持体形。实际情况却是，那些旨在快速减肥的食谱并不能有效地帮助人们保持健康和苗条。事实上，许多节食食谱对人体是有害的。

我们有充分的证据来证明为什么节食通常不起作用，并且有更好的理由来解释为什么合理饮食加上规律运动会对减肥有良好的效果。节食，特别是速效节食，是无效的，因为身体能通过降低代谢率（食物转化为能量的速率）使身体迅速适应食物摄入量的减少。这是身体对抗脂肪消耗的代偿作用。例如，当一个人通过限制饮食使体重减少10磅时，身体会调节基础代谢率并适应这个限制的饮食量。之后，当增加食物摄入量时，由于机体的日常消耗量低于节食前，身体将把增加的摄入量作为多余的能量并将其转化为脂肪。这种不断重复减肥又快速复胖的溜溜球效应不仅对改善体形无益，同时也不利于健康。

在实施严格的节食计划早期，体重的减轻并不是由于脂肪减少，而是由于体内水分的流失。很多节食计划会限制碳水化合物的摄入。这样做会降低身体水分的含量，因为我们身体中储存的许多水分是在储存碳水化合物的过程中积累起来的。因为体内水分减少而使体重下降只是暂时的，一旦身体重新恢复体液平衡，体重则会恢复，而之前误认为脂肪含量下降的说法也将不攻自破。

同样，如果女性节食者每天摄入的能量长期少于1200千卡，男性少于1500千卡，他们的肌肉组织和脂肪含量通常会下降。在此能量摄入水平下进一步降低能量摄入，那么相较脂肪而言，身体减少的肌肉组织会更多。所以，虽然节食者体重减轻了，但实际上他们变得更胖了，因为与瘦体重相比，身体的脂肪量增加了。

正确的控制饮食的目标应该是减轻整体体重，并同时维持肌肉含量不变。进行过山车式减肥的人，每次经历节食、复胖、再节食的过程对他们的身体都会造成一定的损害。

很多超重的人认为，因为他们比较重，所以需要吃更多的食物来喂饱他们的身体。实际上，在很多情况下事实是相反的。他们的身体含有太多的脂肪了，脂肪的代谢并不像肌肉那样活跃。相反，运动的肌肉会消耗能量。你含有的肌肉量越多，身体就会消耗越多的能量，快速储存的脂肪燃烧得也越快。比较两个身高相同的人，其中一个更重，身体状况也更差。另一个体重较轻的人因为处于良好的健康水平，肌肉含量更多，储备的脂肪更少，而且与活动量少、体重更重、更胖、肌肉量少的人相比，其需要摄入的能量反而更多。

对许多人来说，减少体内多余脂肪最有效的方法就是适度限制能量的摄入，同时进行有氧运动和抗阻训练。这些运动将会消耗能量，并维持或增加肌肉含量，改善脂肪和肌肉的比例。连续性的、重复的有氧运动会调动大肌群，如骑自行车、游泳、散步、慢跑、越野滑雪和跳绳。这些运动会最大限度地促进能量消耗。与之相比，高尔夫是一种动作不连续、节奏性不强的运动，因此，对于同体重的个体而言，打高尔夫消耗的能量只是仰泳消耗的能量的一半。

通常抗阻训练消耗的能量没有有氧运动多，但抗阻训练有助于保持或增加肌肉量。这是很重要的，因为肌肉越多，消耗的热量也就越多。

如果你想减肥，你可以试着每周减掉1~2磅。每周减重太多通常会导致肌肉组织的减少。1磅脂肪大约提供3500千卡能量，所以每天膳食摄入减少250到500千卡能量，一周将总共减少1750到3500千卡能量。结合规律的运动，同时限制能量摄入，可提高每周减肥的速度，并有助于保持当前体重而不反弹。

增加体重

大多数锻炼的人不会对增加体重感兴趣，但是，一些人进行抗阻训练的确是想要专门增加肌肉含量、增加体重。要做到这一点，增加能量摄入并结合规律训练是十分必要的。抗阻训练会促进肌肉生长和体重增加。每日能量需求之外的额外能量摄入为肌肉组织的增长提供了基础。肌肉每增加1磅就需要消耗额外的2500千卡能量。在脂肪摄入量不变的情况下，蛋白质和碳水化合物（强调复合碳水化合物）摄入量的增多有助于促进瘦体重和肌肉体积的增加。

请注意，女性通常不会变得和男性一样有那么多的肌肉。所以对女性而言，通过抗阻训练使体重明显增加是不太可能的，除非她通过增加能量摄入和专门进行针对肌肉肥大的高强度训练，来努力达到体重增长。

蛋白质需求、营养补充和类固醇

虽然许多人认同应补充蛋白质、矿物质和维生素，但仅有小部分研究证实，对于具有良好营养膳食的人，补充蛋白质、矿物质和维生素会增强肌肉耐力、肌肉体积和肌肉力量。营养师、运动生理学家和运动医学医生一再表明，正常饮食即可满足一般人群的蛋白质摄入需求。例外的情况可能是，那些进行高强度训练的个体需要增加碳水化合物和蛋白质的摄入量。

关于营养品补充的话题往往都伴随着类固醇的问题。寻求捷径是人类的本性，尤其是对于那些渴望使自己的身体更强壮、更健康、更具吸引力的个体而言更是如此。但是在这方面没有安全的捷径。在遵循合理膳食和规律锻炼的基础上，补充合成类固醇激素有助于增加瘦体重，但是它带来的有害副作用要远远大于积极作用。

目前补充类固醇有两种形式：口服（丸剂）和注射（皮下注射器注射水基或油基液体）。类固醇补充剂的效力是通过比较合成作用（增加肌肉和力量）与雄激素效应（男性或女性的第二性征，如体毛长度或密度的增加、声调降低、乳房增大）的比值来衡量的，这个比值被称为治疗指数。

在美国国家体能协会（Hoffman et al., 2009）发布的声明中有一些关于类固醇使用的研究，结果表明，类固醇会增加力量和肌肉体积，但并非他们使用的所有类固醇的试验结果均为阳性。长期大剂量地摄入类固醇可能会对正常的睾酮（天然类固醇）分泌功能带来长期的损害，降低睾酮水平，并影响将来的生长发育。随着睾酮的减少，身体将不能维持并继续生长发育。

常见的使用类固醇带来的负面健康影响是患慢性疾病，如心脏病、肝炎、泌尿系统异常和性功能障碍。短期影响包括血压升高、痤疮、睾丸萎缩、男性乳房发育症（男性乳房增大）、乳头酸痛、精子数量下降、前列腺肿大和攻击性增强。其他众所周知的副作用包括脱发、发热、恶心、腹泻、流鼻血、淋巴结肿大、食欲增加和排尿时有烧灼感。也曾有报道称，补充类固醇会引起极端心理症状，包括偏执、幻觉和幻听。

短期使用类固醇后，只要停止继续使用，大多数副作用会消失。然而，服用过类固醇的女性会永久性地变声，面部毛发颜色加深，脱发以及乳房变小。

服用合成类固醇的严重后果之一是引发冠状动脉疾病。一些研究者已表明，服用类固醇会引起总胆固醇水平升高、高密度脂蛋白（High-density Lipoproteins，HDLs）水平降低，还伴有血压升高的现象，所有这些变化都是引发心脏病的重要危险因素。然而，有一些人认为，在开始使用类固醇前他们的胆固醇水平就已经处于较高水平了。

训练成功的关键

在学习正确的抗阻训练技术前，让我们一起回顾一些训练的基本原则。为了后续安全、有效地训练，个体需要知道这些原则。在这里被列出来的因素会根据需要在本书的其他章节里被重申和讨论。

- 获得医疗许可。如果个体有（或曾经有）关节问题（如关节炎）、呼吸道疾病（如哮喘）或心血管疾病（如高血压、心律失常或心脏杂音），那么对其而言抗阻训练或许不是一种合适的运动。这些身体状况必须在制定训练计划前，特别是开始训练之前被明确。仔细考虑下述问题。如果你存在下述问题中提到的情况，那么在是否能进行抗阻训练这一问题上，你需要遵医嘱。

这些问题中如果你有一个回答为"是"，那么你需要咨询你的医生是否能进行抗阻训练。

是　不是

____ ____ 是否做过手术？是否存在骨骼、肌肉、肌腱或韧带问题（特别是后背、肩部和膝关节）？这些问题会因为运动而加重吗？

____ ____ 是否超过50岁（女性）或45岁（男性），或者不经常锻炼？

____ ____ 是否有心脏病病史？

____ ____ 是否之前有医生告诉过你，你的血压过高？

____ ____ 是否之前吃过处方药，如治疗心脏病或高血压的药？

____ ____ 是否有过胸闷、严重的眩晕或昏厥？

____ ____ 是否有过哮喘等呼吸道疾病？

____ ____ 是否有前面未提到的身体或健康问题，被建议不要进行抗阻训练？

[经许可，源自：T. R. Baechle and R. W. Earle, *Fitness Weight Training*, 3rd ed. (Champaign, IL: Human Kinetics, 2014), 174.]

- **训练前后的热身和放松。**训练前应该进行热身运动，充分激活肌肉以适应后续的训练。训练后的整理放松能使你的肌肉充分恢复，也为发展柔韧性提供良好的机会。第2章会给出热身和放松练习的指南。

- **规律训练。**遗憾的是，当进行维持心肺功能、肌肉力量和耐力、柔韧性和肌肉量的训练时，"用进废退"的说法是正确的。人体与任何被设计出的机器都不同，这一点体现为身体进行的训练越多，人体的效率越高，不训练反而会退化。不规律的训练会拖慢训练进程，也会让许多最初抱有美好希望的新手半途而废。

    一个有规律的训练计划的失败经常始于一堂训练课的间断，最终导致错过更多的训练。每缺席一堂训练课，个体将会离改善身体健康、力量和体形的目标更远。规律训练是非常重要的，因为训练状态会在停练72小时后降低。

- **循序渐进地提高训练强度。**在规律训练的基础上，并在合理的时间内逐渐提高训练强度，身体能够适应抗阻训练带来的刺激。相反，当训练强度随意变化时，身体的适应能力，以及身体变得更强壮、更有耐力的概率会大打折扣。在这种情况下，训练效果不会有很大的改善，促使你继续训练的兴奋感也会不复存在。随着热情的减弱，训练变得更加困难，成效更无从谈起。无序的训练安排经常会导致迟迟不退的肌肉酸痛，而这将进一步减弱你的训练热情。

- **保质保量地完成动作重复。** 似乎有许多人认为,不管个体技术是否正确,在一项练习中重复的次数越多,带来的提高就越大。动作重复的速度是影响个体高质量地完成动作重复的关键。

  在一项旨在发展爆发力的抗阻训练计划(第14章)中,与爆发力相关的练习动作是必不可少的。但在训练计划的早期阶段,我们希望个体能够控制动作的节奏,缓慢地做动作。在练习时动作必须缓慢,使运动关节充分伸展和屈曲。例如,在做肱二头肌弯举时,肘关节要充分伸直,然后充分屈曲。不推荐采用猛拉、抛投以及使用爆发力的方式去完成一次动作重复。本书第4章到第9章和第14章会提供关于正确动作技术的指导。

- **遵循行业规则。** 正如网球、保龄球、高尔夫等其他运动项目需要参与者遵循特定的规则和礼仪一样,参与抗阻训练的个体也应该了解相关规则。有些规则与安全有关,另一些则与礼仪有关。如果每个人都遵守以下的规则,那么训练过程将会更加安全、更加愉快。

  - 使用后将器械放回指定位置。

  - 使用后擦拭设备(特别是室内设备)。

  - 完成举过头顶的动作时不要靠近正在以仰卧姿势训练的个体(如进行自由重量卧推、*哑铃仰卧飞鸟或健身球扩展仰卧卷腹的个体)。

  - 不要独占器材,在组间休息时主动让出器材供他人(使用相同的器材)使用。

  - 如果你有能力,主动为他人进行训练保护。

  - 有控制地把杠铃和哑铃放回地面,而不是直接扔回地面。

- **科学饮食。** 营养是关键因素。如果饮食不均衡、不合理,那么努力地训练也是没有意义的。营养不良能降低个体的肌肉力量、耐力和肌肉围度。因为训练会引起身体能量消耗的增加,所以你需要营养来帮助身体适应,并促进体质改善。如果你很认真地想让自己变得更强壮,那么训练时忽视营养学的重要性是极不可取的。

- **在训练计划中空出休息日。** 在你的训练计划中空出休息时间对于改善肌肉适能是非常重要的。连续几天一直训练而没有让身体得到充分休息,可能导致训练效果下降,训练进入瓶颈期,甚至受伤。适当的休息和有规律的训练一样重要。

- **坚持下去。** 要想在有限的训练时间中获得最大的成效,个体必须学会在多组练习中克服肌肉疲劳时不舒服的阶段(当然,之后个体会知道如何正确进行练习)。当这个阶段来临时,个体必须愿意坚持克服这种不适(不是疼痛)。

相信抗阻训练会给个体的健康和体质带来显著的变化,而不断坚持、努力训练是必不可少的。通常情况下，个体很快会感受到肌肉张力（肌肉硬度）的变化。在第2周和第3周之后，个体会明显感受到肌肉力量和耐力的变化。但是，在训练的早期阶段一定要对运动表现的变化做好准备，当后期训练没有早期训练产生的效果明显时不要气馁。

当大脑试图分析每项练习中特定动作募集（使肌肉收缩）的是哪些肌肉时，大脑正在描绘一条学习曲线，神经肌肉系统（大脑、神经和肌肉）正在学着适应训练带来的刺激。这时一定要有耐心！这一时期之后，肌肉张力和力量会显著提高，肌肉酸痛感也会降低。在训练计划中这是令人兴奋的时刻！此时，你的态度将决定你未来获益的大小。

资源

毫无疑问，抗阻训练作为改善身体健康、身体形态及休闲和竞赛运动表现的一种有效、安全的方法，已经受到人们的普遍认可。抗阻训练的"黑暗时代"已经被越来越多的科学证据终结，这些证据鼓励大众进行抗阻训练，并对抗阻训练的益处进行了科学解释。

关于抗阻训练的资源有很多，包括大型专业会员制组织机构印刷的纸质书和电子书，以及网上课程。这些资源有助于大学生上课或准备职业认证考试来提高职业技能，或制定私人健身计划。有两本书提供了关于抗阻训练的科学基础、训练计划设计概念及指南的广泛和深入的综合性指导，这两本书是《NSCA-CSCS美国国家体能协会体能教练认证指南》（*Essentials of Strength Training and Condtioning*）和《NSCA-CPT美国国家体能协会私人教练认证指南》（*NSCA's Essentials of Personal Training*）。

练习目录

胸部

背部

肩部

上臂：肱二头肌

上臂：肱三头肌

腿部

核心

爆发力

第 1 章

抗阻训练器械的选择及
正确使用指南

目前为止，我们已经了解了身体对抗阻训练所产生的适应以及良好饮食的重要性。那么，了解不同类型训练器械的最佳时期就是现在，以下这些器械在抗阻训练中经常被使用。这一章将集中介绍并讨论不同类型训练器械的特征，以及如何正确、安全地使用它们。

器械的使用与安全

当我们第一次走进设施精良的健身馆时，不免会感到困惑或有一些担心：这些大小各异、奇形怪状的机器，或短或长的杠铃杆和不同重量及孔径的配重片，不同重量且有时颜色不同的壶铃，大小各异的球，颜色各异、长短不同、厚薄有别的弹力带到底如何使用。因此，我们非常有必要了解每种器械的名称、结构并学习如何正确使用这些器械，这样不仅会增强训练的自信心，还可以让训练更加安全。

很多时候，不同的器械将在很大程度上决定训练的方法。例如，如果不能使用第5章所示的滑轮组合训练器（背部练习），将无法通过 *背阔肌下拉动作来锻炼背部肌肉。因此，在开始一项抗阻训练计划前，合理的做法是首先熟悉器械并确保能正确使用它们，这一过程包括了解组合器械和自由重量器械的类型、特征和安全使用说明等信息。

组合器械

训练设施中的大多数器械都被设计用来进行动态练习（以动态形式完成的练习）。与之相反的是等长（静态）练习，比如在固定不动的器械上进行推或拉，这种练习方式的动作很难被观察到。在器械上进行的动态练习可以使肌肉以可控的收缩和拉长形式来对抗阻力。

图1.1展示的是单一功能器械和复合功能器械，因为可以通过一个插栓快捷、方便地调节负荷大小，被统称为可调节器械。单一功能器械（图1.1a）旨在针对单一肌群进行训练。复合功能器械（图1.1b）指有两个或两个以上器械单元与主体相连的器械，练习者通过简单的位置改变，就可以锻炼到不同肌群。

固定阻力器械

固定阻力器械通常指的是具有一个预设滑轮的器械（图1.2）。仔细看这些器械的结构，如图1.2所示，手柄被固定在缆绳的远端，缆绳近端与配重片相连，通过拉动手柄，缆绳带动配重片的移动来获得阻力。有些时候，缆绳的材质可以根据具体需要去更换，例如，链条或皮带。

使用固定阻力器械时，完成动作的某些阶段需要更用力，好像有人在动作过程中改变了负荷一般。这类设备的局限就在于此：肌肉在整个运动范围内所承受的负荷并不一致。

图1.1　组合器械：a.单一功能器械；b.复合功能器械

可变阻力器械

为了使肌肉收缩时所承受的压力更加稳定，可变阻力器械可能会有一个肾形的轮子或者称之为凸轮（图1.3）。凸轮的形状对配重片相对支点的距离的影响如图1.4所示。当链条、缆绳或皮带连接凸轮的凸起和凹陷处并处于滑动轨道上时，注意支点（凸轮旋转的轴）和配重片之间的距离变化。这一距离变化给肌肉带来更稳定的压力。也就是说，在完成动作最困难的阶段，这个器械的设计使配重片到支点的距离缩短，导致重量更容易被举起（图1.4a）。相反，在完成动作相对容易的阶段，配重片和支点之间的距离变长（图1.4b）。如果想更清楚地理解此器械的原理，请阅读贝希勒和厄尔（Baechle and Earle, 2014）、哈夫和特里普利特（Haff and Triplett, 2016）、科伯恩和马莱克（Coburn and Malek, 2012）的专著。

图1.2　固定阻力，滑轮式抗阻训练器械

图1.3　可变阻力，凸轮式膝关节屈伸器

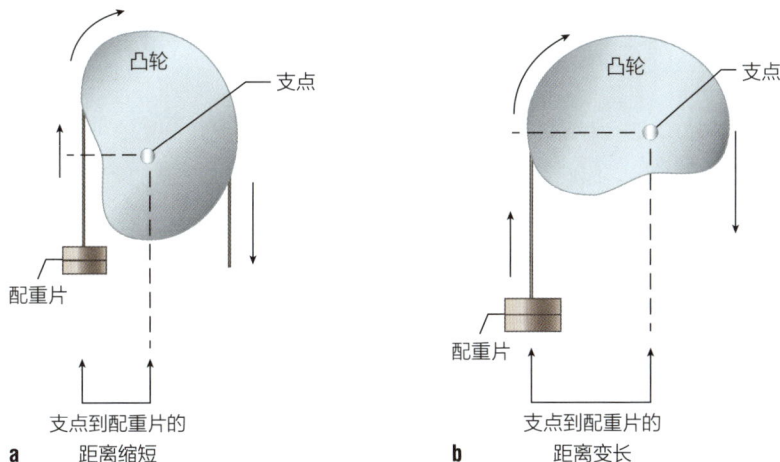

a 支点到配重片的距离缩短

b 支点到配重片的距离变长

图1.4　可变阻力凸轮器械通过改变支点和配重片之间的距离给肌肉创造更稳定的压力：a. 当支点和配重片之间的距离缩短，配重片容易被提起；b. 当支点和配重片之间的距离变长，配重片较难被提起

等速测试仪

等速测试仪（图1.5）会出现在一些健身馆，但更多的时候是被放置在康复中心，主要用于膝关节损伤康复阶段的测试和训练。这些仪器通过设计使动作速度恒定。与可变阻力器械涉及肌肉的向心以及离心收缩不同，等速测试仪仅涉及肌肉的向心收缩。这些仪器通过液压、气动（空气）或摩擦力提供阻力，而不是传统的配重。仪器提供不同速度及与之匹配的阻力，从较慢速度但需要更大肌肉收缩力量的活动，到较快速度但需要较小肌肉收缩力量的活动。

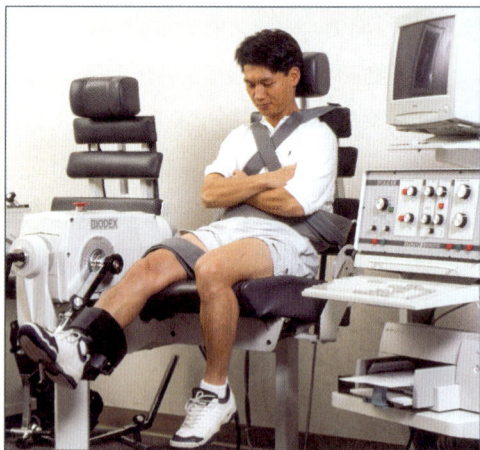

图1.5 等速测试仪

等速测试仪提供的阻力与人体施加于仪器的阻力相一致，拉或推得越用力，能感受到的阻力就越大。可变阻力器械与等速测试仪的主要区别在于，可变阻力器械中凸轮的形状或旋转轴的位置决定了阻力的大小，而等速测试仪则是由施加于仪器上的推或拉的力量决定阻力的大小。

使用组合器械时的注意事项

我们可能都听说过组合器械的使用过程要比自由重量器械的使用过程更加安全，事实的确如此。组合器械使用起来更加安全，这是因为配重片的调整更加方便，可以在机器上直接完成，并且握柄相对固定。组合器械的这一特性决定练习者在没有同伴保护的情况下也可以安全地操作。

虽然组合器械的安全优点多于自由重量器械，但还是会有产生损伤的可能（可能由于缺乏组合器械的使用经验）。因此，操作组合器械时经验不足、过度自信或缺乏指导都会在训练器材使用过程中造成肌肉、肌腱和关节的损伤。

使用器械前需要检查缆绳、皮带或链条是否磨损，滑轮和缆绳所处位置是否正确，接缝是否断裂，海绵垫是否松脱，器械运动轨迹是否平滑、顺畅。如果器械存在上述问题，请远离它，直到器械被调整到最佳状态。使用时应注意调整插栓和座位的高度以适应不同身高；移动插栓或调整负荷时注意不要让手指被挤压到，同时，手指要远离链条、皮带、滑轮和凸轮。

准备使用器械时，需要（或假定）坐在稳定的座位或坐垫上，牢固地系上安全带。选择合适的负荷后，一定要把插栓插入配重片的合适位置，确保插入到位，没有松动。以缓慢的、可控制的方式进行全范围的运动。切记，在配重片下降阶段或在上升阶段不允许调整配重。

自由重量

　　自由重量器械在设计上与组合器械极为不同，"自由"指的是关节运动的非限制性，这与组合器械活动轨迹固定的特性相反。正是基于自由重量器械的这个特点，人们能够只用一个杠铃或一对哑铃完成相对较多的训练动作，来提升不同部位的力量水平。

杠铃

　　标准杠铃杆（图1.6a）的直径约1英寸（1英寸为2.54厘米，余同），有一对辊环，用于阻止配重片向手部位置滑动，在杠铃杆的两端增加配重片之后，每端需要一个卡锁来防止配重片滑落。一个配有一对辊环的标准杠铃杆的重量约每英尺（1英尺为30.48厘米，余同）5磅，所以一个5英尺的标准杠铃杆重约25磅。

　　健身馆里最长的杠铃杆——一个无锁奥林匹克杠铃杆（图1.6b）长约7英尺，重约45磅。该杠铃杆有光滑和粗糙（称为滚花）的不同区域以及永久固定的辊环。卡锁形状各异，且重量从不足1磅（图1.7a和图1.7c）到5磅（图1.7b）。因此，一个有卡锁的奥林匹克杠铃杆重约55磅。奥林匹克杠铃杆与健身馆里的大多数杠铃杆的直径相同；然而，辊环和杠铃杆的末端之间的部分（放置配重片的地方）的直径扩大到2英寸，配重时就会发现这个明显区别。只有具有较大孔洞直径的配重片才适合奥林匹克杠铃杆，标准配重片中间的孔洞太小、与奥林匹克杠铃杆并不匹配（图1.8）。

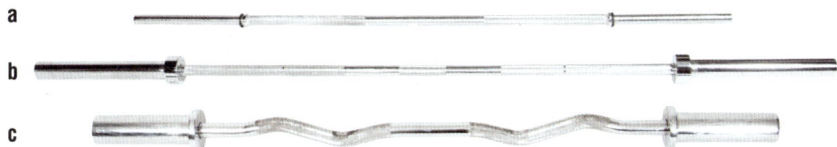

图1.6　杠铃杆的类型：a.标准杠铃杆；b.奥林匹克杠铃杆；c.弧形杠铃杆（也叫EZ曲杆）

图1.7　卡锁：a.重量不到1磅的奥林匹克弹簧锁，通常不包括在杠铃杆的总重量中；b.奥林匹克卡锁的重量高达5磅；c.夹锁（常在商业健身中心找到）

注意：只能在标准杠铃杆上使用标准配重片；不要在标准杠铃杆上使用奥林匹克配重片，因为它们会向你的手或杠铃杆的末端滑动。

另一种类型的杠铃杆是一种弧形杠铃杆（图1.6c），也叫EZ曲杆。除了弯曲处使握杆时更顺手外，弧形杠铃杆具有和标准杠铃杆或奥林匹克杠铃杆相同的特征（主要指直径）。在训练过程中，可用于对某些肌群施加单独的训练刺激（例如，EZ曲杆肱二头肌弯举）。

图1.8　配重片：a.标准配重片；b.奥林匹克配重片

哑铃

哑铃（图1.9）与杠铃作用相似，但哑铃更短。哑铃一般由固定或可调节的配重片与握把组成，且握把通常带有细碎的花纹，通过这些花纹增加摩擦力达到防滑的目的。如果是那种握把很短并有可调节配重片的哑铃，握把、辊环和卡锁（总重量大约只有3磅）通常不计算在哑铃的总重量中。例如，一个两边有10磅配重的哑铃总重计20磅，而不是23磅。图1.9所示的哑铃是诸多哑铃类型中的2种，在器械配备相对精良的健身馆可以看到这2种哑铃。

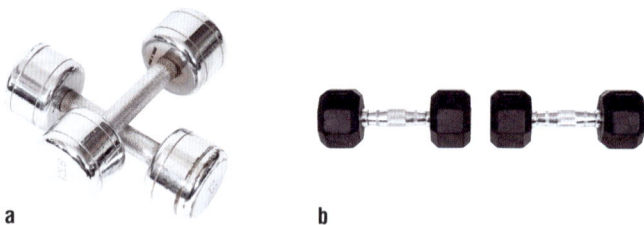

图1.9　哑铃：a.镀铬哑铃；b.六角哑铃

使用自由重量器械时的注意事项

相对于组合器械，使用自由重量的杠铃和哑铃需要更高的动作协调水平。当不能正确使用负荷且不能正确掌握举重、保护等动作技术时，使用负荷可调且动作轨迹更灵活的自由重量器械进行训练，更容易造成运动损伤。然而，自由重量训练本身并没有危险，当采取合理的保护措施时，自由重量训练会很安全，并且比使用组合器械训练更高效。

随着逐渐熟悉自由重量器械的使用方法，练习者会发现杠铃和哑铃的训练方式非常多样——动作的选择几乎不受限制。如果打算在家锻炼，训练方式多样化和成本低廉的优势会使自由重量器械成为首选。

不管是使用自由重量器械还是组合器械，采取安全的保护措施十分明智。以下操作将有助于避免潜在的危险情况发生，并使训练更安全。

- **正确加载负荷。** 如果杠铃杆两端没有均匀加载配重，可能会给练习者自己或周围的人带来伤害。每一次在杠铃杆的末端增加配重时，了解配重片的重量并保持警惕将有助于避免这些失误发生。

- **固定杠铃和哑铃。** 举起没有卡锁固定的杠铃和哑铃十分危险。未固定的配重片很可能会滑落，砸伤自己的脚背或其他人。所以，训练前，应该检查一下卡锁是否牢固。不要幻想此前最后一个使用杠铃和哑铃的人已经将卡锁固定到位。如果辊环或卡锁被焊死在杠铃杆上，同样要经常检查焊接是否牢固。

- **避免背对他人。** 由于突然失去平衡或不知道身边是否有人，训练时可能会发生碰撞他人的情况，应该小心避免这些情况发生。一个不小心的碰撞可能会导致严重的事故，比如，砸伤自己、另一位举重者或保护人员，伤及周围的同伴，或者同时发生。

- **要注意延长杆。** 延长杆指的是那些器械上悬垂或从器械向外延伸的部分（如*背阔肌下拉练习中使用的握杆）、放在支撑架上的杠铃（如放在深蹲架上）、立柱或任何放在手中用于完成动作的杠铃杆。特别值得注意的是位置高于或与头部持平的延长杆，因为这个位置的延长杆不容易被察觉到，如果不小心撞上，可能会使脸部严重受伤。一定要特别小心正在握持杠铃完成动作或肩上扛有杠铃且正在举离架子的练习者。

- **正确放置器械。** 训练馆内的每一种器械都应该有一个特定的位置。杠铃、哑铃或配重片如果不放置在适当位置或无人看管，易绊倒或砸伤练习者。不管是在家还是在训练馆，一定要将使用过的设备放置在对应的架子或指定位置上。确保举重器械被放置在安全的位置，孩子在没有大人监督的情况下不要随意移动器械，因为对于孩子来说，趴在器械上玩耍或拿起器械都过于危险。

- **在适当的情况下佩戴举重腰带。** 另外一个安全措施是使用举重腰带。举重腰带的正确使用可以确保在锻炼中尽可能免受伤害，但不会保证背部绝对免遭伤害，只有运用扎实的技术动作，才可以降低背部损伤概率。决定是否使用举重腰带取决于所选择的动作和负荷：对于锻炼背部力量和涉及最大或接近最大负荷的动作时，应该选择佩戴一个举重腰带。值得注意的是，太紧的举重腰带或不正确的呼吸方式都可能会导致头晕、昏厥和心血管并发症。第2章中有更多关于呼吸技巧的指导。

健身球

健身球（图1.10）常常被称为稳定球，有时也被称为平衡球、形体球、理疗球或瑞士球，由弹性软质聚氯乙烯和尼龙纤维构成，充满空气，直径为22~30英寸。与在地面上、站立或坐在凳上练习相比，在健身球上进行相同练习通常会调动更多的核心肌群（下背部、腹部肌群等）。尽管在不太稳定的基础上练习通常需要使用较小的阻力，但由于除了目标肌肉外还涉及稳定肌群，所以会在标准练习的基础上增加一个不同的训练维度。在健身球上练习时，一定要将球完全充满气（特别是在需要球来支撑身体的练习中），并选择适合体重的准确尺寸的球。坐在球上面并把双脚平放在地上。保持这个姿势时，大腿应该与地面平行。可参阅表1.1来帮助确定球的正确尺寸。

图1.10　健身球

表1.1　健身球的选择

身高	球直径
5.1~5.7英尺	22英寸
5.8~6.1英尺	26英寸
6.2~6.7英尺	30英寸

壶铃

壶铃类似于一个在顶部带有手柄的铁球（图1.11）。它的重量可以轻至9磅或者重至100磅以上。它不同于哑铃，因为重量分布不均，需要肌肉更加努力地保持平衡。在许多抗阻训练中，可以交替使用哑铃和壶铃。壶铃的一种常见用途是在执行全身训练的同时训练多个肌群。这需要肌群协同配合，进而改善肌肉整体协调性。

图1.11　壶铃

训练器械

举重新手首先要先熟悉各种类型的举重器械及其正确的使用方法。这包括识别各种器械的设计原理，知道如何使用它以及确定设备是否完好。明确这些细节之前，使用任何一种器械训练都是极不明智的。下面的测试就是对练习者所掌握知识的理解程度的检验。

器械知识练习1
哪些器械是可用的

查看所有器械，你认识几种？在你认识的器械旁做标记。

组合器械

1. 固定阻力器械＿＿

2. 可变阻力器械（凸轮）＿＿

3. 等速测试仪＿＿

自由重量器械

1. 标准杠铃杆＿＿

2. 标准配重片＿＿

3. 奥林匹克杠铃杆＿＿

4. 奥林匹克配重片＿＿

5. 弧形杠铃杆（EZ曲杆）＿＿

6. 哑铃＿＿

7. 卡锁＿＿

8. 辊环＿＿

9. 壶铃＿＿

10. 举重腰带＿＿

健身球

1. 22英寸＿＿

2. 26英寸＿＿

3. 30英寸＿＿

器械知识练习2
器械安全检查

安全非常重要，所以练习者需要养成每次训练前检查器械的习惯。下面这些器械检查清单将帮助练习者更好地确认器械的状态。建议每次练习的时候都重复这个步骤，以免产生不必要的麻烦。涉及器械的一种常见诉讼就是当事人受伤时，器械并没有处在良好的使用状态。

组合器械安全检查表

标出每一项已经检查过的条目。

使用组合器械前

____检查缆绳和皮带是否磨损，滑轮或挂钩是否破损，链条是否磨损以及坐垫是否稳固。

____检查杠铃杆并调整座椅。

每次训练期间

____正确地插入插栓。

____稳定地坐在座椅或垫子上。

____系好安全带（如果需要）。

____用缓慢的、可控的方式完成所有动作。

自由重量器械安全检查表

标出每一项已经检查过的条目。

在使用各项设备前

____检查辊环焊缝的完整性。

____检查卡锁是否扣紧。

____检查杆两端的配重是否平衡。

每次训练期间

____避免碰到延长杆。

____避免靠近正在做头上推举动作的人。

____避免后退撞到人。

____用缓慢的、可控的方式完成所有动作。

每次训练结束后

____使用后将器械放回指定位置。

健身球安全检查表

标出已经检查过的健身球。

____检查所有健身球是否适当充气。

使用抗阻器械的成功总结

抗阻训练中有各种各样的器械，了解不同种类器械的特点以及如何正确、安全地使用非常重要。

如果已经了解抗阻训练器械并能正确地使用，那么就要准备学习第2章的内容了。这部分内容将介绍基本的抗阻训练技巧，包括如何热身和放松、抗阻训练时如何正确呼吸以及如何成为合格的抗阻训练的保护者。

在进入下一章前

诚实回答下面的每一个问题。如果这些问题的所有回答都是"是"，说明你已经准备好开始第2章的学习了。

1. 能识别不同类型的抗阻训练器械吗？

2. 能识别和区分标准的自由重量器械和奥林匹克自由重量器械吗？

3. 能识别应使用的健身球的合适重量和充气程度吗？

4. 是否已经成功地完成了这一章的两个练习？

拉伸、举重和保护技术

目前，我们已经学习了抗阻训练的生理学机制以及如何正确使用器械。那么，现在到了掌握基本举重技术的时候了，这个技术将被广泛地运用于抗阻训练中。本章中描述的技术可以应用到日常的练习中，无论是在家里还是在训练馆，这些技术都会降低下背部受伤的可能性。练习者也将会学习如何在抗阻训练中正确地热身和放松、拉伸和呼吸，以及如何成为自由重量抗阻训练的保护者或在保护者的辅助下完成训练。

正确使用基本的举重技术可以避免将压力过度施加在肌肉、肌腱、韧带、骨骼和关节上。下背痛是使人们变虚弱的常见原因之一，下背痛在生活中的某些方面至少影响了80%的成年人。美国人每年至少花费500亿美元在下背痛的护理上，一年平均有7个工作日以上因下背痛无法正常上班。因卫生保健、工作时间的损失和生产效率降低，美国每年的总经济损失估计增加超过2000亿美元。除了预防受伤外，适当的举重练习可以更快地产生训练效果，因为该练习可以给肌肉适当的压力和更加有效的刺激。高效的训练计划要以热身开始，以整理放松结束，包括将在这一章学习的拉伸。

这一章学习的基本原则可以被运用到所有的训练和保护技术中，保护技术将在本章被重点描述。如果正在学习和练习基本的举重和保护技术，可以考虑使用一根木棍、一根很轻的杆、组合器械上最轻的配重片或者自重开始练习。

静态、动态和弹震式拉伸

因为所有的练习都由肌肉和关节承载，所以每次练习之前的热身运动和练习之后的整理放松及拉伸都非常重要。热身后，如在持续大约5分钟的快走或原地慢跑之后，紧接着进行合理的拉伸，会加快血液循环或提高肌肉温度从而使肌肉更高效地收缩或舒张。

恰当的拉伸方法也会提高柔韧性（全范围的关节活动度）。由于肌肉在训练后更具柔韧性，所以拉伸特别有助于扩大关节的运动范围。在每次训练后立即拉伸的其他好处包括，有助于快速从肌肉酸痛中恢复，有助于防止受伤。两种常见的拉伸是静态拉伸和动态拉伸，第三种弹震式拉伸通常不建议在日常训练中使用。

静态拉伸，即缓慢地做出某个姿势，然后保持该姿势约10秒。动态拉伸通常涉及执行类似于各种体育运动（如棒球中的抛球动作）、训练练习（如无负重蹲举）或日常任务（如爬楼梯）的动作模式。动态拉伸应以缓慢、受控的方式进行，不要弹跳。弹震式拉伸指不需要保持拉伸的最终位置的弹性运动。弹震式拉伸的一个例子是坐着伸直双腿，然后不断向前猛冲以用手触碰脚趾。由于会增加受伤的可能性，通常不建议采用这种拉伸。

热身过后，就可以按照本章中描述和展示的那样进行一系列拉伸练习。动作过程中，一定要缓慢移动到拉伸位置，并且不能瞬间回弹。拉伸应涉及主要关节和肌群，特别是大腿后群，上、下背部和颈部延展性较差的肌肉。

以下7种拉伸动作应至少保持10秒并重复2次或3次。

胸部和肩部拉伸

双手掌心相对，十指紧扣于背后，然后慢慢向上抬起（图2.1）。如果无法十指紧扣，可以双手尽可能地握紧，保证肩关节向后展。进一步拉伸的方法：躯干前倾，尽可能使手臂抬得更高。

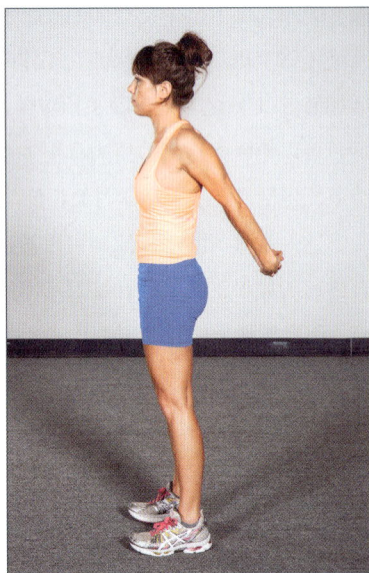

图2.1 胸部和肩部拉伸

上背部、肩部和手臂拉伸

　　左手抓住右肘关节，慢慢地把它拉近左肩。若感到右肩和右上臂的外侧略有牵拉感（图2.2），证明动作到位。用另一只手臂重复进行这个动作。也可以通过拉动手臂绕过胸部和上腹部来调整拉伸动作。

肩部和肱三头肌（上臂后侧）拉伸

　　双臂交叉于头顶，左手握住右肘关节。右侧手臂的肘关节屈曲，并把右手放在上背部。在头后部用左手慢慢地拉着右肘关节向对侧肩部靠拢，直到感觉到轻微的牵拉感（图2.3）。然后换另外一侧手臂重复这个动作。

背部和臀部拉伸

　　坐姿，左腿伸直。右腿屈髋，屈膝。右脚绕过左腿，置于膝关节外侧平行位，脚部平放在地板上。然后身体向右扭转，并用左肘抵住右腿膝关节外侧，向相反方向用力。把右手放在躯干后侧的地板上，慢慢地朝向右手和右手臂转动上半身（图2.4）。此时应该会感觉到下背部、右髋和臀部有牵拉感。接着用另一条腿重复这个动作。

图2.2　上背部、肩部和手臂拉伸

图2.3　肩部和肱三头肌（上臂后侧）拉伸

图2.4　背部和臀部拉伸

背部、腘绳肌和大腿内侧拉伸

坐姿，左腿保持伸直。右腿屈膝，右脚底紧贴左膝内侧。躯干慢慢向前屈曲，并将双手伸向左脚踝，直到左大腿后侧产生微微的牵拉感（图2.5）。一定要保持左脚的脚趾向上，脚踝和脚趾放松。换腿重复同样的动作。

图2.5　背部、腘绳肌和大腿内侧拉伸

股四头肌拉伸

这种拉伸方式采用站立位。把墙壁或固定物体当作维持平衡的支撑物，左手抓住左脚脚背并向跖屈方向拉伸，使左脚跟尽量贴近臀部（图2.6）。左大腿前侧会有牵拉感。换腿重复同样的动作。

小腿拉伸

面向墙壁采用站立位，大约离墙2英尺远。右腿屈曲在左脚与墙之间支撑，左脚平放在地板上，左膝伸直，身体向前靠，并把双手放在墙上。通过平移臀部向墙壁靠近，带动左小腿拉伸。一定要保持左脚跟紧贴于地板，并且背部要平直（图2.7）。换腿重复同样的动作。

图2.6　股四头肌拉伸

图2.7　小腿拉伸

热身与放松练习
复习

在第4章到第10章中，进行任何运动之前，都需要进行本章所描述的热身和放松练习。首先进行5分钟快走或慢跑，接着对主要关节和肌肉组织进行适当的拉伸：胸部和肩部；上背部、肩部和手臂；肩部和肱三头肌；背部和臀部；背部、腘绳肌和大腿内侧；股四头肌和小腿。

保持每一次拉伸至少持续10秒，并重复2~3次。避免弹震式拉伸！一旦开始训练，记得每次训练前后的拉伸要重复2~3组。

成功检查

- 在训练前始终进行热身和拉伸，训练后始终进行拉伸。
- 缓慢拉伸到位。
- 使用静态拉伸（而不是弹震式）拉伸。

正确的举重技术

现在热身练习已经结束，接下来要准备学习正确的举重技术，目的如下。

1. 学会怎样抓牢器械。
2. 学会稳定的举重姿势。
3. 保持杠铃靠近身体。
4. 当从地面提起杠铃时，动用腿部力量，而不是背部力量。

握杆

掌握握杆要考虑两件事：第一，抓握的姿势；第二，抓握的距离（在杠的哪个位置抓握以及两手相距多远）。从地面提起一个杠铃经常会用到的握法是正握、反握及正反握。正握（图2.8a）指掌心向下或向后（手背向上或向前）。反握（图2.8b）指掌心向上或向前且双手拇指指向彼此。正反握（图2.8c）有时也被称为混合握，指的是一只手反握，另一只手正握。正反握过程中，双手拇指指向相同的方向（正反握中，哪一只手正握、哪一只手反握无所谓）。所有这些握法都叫作闭合式握法（闭握），指的是手指包裹杠铃。

开放式握法（图2.9），有时被称为虚握，指的是在操作过程中拇指不放在杠上。这种握法非常危险，因为杆很容易从手中滑落砸到头部、脸部或双脚，造成严重的伤害。所以一定要用闭合式握法！

图2.8　闭合式握法：a.正握；b.反握；c.正反握

图2.10展示了在举重运动中常见的几种握距。在练习中，常见的握法是握距大约与肩同宽，且离配重片等距（常规握距）。

有些练习要求使用窄握距，而有些练习要求宽握距。为每个练习搭配适当的握距和抓握的位置，以保证杠在抓握中处于平衡状态。不合适的握杆方法加上配重片没有被卡锁固定，可能会导致配重片滑动到杠铃两端或掉落，从而造成严重的伤害。熟悉杠铃的光滑区和滚花区以及抓握的位置将有助于建立一个相对平衡的握法。注意，随后讲述的正确举重技术采用的是常规握距。

注：开放式握法或虚握会增加受伤的危险，因为杠铃很可能会从举重者的手中滑出。

图2.9　开放式握法

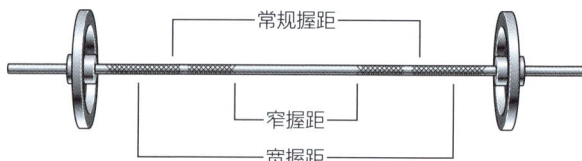

图2.10　握距：常规握距、窄握距、宽握距

将杠铃拉离地面

某些练习要求把杠铃从地面提拉到大腿的前面——全部动作就是这些——另一些练习要求继续把杠铃移到其他位置（第14章）。

接下来的部分描述了安全地将杠铃拉离地面的两个阶段：准备阶段及从地面到大腿的阶段。（参阅第14章了解更多提升技巧：将杠铃从大腿举到肩上，将杠铃举到头顶位置，以及最后安全地将杠铃放回地面。）

准备阶段没有运动，仅仅需要为这个动作做出正确的准备姿势。在移动杠铃的阶段，安全地把杠铃拉离地面。

举重准备姿势

正握杠铃杆，且手放在小腿的外侧。以上为正确的准备姿势，如图2.11所示。脚尖指向杠铃（略微外展），使小腿前侧十分接近杠铃杆。在举重动作开始时，保持杠铃杆靠近小腿可以使杠铃被提起时更靠近身体，这样可以使双腿更加有效地发力（避免下背部用力）。切记关键性概念，正确的举重技术要求以正确的握法且依靠腿部发力来完成举重动作。

图2.11 **举重准备姿势（侧视图）**

1. 握距略宽于肩宽。
2. 双脚分开，与肩同宽。
3. 脚平放在地板上，脚尖略微向外展。
4. 臀部放低——类似大猩猩走路的姿势。
5. 手臂伸直，肩部放松且略微前倾越过杠铃。
6. 在整个动作过程中，抬头挺胸，目视前方。
7. 背部放平且绷紧。
8. 肩胛骨后收，保持背部挺直。

通过脚平放于地板、双脚距离与肩同宽或略宽于肩、脚尖微微向外展的方式建立一个稳定的准备姿势。一个相对较宽的站姿，为提举动作提供了更稳定和更平衡的支撑，特别是使用哑铃或杠铃进行过头举的练习时，建立一个稳定的支撑姿势就显得尤为重要。

想想大猩猩的身体姿势！不管相信与否，前文所描述的姿势是从地面提起杠铃的理想姿势。要掌握这个姿势，需要遵守前文描述的动作要求：握距略宽于肩，当臀部降低时伸直肘部，肩部抬高并前倾至微微越过杠铃杆，同时抬头挺胸。保持背部挺直，通过肩胛骨（肩胛）后收，建立一个稳定的胸部姿势。避免做出图2.12所示的弓背姿势。

此外，一个适当的头部姿势也至关重要。保持目视前方。如果有一个镜子可以使用，认真观察自己移动到准备姿势最低位的动作。你能够保持背部挺直并且保持脚跟与地板接触吗？通常移动到低位的时候会有一侧或两侧脚跟抬起，从而导致你需要向前移动来控制平衡。

回忆头部、肩部、背部和臀部的姿势。最重要的是保持杠铃、哑铃或配重片尽可能地靠近身体并使用腿部肌肉发力，而不是用背部发力。准备提拉杠铃时，保持呼吸以稳定上半身。

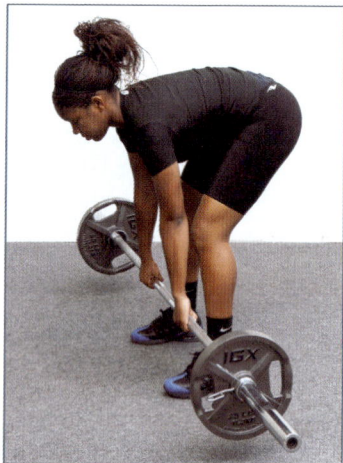

注：从地板上提起杠铃的时候不要弓背。这会给你的背部增加额外的压力。

图2.12　错误的（弓背）背部姿势

从地面到大腿

从地面到大腿阶段如图2.13所示，以缓慢的、可控的方式从地板上提起杠铃，一旦达到大腿中段位置就呼气。在这个高度，杠铃可放在架上或交给同伴。

错误

向上提拉没有保持匀速。

改正

在开始提拉动作之前，肘部伸直，匀速上拉。

错误

提拉的时候，臀部先抬高。

改正

这个错误动作给后背而不是腿部施加压力，造成这个错误的原因是伸膝太快。
心里默念：用肩部而不是臀部向上驱动。这将能够帮助练习者使用腿部而不是背部做提拉。

错误

脚跟抬高或者大多数重量已经转移到前脚掌上（或两者都有）。

改正

回到低位并集中精力把重量平均分配到双脚全脚掌上。

图2.13 从地面到大腿阶段

准备

1. 提拉之前吸气。
2. 用一种缓慢的、可控的方式提拉。
3. 保持背部挺直。

提拉

1. 保持臀部位于低位的同时开始伸髋伸膝。
2. 保持肘部伸直。
3. 确保杠铃贴近小腿、膝盖和大腿。

伸膝

1. 在伸膝过程中保持肩部在杠铃杆正上方。
2. 当杠铃杆到达大腿中部时呼气。

21

呼吸

大多数练习呼气的最佳时间是在粘滞点，即每次重复的最困难的时候。例如，在肱二头肌弯举的向上阶段，当前臂与地面平行时呼气（最困难的时候）。吸气应该发生在杠铃降低的过程中（最容易的时候）。练习过程中维持躯干的稳定非常重要，这样可以帮助维持正确的提拉姿势，如 *后蹲（第8章）或膝上高翻（第14章），呼吸应发生在最后的粘滞点。对于第4章到第9章的大多数练习，要记住在粘滞点呼气！

要知道，大多数练习过程中易产生长时间屏住呼吸的倾向。真正的训练过程中应该避免这种现象，因为这很危险！不呼气会减少回流到心脏的血液，从而减少脑血流量。如果大脑缺少血液带来的丰富氧气，人会感觉头晕，甚至可能会晕厥。如果正在进行将器械举过头的自由重量训练或患有高血压，那么长时间屏住呼吸将非常危险。学习在正确的时间呼吸确实很难，但是这本书会告诉你每一个练习的正确呼气时机。

注意： 不要屏住呼吸，而是在每个运动的粘滞点呼气。

保护

保护者的职责是协助练习者并保护其在举重过程中免受伤害。保护者为举重运动的安全性起着至关重要的作用。

如果读者是一名保护者，那么必须意识到稍有疏忽都有可能对练习者造成严重的伤害（肌肉或肌腱撕裂，面部和其他骨骼的骨折，牙齿折断）。并不是所有的练习都需要保护者，但自由重量卧推、*后蹲和涉及器械超越头部或面部的练习动作必须安排一个可靠的保护者。在第4章至第9章及第14章中，为需要保护的练习动作提供了专门的保护指导。

正如你可能需要信赖一个保护者一样，受保护的练习者也正在信赖你。保护者不要低估责任的重要性。保护自由重量练习者时，需要阅读并坚持以下指导原则。举重时，也要理解作为保护者的责任。记住：技术较差的保护者也可能在协助过程中受伤！

1. 清理运动区所有散放的配重片、杠铃和哑铃，避免误踩导致滑倒或摔倒。

2. 学习和练习相关训练需要的保护技巧和操作方法。

3. 把身体调整到处于最佳的保护位置以防止不得不去握住杠铃杆。保持膝盖弯曲、背部挺直。

4. 与练习者进行有效的交流。例如，在练习者开始一组训练之前询问他要重复几次。

5. 运用正确的握法——闭合式握法是必需的！如果需要握杆，把手放在杆上恰当的位置。

6. 检查杠铃两端的配重是否一致。

7. 了解与每项练习相关的潜在危险情况。这些在本书中都会标识。

8. 能够对练习者的需求做出机敏和迅速的反应。

9. 知道在何时以及用何种方式去引导杠铃以最佳的路径运动。

10. 知道在何时和以多少额外的助力帮助练习者完成练习。

11. 只有当你保护的练习者可能会受伤时，最后不得不采取的措施才是处理掉杠铃杆上所有的配重。

当一个人正在进行举重训练时，自身行为对保护者和自身的安全都非常重要。遵循以下建议将使训练更安全。

1. 在开始一个动作前，告诉保护者你打算重复完成多少次动作。

2. 需要帮助时清楚地表达出来。

3. 始终握住杠铃杆。也就是说，一旦保护者给予帮助，记住不要放开杠铃或停止尝试完成动作。如果停止，保护者就必须承担杠铃的所有重量，如果这样，保护者可能会受伤。

4. 了解自己力量和技术的局限性，并为每一组运动选择一个合适的负荷（这对于新手而言是一个常见的问题）。

举重基础练习 1
握法和握距

这个练习包括使用3种握法和3种握距从地面提起空杠铃杆，在第17~18页有所描述。完成这个动作时，把手放在指定位置，这样当杠铃杆被提拉到大腿位置时，仍处于平衡状态。

使用宽握距（图2.10）和正握（图2.8a）。运用正确的提拉技巧提拉杠铃杆到大腿位置，然后把它放到地面。再完成两次以上提拉杠铃杆到大腿位置的动作，首先使用反握（图2.8b），然后使用正反握（图2.8c）。

然后选择常规握距，使用3种不同的握法。接着移动双手变为窄握距，并完成与上面同样的动作。采用拇指绕杆的方式去执行所有的握法。检查每一次握法和握距是否正确。

成功检查

- 确定正确的握距。
- 保持手始终握杆。
- 记住握法的名称。

成功得分

用正确的技巧完成3次正握=3分。

用正确的技巧完成3次反握=3分。

用正确的技巧完成3次正反握=3分。

得分____

举重基础练习 2
准备姿势

这个动作有助于发展更好的平衡意识和更好的身体定位意识。

身体不向前倾，不一只脚或两只脚的脚跟抬起，双手交叉置于脑后，像大猩猩一样下蹲。重复10遍。在镜子前做这个动作是一种很好的改正和完善技巧的方法。

成功检查

- 保持脚跟贴地，后背挺直。
- 保持头部挺直。
- 保持目视前方。

成功得分

给每个平衡性良好的动作评分，最高得分为10分。

得分____

举重基础练习3
从地面到大腿

这个练习旨在帮助你学会保持杠铃杆紧贴小腿、膝盖和大腿，以避免将杠铃杆举起和放到地面的过程中下背部损伤。

从站立位进入准备姿势。使用正握，提拉杠铃杆到大腿。记住正确的提拉技术：保持抬头挺胸、后背挺直，利用下肢发力。用相同的方式降低杠铃杆到地板。重复这个运动10次。确保动作准确无误。

成功检查

- 抬头挺胸，保持背部挺直。
- 感觉到肩胛骨收紧。
- 保持臀部处于低位。

成功得分

让专业人员给你评分，每做一次正确的举重技术动作得1分，最高得分为10分。

得分____

举重与保护技术的成功总结

举重运动应该从获得医疗许可开始（第xxv页的检查表），即开始任何一个训练课程前应先得到医生的同意。好的训练技术需要一个适当的握法和一个稳定的准备姿势。必须保持杠铃或者一个很重的箱子被提举时靠近身体，并且依靠腿部发力而不是背部。记住当腿伸直时，臀部保持处于低位。不管是从地面提起杠铃还是其他重物，掌握良好的技术都将有助于避免损伤，并给予被训练的肌肉适当的刺激以达到最佳的效果。

了解和练习了基本的举重技术、正确的呼吸和保护技术之后，说明已经准备好进入第3章了。第3章中，将完成5个被称为"练习步骤"的练习任务，学习如何进行和运用抗阻训练的练习安排训练计划。

在进入下一章前

诚实回答下面的每一个问题。如果这些问题的所有回答都是"是"，说明你已经准备好开始第3章的学习了。

1. 你已经完成体检了吗？如果有必要，开始举重运动前你得到医生的许可了吗？

2. 你能识别和完成3种类型的握法吗？有一个合格的专业保护者对你进行保护吗？

3. 能完成准备阶段和将杠铃从地面提拉到大腿的阶段吗？有一个合格的专业保护者对你进行保护吗？

4. 知道在重复运动中如何正确呼吸吗？

5. 如何在一个需要保护者的练习中，挑选出最合适的保护者协助练习？

6. 你是否已经成功地完成了本章中的练习？

第3章

选择练习并确定训练负荷

掌握正确的抗阻训练动作会获得一种成就感，使执行每一个训练计划都能够取得令人满意的成效。当你开始学习第4章到第9章的动作时，会使用到在第2章中掌握的基本技巧以及在本章中学习到的练习步骤。

"实践造就完美"是这一章的基本主题。本章介绍了5个练习步骤。从这些练习步骤中获得的洞察能力将有助于快速而安全地学习动作，同时使你增强自信心、享受抗阻训练的过程。练习步骤内容如下。

1. 为每一个部位的肌肉选择一种训练方法。
2. 确定每一个训练的热身负荷以及试验负荷。
3. 练习正确的技术。
4. 用适宜的负荷完成规定的动作次数，以确定训练负荷。
5. 对训练负荷进行必要的调整。

练习步骤1：选择一种练习

从第4章到第8章，你将从一些自由重量训练和组合器械"基础练习"中选择一种练习，这些练习适合刚开始进行抗阻训练的人，因为它们很容易被学习和正确地执行。在第9章，你将从4种体重训练中选择两种练习。如果刚开始进行抗阻训练，可以在第4章到第8章中为图3.1显示的每个肌群选择一种基础练习，在第9章中选择两种。如果是有经验的举重练习者，可以考虑增加附加练习来进行更高级的训练。第4章到第9章中会提到这些附加练习，并且会在文字和表格中用星号（＊）或在图片标题中用🏋标记出来。如果认为自己可以成为一名优秀的练习者，或许可以考虑在第14章的训练中添加一个或多个练习动作。

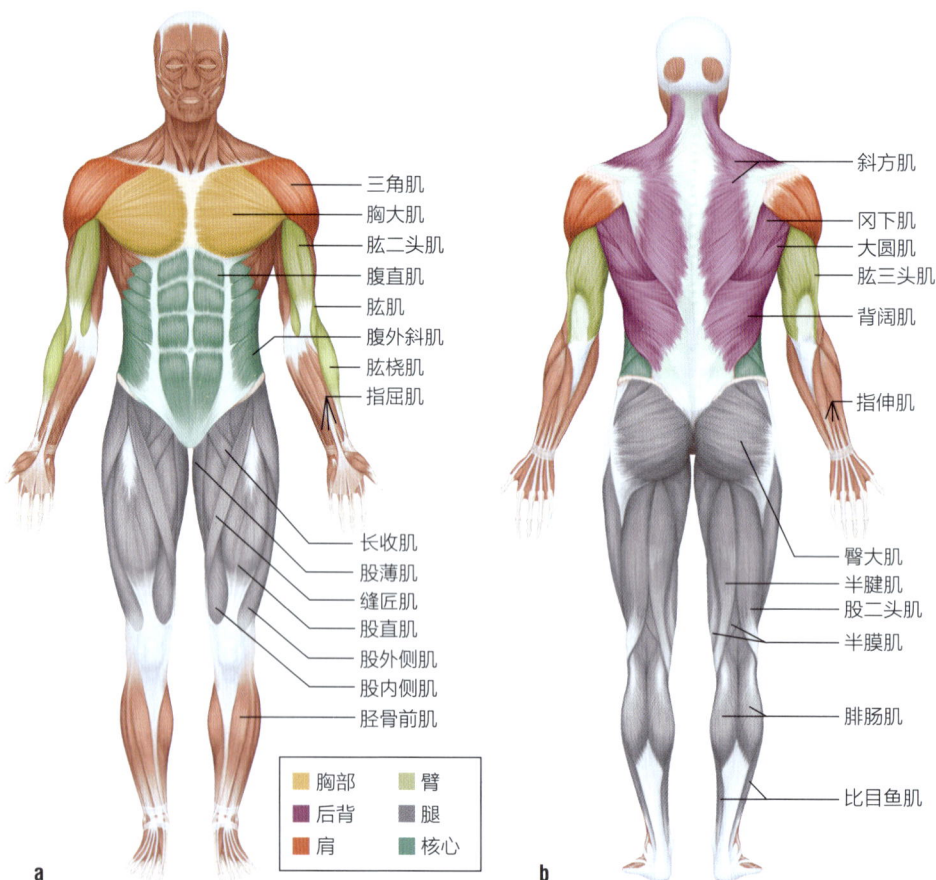

前视图标签	后视图标签
三角肌	斜方肌
胸大肌	冈下肌
肱二头肌	大圆肌
腹直肌	肱三头肌
肱肌	背阔肌
腹外斜肌	
肱桡肌	
指屈肌	指伸肌
长收肌	臀大肌
股薄肌	半腱肌
缝匠肌	股二头肌
股直肌	半膜肌
股外侧肌	
股内侧肌	
胫骨前肌	腓肠肌
	比目鱼肌

图例：
胸部　臂
后背　腿
肩　核心

注：在基础计划中包含每个肌群的训练动作，手臂肌群训练分为第7章中的肱二头肌训练和肱三头肌训练。

图3.1　肌群：a. 前视图；b. 后视图

在进行第4章到第9章的所有练习之前，都应该阅读动作要点说明，然后研读图片和主要技术细节，思考每一个练习所需的器械和相应的使用规范。第10章将解释如何选择训练。

练习步骤2：确定热身负荷与试验负荷

抗阻训练的早期阶段要使用轻负荷从而使练习者更专注于正确的技术，而不是如何艰难地进行推或拉。练习者出于热情或好奇心，可能会被诱惑使用过重的负荷。选择太重的负荷，即使技术完美，也会提高受伤的概率。初学者要避免受到这种诱惑的影响！

接下来提供了两种确定热身负荷与试验负荷的安全方法。如果刚开始进行抗阻训练，使用第一种方法来确定基础练习的负荷。如果是一名有经验的举重运动员，用第二种方法确定*附加练习的负荷。

基础练习

这部分解释了如何使用图3.2中所示的公式来确定基础练习的热身负荷和试验负荷。如果选择第4章到第9章中列出的前3个练习中的一个，就需要使用这个练习相应的系数（一个代表个体体重百分比的数字），来确定热身负荷和试验负荷。每一章的练习和系数都是针对某一特定肌群的。图3.2中提供的示例与第4章中胸部肌肉的锻炼有关。要认识到，使用系数的目的是确定热身负荷和试验负荷，但由于个体差异以及设备设计的不同，很难（但不是不可能）得到完全正确的系数。本书中使用系数的出发点是确定合理的负荷。如果需要将单位从磅转换到千克或从千克转换到磅，可参考本书后面的单位换算表。

你将注意到，对于前3个练习会用不同的字母表示：FW（指的是自由重量器械）、C（指的是凸轮器械）、M（指的是复合功能或单一功能器械）。练习时你需要识别正在使用的设备。

确定所需练习的名称后，在适当的地方写上体重，并用它乘以右边的数字（系数）。该系数来自对男性和女性研究的数据，他们中的大多数人在抗阻训练方面毫无经验。该系数可以用来估计训练负荷，此系数乘以体重就是一个相应的试验负荷，试验负荷的一半就是热身负荷。在确定适当负荷时使用体重是基于其与强度的关系。这与有些体育项目中，如摔跤、拳击和举重建立重量分级是相同的逻辑。

值得注意的是，如果你是一名体重超过175磅的男性，应该记录体重为175磅。如果你是一名女性，体重超过140磅，记录体重为140磅。

完成这个计划时，将体重四舍五入到最接近的5磅的倍数或最接近的配重片重量。这是你的试验负荷。图3.2所示为一个重120磅的女性从3个可选择的胸部训练动作中选择了自由重量卧推。在这个例子中，试验负荷大约是40磅，因此热身负荷为它的一半，即20磅。

女性

练习	体重		系数		试验负荷	热身负荷（试验负荷÷2）
FW-自由重量卧推	*120磅*	×	0.35	=	*42磅* （四舍五入为40）	*20磅* （40÷2）
C/M-坐姿夹胸		×	0.14	=		
M-坐姿推胸		×	0.27	=		

男性

练习	体重		系数		试验负荷	热身负荷（试验负荷÷2）
FW-自由重量卧推		×	0.60	=		
C/M-坐姿夹胸		×	0.30	=		
M-坐姿推胸		×	0.55	=		

注：FW=自由重量器械，C=凸轮器械，M=复合功能或单一功能器械。
如果是一名体重超过175磅的男性，记录体重为175磅。如果是一名女性，体重超过140磅，记录体重为140磅。

图3.2　基础练习的试验负荷和热身负荷计算举例

　　使用这种方法有时会导致热身负荷比机器上最轻的配重片还轻。如果发生这种情况，选择最轻的配重片，并请一个合格的专业人员协助（通过推动或拉动）你安全地完成动作。使用自由重量的杠铃进行练习可能会带来同样的问题。如果是这样，很轻的哑铃、一根空的杠铃杆、一个配重片，甚至一根木棒（重量小于1磅）都可在热身练习中使用。

　　在本章的练习步骤3中，热身负荷用来学习技术动作；而在练习步骤4中，使用试验负荷确定训练负荷。请注意，使用"试验负荷"这个词汇是想通过练习步骤4来检验这个负荷能不能作为实际训练的训练负荷。在练习步骤5中，太重或太轻的试验负荷都是可以调整的。

附加练习

　　如果你是一名有经验的练习者，应该考虑增加一些附加练习，如第4章到第9章中提到的附加练习，以及第14章中的一项或多项练习。如果这样做，需要遵循下面的方法来为每个附加练习确定训练负荷（如果从第14章中选择一种练习，遵循要求来确定训练负荷）。

　　根据你对以往能举起的重量的经验和意识，选择一个你可以重复完成12~15次的重量，然后写在图3.3中"估算12~15次重复的试验负荷"这一栏。接着，用试验负荷乘以0.6确定一个有效的热身负荷（为方便计算也可以乘以2/3确定热身负荷），将结果四舍五入到最接近的5磅的增量或最接近的配重片重量。

　　图3.3中的例子来自第4章。如果一个有经验的男性练习者要添加*哑铃仰卧飞鸟练习到他的基础训练计划中，并且估计35磅的重量是他能够完成12到15次的试验负荷，那么他的

热身负荷大约是20磅（35×0.6=21，向下取整为20）。

练习	估算12到15次重复的试验负荷				热身负荷
*哑铃仰卧飞鸟	*35 磅*	×	0.6	=	*20 磅*

图3.3 为附加练习确定热身负荷

热身负荷用于在练习步骤3中练习正确的动作技术，同时在练习步骤4中可通过试验负荷来确定训练负荷。试验负荷过轻或过重都可以通过练习步骤5进行调整。

壶铃训练

如果你有壶铃器械，而且希望在训练计划中加入一些壶铃训练，在尝试确定热身和训练负荷时会遇到更多挑战。许多壶铃训练涉及多个肌群，而且不同训练间的重量增量（9磅或更重）比自由重量和器械训练更大。选择的重量还取决于健康水平和进行的练习。根据指导原则，大部分女性应使用9磅的壶铃进行热身，使用18磅的壶铃作为初始训练负荷。受过良好训练的女性应考虑使用13磅的壶铃进行热身，使用26磅的壶铃作为初始训练负荷。男性应考虑使用18磅的壶铃进行热身，使用35磅的壶铃作为初始训练负荷。受过良好训练的男性应使用26磅的壶铃进行热身，使用53磅的壶铃作为初始训练负荷。可利用图3.4中的负荷调整方式来适当地调整训练负荷。除了这些指导原则，你还需要拥有优秀的技巧，而且必须尝试执行推荐的重复次数。

完成的重复次数	调整
≤7	−15磅
8~⑨	−10磅
10~11	−5磅
12~15	不需要调整
16~17	+5磅
18~19	+10磅
≥20	+15磅

重复9次 →

表明需要调整 −10磅

试验负荷	调整		训练负荷
100 磅	+	*−10 磅*	=	*90 磅*

注：由于使用一个100磅的负荷训练时只能进行9次自由重量卧推练习，所以需要减轻重量。

图3.4 负荷调整

练习步骤3：练习正确的技术

在这个练习过程中，你将使用热身负荷来练习每一种动作的握法、身体姿势、运动模式、速度控制和呼吸模式。仔细阅读下面的每一条说明，并尝试将它们应用在第4章到第9章中。

- **握法**。正如在第2章中提到的，每一种正确握法都可以运用到练习中。对于每一个练习动作，应知道如何选择握法、如何正确操作。

- **身体姿势**。身体姿势是指动作开始时身体的准备姿势，而不是手臂或腿部的动作。恰当的身体姿势为推和拉提供了一个平衡和稳定的支撑。不当的身体姿势会降低练习效果或导致运动损伤。

- **运动模式**。运动模式是指在运动过程中上肢、下肢和躯干的活动方式。重要的是，要强调完成关节全活动度的活动。通过采用全活动度和正确的运动模式进行练习，上肢、下肢和躯干在每次重复过程中能更活跃，训练效果更好。学习和反复练习全活动度的、正确的运动模式有助于保证练习者的安全。

- **速度控制**。速度指的是杠铃、哑铃的运行速度，练习过程中，使用缓慢、可控的杠铃运行模式非常重要。尽量在练习中保持肌肉向心收缩2秒（通常是比较困难的、向上的运动）和离心收缩2到4秒（通常相对容易、向下运动）。这样可以有效地避免惯性带来的运动损伤。

- **呼吸模式**。牢记呼气和吸气的时机是比较困难的，尤其是同时要记住动作细节。当选择用热身负荷进行练习时，学会识别每一个动作中的粘滞点，并在粘滞点呼气，这已经在第2章中详细说明过。记住，重复运动中的粘滞点是指运动中动作最困难的位置。在回放运动阶段吸气。

表象训练是一种很好的方法，有助于进行正确的训练和使用保护技术。在进行正确动作的表象训练时使用所有的感官。尝试在抗阻训练室里找到一个安静的位置或提升在嘈杂的条件下集中精力的能力。清楚地想象每个练习的合适的握法、身体姿势、动作模式、速度控制和呼吸模式。在心中预习演练的同时，集中精力在肌肉和关节的反馈上。正确地进行锻炼将有助于提高训练的敏感度。

如果想在镜子前模仿正确的运动模式，就要正确记录来自肌肉、肌腱和关节的反馈。在开始练习步骤2或练习步骤3中的每一个动作时，积极尝试去完成这些动作，并持续1到2分钟。试着在每次训练课前抽出时间运用表象训练法在脑海中重复正确的技术，直到完全清楚动作细节。

练习步骤4：确定训练负荷

正确的训练负荷指的是当使用该负荷尽最大努力练习时，肌肉将会在12到15次重复动作中用尽全力，无法再进行哪怕一次重复。使用练习步骤2中的简单方法去确定试验负荷，并选定杠铃杆或选择正确的位置插入插栓，然后尽可能使用正确和安全的技术重复练习。如果可以重复完成动作12到15次，那么，说明已经找到了一个合适的训练负荷。在第10章的训练计划表中的"训练负荷"栏中记录下这个数字（第150页的图10.1）。在第4章到第9章的任何一个练习中，如果动作重复少于12次或多于15次，那么你还有一个步骤要完成，然后再进行下一个练习。

练习步骤5：根据需要调整负荷

由于个人在身体特征和操作经验上的差异，以及抗阻训练器械设计上的不同，使用试验负荷重复动作的次数可能不会在12至15次的范围内。一方面，如果你的重复次数少于12次，说明试验负荷太重；另一方面，如果能够进行超过15次的重复动作，说明负荷太轻了。

这个练习步骤中，将引入一个负荷调整图来进行必要的调整。一旦开始训练，可能会在确定训练负荷之前多次使用。

图3.4显示了如何使用负荷调整图为第4章到第9章中的基础练习和附加练习调整试验负荷。该示例取自第4章，这个练习者在自由重量卧推练习中使用100磅的重量完成了9次重复。因为只能进行9次重复（而不是12至15次），说明重量太重，所以负荷需要减轻。

如果只能进行9次重复动作，就要通过阅读负荷调整图进行相应的负荷调整，你会看到建议减少10磅的负荷。如果有必要，按照这个方法在每一个动作练习中调整试验负荷。

写下胸部练习中训练肌群的名称和选择的练习的名称，然后依次为针对背部、肩部、手臂（包括肱二头肌和肱三头肌）和腿部肌群选择的练习的名称，按照图3.5所示的顺序选择训练部位。如果想做一个或多个附加练习，选择第4章到第9章的不同肌群的基础练习后，立即把附加练习写在上面。如果选择第14章中的一个或多个练习，无论它出现在训练计划表的哪个位置都要首先完成这些练习。

胸部练习1
选择一种练习

在阅读完练习特点、技术要领和所需要的器械的相关知识后，是时候对所学的知识进行应用了。首先考虑可用的器械和可联系的保护者，接着选择下面的练习并放入计划中。

- 自由重量卧推。
- 坐姿夹胸（凸轮或复合功能或单一功能器械）。
- 坐姿推胸（复合功能器械或单一功能器械）。

在训练计划表的"肌群"栏填写"胸部"，并在"练习"栏写下选择的练习名称（第150页，图10.1）。如果打算添加*哑铃仰卧飞鸟和*上斜哑铃卧推练习，在选择的胸部练习下方把它记下来。

成功检查

- 考虑可用的器械。
- 考虑是否需要一个合格的专业保护者。
- 考虑可用的时间。
- 选择一个胸部练习，并写在训练计划表上。

试验负荷		调整		训练负荷
100磅	+	−10磅	=	90磅

抗阻训练计划表（每周3天）

	肌群	练习	训练负荷
1	胸部	自由重量卧推	90磅
2	背部	俯身划船	80磅
3	肩部	站立肩上推举	60磅
4	肱二头肌	肱二头肌弯举	55磅
5	肱三头肌	肱三头肌下压	30磅
6	腿部	器械腿蹬举	165磅

图3.5 记录选择的练习和训练负荷

练习步骤实践
练习步骤测验

为下面的每一个问题选择正确的答案。答案在第241页。

1. 在一次训练中选择多少个主要的肌群？
    a. 1个
    b. 7个
    c. 9个

2. 如果一个男性抗阻练习者体重是220磅，那么应该记录哪一个体重值？
    a. 140磅
    b. 175磅
    c. 220磅

3. 附加练习的热身负荷大约是试验负荷的百分之多少？
    a. 40%
    b. 50%
    c. 60%

4. 对于受过良好训练的男性和女性，推荐的壶铃热身负荷分别是多少？
    a. 9磅，18磅
    b. 13磅，26磅
    c. 18磅，35磅

5. 动作进行时，你应该在哪个阶段吸气？
    a. 每次重复开始之前
    b. 粘滞点
    c. 回放动作阶段

6. 哪个步骤用来确定训练负荷的试验负荷？
    a. 练习步骤3
    b. 练习步骤4
    c. 练习步骤5

7. 如果用试验负荷执行了12到15次的重复，那么还应该继续练习步骤5吗？
    a. 应该
    b. 不应该

8. 如果在练习步骤4中用100磅做了17次重复运动，则调整后的训练负荷是多少？
    a. 105磅
    b. 115磅
    c. 120磅

成功得分

每个问题回答正确给1分，最高总得分是8分。

得分＿＿＿

5个练习步骤的成功总结

这一部分提出的5个练习步骤用于学习第4章到第9章中的练习。首先选择一个练习动作，然后查找此动作的体重系数，并确定热身负荷和试验负荷，如图3.2所示。如果刚开始进行一个练习，那么参照第4章到第9章的图片和说明来学习正确的技术。优秀的抗阻训练练习者可以通过图3.3增加任何附加练习，并确定热身负荷和试验负荷。有关壶铃的练习，请参阅本章中有关热身和训练负荷的讨论。

如果试验负荷对于基础练习或附加练习来说太重或太轻，则按照图3.4中的调整指导方法做出调整。按照训练计划表中的顺序进行练习将使学习抗阻训练更加容易，在练习步骤4和练习步骤5之前应进行表象训练。

执行第4章到第9章的任何练习之前，请花点时间复习并练习在第2章中提到的热身练习和整理练习。它们将作为热身练习，为后面学习如何正确训练奠定基础。一定要确保每次训练都有热身和整理放松的内容。

在进入下一章前

诚实回答下面的每一个问题。如果这些问题的所有回答都是"是"，说明你已经准备好开始第4章的学习了。

1. 你能描述出这5个练习步骤吗？
2. 你能用一个例子来说明热身负荷和试验负荷吗？
3. 你能用一个例子来说明训练负荷吗？
4. 你知道如何进行负荷调整吗？
5. 你完成了练习步骤的测验吗？

第4章中，你将为个人的训练计划选择第一个练习。第4章中包括4个锻炼胸部的练习，每一个练习都有练习方法的具体说明，包括从握法到整个动作的说明。

胸部练习的选择及
训练负荷指南

在抗阻训练中，最受欢迎的动作是锻炼胸部肌肉的动作。经过适当锻炼，这些肌肉将塑造一个更完美的上半身并帮助练习者在许多休闲及竞技体育活动中取得成功。

在这一章中提到的自由重量卧推、坐姿夹胸、坐姿推胸和*哑铃仰卧飞鸟及*上斜哑铃卧推提供了额外的好处——这些练习也锻炼了肩部前侧肌群（三角肌前束）。除此之外，自由重量卧推和坐姿推胸练习也锻炼了上臂后侧肌群（肱三头肌）。

注意：第4章到第9章中除了基础练习，还会提到一些附加练习，并且会在文字和表格中用星号（*）标记出来，在图片标题中用 标记。

如果能使用自由重量器械，推荐选择自由重量卧推、*哑铃仰卧飞鸟或*上斜哑铃卧推锻炼胸部。如果你更倾向于使用组合器械，可以选择坐姿夹胸和坐姿推胸。

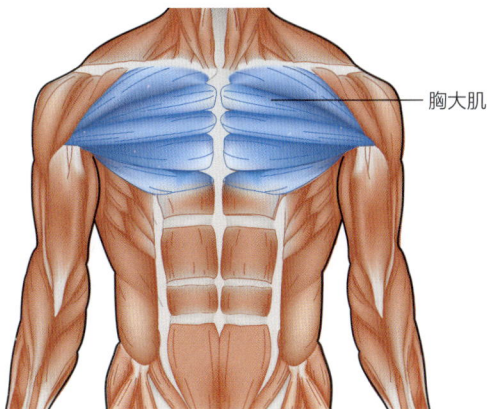

—— 胸大肌

自由重量卧推

　　自由重量卧推涉及杠铃杆、卧推凳和卧推架的使用，首先坐在卧推凳的一端，背部对着卧推架。然后躺下来，调整姿势，臀部、肩部和头部牢牢地靠在卧推凳上，如图4.1a所示，练习者双腿应该分开并使双脚平放在地板上，与肩同宽。这五点接触（与卧推凳和地板）的位置是很重要的——特别是分开的双脚——因为当练习者把杠铃杆举过胸部和面部时，足部可以很好地提供稳定的支撑。

　　完成这个动作后，身体向卧推架挪动，直到眼睛移到卧推架边缘的下方（杠铃杆的正下方）。在这个位置，可以防止在卧推动作的向上推起阶段让杠铃杆撞到卧推架，同时又能保证离卧推架很近，在完成最后一组练习时可以很容易地把杠铃杆放回架子上。在卧推凳上，不正确的姿势是常见的错误。确保眼睛在卧推架边缘的下方，并检查五点接触。

错误

身体没有五点接触。

改正

检查以确保头部、肩部和臀部都靠在卧推凳上，双脚都平放在地板上。

　　当杠铃杆放置在卧推架上时，双手正握杠铃杆，双手握距与肩同宽或略比肩宽。一个合适的杠铃杆握距应该表现为当杠铃杆碰到胸部时，前臂与地面垂直。记住，较宽的握距比较窄的握距更能刺激胸部肌群。

错误

抓握的双手未均匀放置。

改正

用杠铃杆上的标志对称放置双手，或者让保护者帮助你找到平衡的握距。

　　完成这个动作后，通过"好了"的信号示意保护者自己准备好了，随后从杠铃架上推起杠铃杆至肘关节伸展，手腕在肘关节的正上方。在肘关节完全伸展后停顿，之后缓慢下降杠铃杆到胸部位置，如图4.1b所示。杠铃杆应该离胸部或乳头的位置大约1英寸。一个常见的错误是杠铃杆下降后距离胸部位置过高。专注于让杠铃杆碰到或几乎碰到你的乳头区域。吸气时杠铃杆下降。当杠铃杆碰到胸部以后（不要让杠铃杆在胸部弹起），慢慢垂直向上推起到肘关节完全伸直（图4.1c）。如果肘关节不能均匀伸展（一高一低），那么目光和意识要集中在滞后的手臂上。当杠铃杆上升到一半，出现粘滞点时呼气。不要让手腕过度伸展（压腕），专注于让手腕保持直立的姿势（中立位）。

错误

杠铃杆在胸部弹起。

改正

控制杠铃杆下降的速度，并在下降到胸部时短暂地停顿。

在整个练习中，保持头部、肩部和臀部接触卧推凳，双脚平放在地板上。完成最后一组时，给保护者一个"好了"的信号。把杠铃杆放到卧推架上并确保杠铃杆被稳定支撑（图4.1d）。

错误

臀部从卧推凳上抬起，使杠铃杆向后移动到面部上方。

改正

减轻负荷，并集中注意力保持臀部触碰卧推凳。

错误

放杠铃杆时，让杠铃杆撞到卧推架。

改正

目光集中在杠铃杆上并保持控制杠铃杆，直到它被安全地放到卧推架上。

保护者应站在距离卧推凳一端和卧推架中间2~6英寸处（图4.1a）。帮助练习者移动杠铃杆离开卧推架（称作"交递"），以正反握握住杠铃杆。在练习者握杆位置的中间平衡地放置你的双手。听到"好了"的信号后，小心地帮助练习者从卧推架上拿起杠铃杆，将杠铃杆移动到练习者的肩部正上方。在松开杠铃杆之前，要确保练习者的肘关节完全伸直。练习会使"交递"越来越顺畅。如果"交递"位置太高、太低、太远或太靠近卧推架，都会影响练习者在卧推凳上的稳定姿势，这可能会导致其运动表现下降甚至受伤。

一旦开始向下运动，保护者应松开双手并盯着杠铃杆下降到练习者的胸部位置（图4.1b），并回到起始位置（图4.1c）。在练习者做最后一次重复动作时，当其肘关节伸直且保护者听到"好了"的信号后，握住杠铃杆并帮助练习者把杠铃杆移回到杠铃架上（图4.1d）。在松开杠铃杆前要确保杠铃杆已经在卧推架上放置好。

与此练习相关的大多数错误是太快地降低或推起杠铃杆。随着运动速度的加快，任何技术动作错误都会使结果变得更糟，因此改正错误的第一步是确保杠铃杆缓慢移动，然后试着改进技术动作中容易出现的错误。

图4.1 自由重量卧推

准备

练习者

1. 正握杠铃杆，双手分开至少与肩同宽。

2. 确保五点接触：头部、肩部和臀部靠在卧推凳上，双脚平放在地板上。

3. 双腿分开放在卧推凳上。

4. 目光正视卧推架边缘。

5. 向保护者示意"好了"。

6. 移动杠铃杆离开卧推架。

7. 移到肩关节正上方肘关节伸直的位置。

8. 在整个练习中，保持腕关节在肘关节上方并伸直。

保护者

1. 双脚分开与髋同宽，距离卧推凳一端2~6英寸。

2. 膝关节小幅屈曲。

3. 保持背部平直。

4. 双手放在练习者的双手中间，以正反握握杠铃杆。

5. 对练习者"好了"的信号做出回应。

6. 协助练习者抬起杠铃杆离开卧推架。

7. 移动杠铃杆到练习者肩关节正上方位置。

8. 平稳地松开杠铃杆。

下降运动

练习者

1. 杠铃杆下降时吸气。

2. 保持腕关节伸直。

3. 用缓慢、可控的方式移动。

4. 杠铃杆触碰胸部、乳头附近。

5. 当杠铃杆碰到胸部时停顿。

保护者

1. 密切观察杠铃杆的移动。

2. 只在必要时协助。

图4.1 **自由重量卧推（续）**

上升运动

练习者

1. 肘关节伸直，均匀向上推。

2. 在上升阶段时呼气。

3. 在肘关节伸直处暂停。

4. 继续做向上和向下运动，直到该组练习次数完成。

5. 在最后一个重复动作后给出"好了"信号。

保护者

1. 密切观察杠铃杆的移动。

2. 观察练习者手臂的不对称伸展。

3. 观察杠铃杆停止或向练习者的脸部方向运动的情况。

4. 只在必要时协助。

放杆

练习者

1. 保持肘关节伸直。

2. 把杠铃杆移到杠铃架上。

3. 支撑住杠铃杆直到其放好。

保护者

1. 以正反握握杠铃杆。

2. 保持杠铃杆水平。

3. 引导杠铃杆向杠铃架移动。

4. 当杠铃杆放好时说"好了"。

坐姿夹胸

坐在器械上，后背紧贴背垫。调整座位直到手握着握柄时上臂与地面平行。背部挺直，目视前方，把前臂放在前臂垫上，肘部与肩部处在同一平面。双手闭握握柄（图4.2a）。

在这个位置，使前臂"挤压"（发力）在一起，直到前臂垫在胸前部触碰到为止（图4.2b）。当双肘聚拢时呼气。在这个姿势暂停，之后边吸气边回到起始位置（图4.2a）。

41

错误

头部和躯干向前倾斜。

改正

保持头部和肩部靠着背垫。必要时减轻负荷。

错误

用手拉握柄。

改正

双肘应"挤压"在一起。

　　坐姿夹胸与自由重量卧推和坐姿推胸所锻炼的肌群数量不同，肱三头肌在自由重量卧推和坐姿推胸中参与发力，而在坐姿夹胸中不参与发力。坐姿夹胸的动作与*哑铃仰卧飞鸟动作的发力模式相似。

图4.2　坐姿夹胸（凸轮、复合功能或单一功能器械）

准备

1. 头、肩、背三个部位靠着背垫。

2. 双手闭握握柄。

3. 前臂放在前臂垫上。

4. 检查座位高度；上臂应平行于地面。

运动

1. 前臂"挤压"在一起，不要用手拉握柄。

2. 保持头部和躯干靠在背垫上。

3. 把前臂垫移到胸前。

4. 当双肘聚拢时呼气。

5. 暂停。

6. 回到起始位置时吸气。

7. 继续向前、向后运动直到完成该组的次数。

坐姿推胸

　　调整头部、肩部和臀部，使它们能够紧靠复合功能器械或单一功能器械的座椅。两脚分开约与肩同宽，平放在地面上，保持五点接触。握住握柄，双手间距略大于肩宽，与乳头平行（图4.3a）。

注意： 如果在仰卧位上做这个练习，要确保头部距离配重器至少2英寸。如果距离太近，配重器上的插栓可能会碰到前额。

　　从以上姿势，以缓慢、可控的方式推至肘关节完全伸展（图4.3b）。在粘滞点时呼气。在完全伸展时暂停，然后吸气回到起始位置（图4.3a）。

图4.3　坐姿推胸（复合功能或单一功能器械）

准备

1. 头部、肩部和臀部紧靠在座椅上。
2. 双脚平放在地面上。
3. 双手间的距离略宽于肩。
4. 双手与乳头平行。

运动

1. 推至肘关节完全伸展。
2. 在粘滞点时呼气。
3. 暂停。
4. 回到起始位置时吸气。
5. 继续向前、向后运动，直到完成该组练习次数。

错误

在向后运动阶段，配重片停在其余配重片的上方。

改正

降低配重片，直到它轻轻触及配重器的其余配重片。

*哑铃仰卧飞鸟

如果你是一个有经验的抗阻训练练习者，并且准备制定一个更具挑战性的计划，那么请考虑增加*哑铃仰卧飞鸟练习。通常这个练习会作为自由重量卧推、坐姿夹胸或坐姿推胸的附加练习。该动作要求按弧线的运动轨迹把哑铃移到胸部，比起其他胸部基础练习，需要更强的协调性。*哑铃仰卧飞鸟和其他胸部练习锻炼相同的肌肉——胸大肌，它是一种拉的运动。

掌心相对，双手以对握法握住哑铃并拿起。躺在长凳上，头部、肩部和臀部都接触长凳，双脚平放在地板上，双腿分开并弯曲90度。肘关节略屈曲，拿起哑铃并使哑铃位于肩部的正上方（图4.4a）。

吸气，慢慢地使哑铃下降（图4.4b）。保持手臂垂直于躯干，肘关节小幅屈曲。哑铃应该呈弧线移动，而不是像自由重量卧推那样直上直下。使哑铃下降到与胸部齐平，注意不要弯曲或弓着身体。确保头部、肩部和臀部接触长凳。

呼气的时候将哑铃举起返回至起始位置（图4.4a）。双脚平放在地板上，躯干要始终接触长凳。

错误

肘关节屈曲幅度过大。

改正

仅轻微屈曲肘关节。哑铃应该呈弧线移动。

与自由重量卧推一样，这个练习也需要一个保护者。保护者站在距离长凳顶端2~6英寸处（图4.4a），单膝跪在地板上，另一条腿屈膝向前，脚平放在地板上。保护者帮助练习者移动哑铃到正确的起始位置，抓住练习者的手腕或前臂靠近哑铃的位置。收到"好了"的指令后，帮助练习者移动哑铃到胸部上方。在确保练习者的肘关节完全伸直后，平稳地放开哑铃。在运动过程中，当哑铃下降时（图4.4b）和回到起始位置时（图4.4a），保护者的手应该紧跟着（不碰到）练习者的手腕。

图4.4　🏋哑铃仰卧飞鸟

准备

练习者

1. 掌心相对，双手自然握住哑铃。
2. 保持五点接触：头部、肩部和臀部在长凳上，双脚在地板上。
3. 向保护者示意"好了"。
4. 移动哑铃到胸部上方肘关节完全伸展的位置。
5. 肘关节小幅屈曲。

保护者

1. 离长凳顶端2~6英寸。
2. 保持背部平直。
3. 对练习者"好了"的信号做出回应。
4. 握着练习者的手腕或前臂靠近哑铃的位置。
5. 帮助练习者移动哑铃到指定位置。
6. 引导哑铃上升，直到练习者的肘关节完全伸展。
7. 平稳地放开练习者的手腕。

运动

练习者

1. 慢慢下降哑铃，保持手臂垂直于躯干。
2. 使哑铃下降到与胸部齐平。
3. 保持肘关节小幅屈曲。
4. 不要弯曲或弓着身体。
5. 吸气时下降哑铃。
6. 在最低位置暂停。
7. 呼气时回到起始位置。
8. 保持双脚平放在地板上。
9. 保持头部、肩部和臀部在长凳上。
10. 继续做向上和向下运动，直到该组练习次数完成。

保护者

1. 紧跟（不碰到）练习者的手腕。
2. 只在必要时提供援助。

*上斜哑铃卧推

对于有经验的练习者，另一种胸部训练是*上斜哑铃卧推。这种训练也可以作为计划中的自由重量卧推、坐姿夹胸或坐姿推胸的补充。该动作要求同时把两个哑铃相互平行地移到头顶，比起其他胸部基础练习，需要更强的协调性。*上斜哑铃卧推和其他胸部练习锻炼相同的肌肉——胸大肌，尤其是其上半部分（靠近锁骨的）。*上斜哑铃卧推涉及使用哑铃和上斜卧推凳，或者可以调整倾斜角度的凳子。首先坐在上斜卧推凳的一端，背部对着上斜卧推凳的另一端。双腿应该分开并使双脚平放在地板上，与肩同宽。

以此姿势向后移，使头肩接触上斜卧推凳，臀部稳坐在凳子上，双脚跨坐并始终与地面接触，如图4.5a所示。这五点接触（与上斜卧推凳和地板）的位置是很重要的——特别是分开的双脚，因为当你把哑铃举过头顶时，脚部可以很好地提供稳定的支撑。

图4.5　上斜哑铃卧推

a

准备

练习者

1. 双手正握哑铃。
2. 保持五点接触：头部、肩部和臀部在凳子上，双脚在地板上。
3. 将哑铃向上推举到肩部上方，而不是胸前。
4. 双肘完全伸直后，向保护者示意"好了"。

保护者

1. 直立并靠近上斜卧推凳的上端，双脚分开略宽于髋部。
2. 膝关节小幅屈曲。
3. 抓住练习者的前臂靠近腕部的位置。
4. 对练习者"好了"的信号做出回应。
5. 协助练习者将哑铃移到肘关节完全伸展的位置。
6. 平稳地松开哑铃。

　　开始此练习前，应正握哑铃并将哑铃移到腋窝高度（图4.5a）。从此位置开始，将两个哑铃同时相互平行地上推到肘关节完全伸展的位置（图4.5b）。在上推和下降过程中，腕关节和前臂应与地面垂直。将哑铃下降到胸部两侧，胸部区域上1/3的位置（图4.5b）。降低哑铃时应集中注意力，直到它们几乎与肩部齐平，然后再向上推举。将哑铃朝肩部下降（图4.5b）时呼气，将它们从起始位置（图4.5a）推举时吸气。

图4.5　🏋️ 上斜哑铃卧推（续）

下降运动

练习者

1. 降低哑铃的同时吸气。
2. 保持腕关节和前臂与地面垂直。
3. 用缓慢、可控的方式移动。
4. 将哑铃下降到与肩部齐平。

保护者

1. 密切关注练习者腕关节。
2. 只在必要时提供援助。

上升运动

练习者

1. 将两个哑铃同时上推到腕关节完全伸展的位置。
2. 在上升阶段时呼气。
3. 在肘关节完全伸展时暂停。
4. 继续做向上和向下运动，直到该组练习次数完成。
5. 在最后一个重复动作后给出信号"好了"。

保护者

1. 密切关注练习者腕关节。
2. 观察练习者手臂的不对称伸展。
3. 只在必要时提供援助。

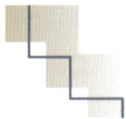

错误

下背部弓起，抬起臀部，或者移动双腿来举起哑铃。

改正

在推举过程中保持（臀部）与凳子接触，背部获得倾斜支撑（上背部和下背部）。

错误

头部离开凳子，失去支撑，导致哑铃前移且与肩部不在一条线上。

改正

集中精力保持后脑部与倾斜的凳子紧紧地接触。

与自由重量卧推和 *哑铃仰卧飞鸟练习一样，这个练习也需要一个保护者。保护者应直立且非常接近凳子上端，双脚分开略宽于髋部且膝关节小幅屈曲（图4.5a）。以对握法抓住练习者的前臂，协助其将哑铃移到正确的起始位置。收到"好了"指令后，在确保练习者的肘关节完全伸展后，平稳地放开哑铃。在运动过程中，当哑铃下降时和回到起始位置时，手应该紧跟着但不碰到练习者的手腕。

胸部练习1
选择一种练习

在阅读完练习特点、技术要领和所需要的器械的相关知识后，是时候对所学的知识进行应用了。首先考虑可用的器械和可联系的保护者，接着选择下面的练习并放入你的计划中。

- 自由重量卧推。
- 坐姿夹胸（凸轮、复合功能或单一功能器械）。
- 坐姿推胸（复合功能或单一功能器械）。

在训练计划表的"肌群"栏写下"胸部"，并在"练习"栏（第150页的图10.1）写下选择的练习名称。如果打算添加 *哑铃仰卧飞鸟或 *上斜哑铃卧推练习，在选择的胸部练习下方把它记下来。

成功检查

- 考虑可用的器械。
- 考虑是否需要一个合格的专业保护者。
- 考虑可用的时间。
- 选择一个胸部练习，并写在训练计划表上。

胸部练习2
基础练习的热身负荷和试验负荷

这个练习回答了"我应该用多大重量或负荷进行练习"这个问题。利用所选胸部练习的相应系数和图4.6所示的公式（更多关于使用这个公式的信息可见第29~30页），确定试验负荷。估算练习者的负荷，并四舍五入到最接近的5磅的增量或最接近的配重片重量。一定要使用指定练习的系数。在训练中，使用该练习试验负荷的一半重量进行热身。这些负荷将在胸部练习4和练习5中使用。

成功检查

- 确定试验负荷，该负荷等于练习者体重乘以正确的系数。
- 确定热身负荷，它是试验负荷的一半。
- 对练习者的试验负荷和热身负荷进行四舍五入到最接近的5磅的增量或最接近的配重片重量。
- 写下试验负荷和热身负荷。

女性

练习	体重		系数		试验负荷	热身负荷（试验负荷÷2）
FW-自由重量卧推		×	0.35	=		
C/M-坐姿夹胸		×	0.14	=		
M-坐姿推胸		×	0.27	=		

男性

练习	体重		系数		试验负荷	热身负荷（试验负荷÷2）
FW-自由重量卧推		×	0.60	=		
C/M-坐姿夹胸		×	0.30	=		
M-坐姿推胸		×	0.55	=		

注：FW=自由重量，C=凸轮器械，M=复合功能或单一功能器械。
如果是一名体重超过175磅的男性，记录体重为175磅。如果是一名女性，体重超过140磅，记录体重为140磅。

图4.6 胸部练习的热身负荷和试验负荷的计算

胸部练习3
确定*哑铃仰卧飞鸟和*上斜哑铃卧推的试验负荷

如果你是一名有经验的练习者，决定添加*哑铃仰卧飞鸟或*上斜哑铃卧推，依据相关指导原则来确定试验负荷（更多信息可见第3章第30~31页）。

根据以前的经验和能举起的重量，选择一个可以重复12~15次的重量。试验负荷乘以0.6就是热身负荷，四舍五入到最接近的5磅的增量（图4.7）。这些负荷将在胸部练习4中使用。

成功检查

- 选择一个可以重复12~15次的重量。
- 试验负荷乘以0.6是热身负荷。
- 将热身负荷四舍五入到最接近的5磅的增量。

练习	估算12~15次重复的试验负荷				热身负荷
FW-*哑铃仰卧飞鸟		×	0.6	=	
FW-*上斜哑铃卧推		×	0.6	=	

图4.7 *哑铃仰卧飞鸟和*上斜哑铃卧推的热身负荷计算

胸部练习4
练习正确的技术

在这个过程中，练习者要执行15次重复，热身的负荷取决于胸部练习2（自由重量卧推、坐姿推胸或坐姿夹胸）或者胸部练习3（*哑铃仰卧飞鸟或*上斜哑铃卧推）的试验负荷。如果你是一名有经验的练习者，想添加*哑铃仰卧飞鸟练习或*上斜哑铃卧推，把它们放在最后一项练习。

回顾练习的图片和说明，重点放在握姿和身体姿态上。找一个合格的专业人员观察全关节活动度的运动模式，以此评估练习者的动作技术，过程中练习者用一个缓慢的、可控的速度进行运动，并注意在粘滞点呼气。

如果练习者选择自由重量卧推、*哑铃仰卧飞鸟或*上斜哑铃卧推，那就需要一个保护者。练习者仍然需要练习这些训练的保护方法。找一个能与练习者轮流完成练习的同伴。

不是以连续的方式进行15次重复，而是在每次重复后把杠铃杆放回杠铃架（自由重量卧推）上，练习交递杠铃杆。或者对于*哑铃仰卧飞鸟或*上斜哑铃卧推，将哑铃放回地面后，重复手腕保护动作。交替训练，使自己和同伴都有机会练习正确的保护技术。要邀请一个合格的专业人员观察和评估练习者和保护者的动作技术和运动表现。

成功检查

- 对于自由重量卧推，所有交递和放置动作都要正确执行。
- 对于*哑铃仰卧飞鸟和*上斜哑铃卧推练习，所有手腕保护动作都要正确。
- 对于所有的练习，动作模式、速度和呼吸都要正确。

胸部练习5
确定训练负荷

这个练习将帮助练习者确定能重复12~15次的适当训练负荷。对于基础练习，用胸部练习2中计算的试验负荷尽可能多地做重复练习。确保重复运动正确进行。

如果能用试验负荷进行12~15次重复练习，那么试验负荷就是训练负荷。在训练计划表上记下这个重量作为练习的训练负荷（第150页）。

如果无法完成12~15次重复，就查阅胸部练习6，对负荷进行调整。

成功检查

- 检查是否使用正确的负荷。
- 在每个重复过程中，使用适当和安全的动作技术。

胸部练习6
根据需要调整负荷

如果以试验负荷重复动作的次数少于12次，说明负荷太重，需要减轻。如果以试验负荷能做15次以上的重复运动，说明负荷太轻，需要增加。运用图4.8和公式确定需要的负荷并做出相应调整。

成功检查

- 检查是否正确使用负荷调整表（图4.8）。
- 在训练计划表上写上训练负荷。

51

完成的重复次数	调整
≤ 7	−15磅
8~9	−10磅
10~11	−5磅
12~15	不需要调整
16~17	+5磅
18~19	+10磅
≥ 20	+15磅

试验负荷		调整		训练负荷
	+		=	

图4.8 对胸部练习的训练负荷做出调整

胸部练习的成功总结

这一章需要练习者选择一项胸部练习，或者如果已经经过一段时间的训练，则可以选择多项胸部练习。使用正确的握法，正确的身体姿势、动作和呼吸模式，准确的热身和训练负荷，将最大限度地提高训练成效。

当确定了训练负荷并记录在训练计划表上，说明练习者已经准备好进入第5章来选择背部练习了。

在进入下一章前

诚实回答下面的每一个问题。如果这些问题的所有回答都是"是"，说明你已经准备好开始第5章的学习了。

1. 你是否已经选择了基本的胸部练习？如果你是一名有经验的练习者，你想添加 *哑铃仰卧飞鸟或 *上斜哑铃卧推练习吗？
2. 你是否已经在训练计划表上写下选择的练习（或多选）了？
3. 你是否已经确定好热身负荷和训练负荷？
4. 你是否已经在训练计划表上写下训练负荷了？
5. 你是否已经学到所选择练习的正确技巧了？
6. 如果你选择的练习需要一名保护者，确定他是一个合格的专业人员吗？他学会了正确的保护技术吗？

第5章

背部练习的选择及
训练负荷指南

使用自由重量器械的俯身划船，使用凸轮器械、复合功能或单一功能器械的器械坐姿划船，或者器械低位滑轮划船、*背阔肌下拉和*器械面拉（需要复合功能或单一功能器械），都是非常好的锻炼背部的训练。这些肌肉（菱形肌、斜方肌、背阔肌和大圆肌）与胸部肌群的作用相反。这些练习也有助于锻炼肩部后侧（三角肌、冈下肌、小圆肌）、上臂（肱二头肌）和前臂（肱桡肌）的肌群。背部练习应该与胸部练习一样经常做，以保持上半身前面与后面的平衡。

如果练习者使用自由重量器械训练，那么可以选择俯身划船来锻炼背部肌群；如果使用凸轮器械或复合功能、单一功能器械，则选择器械坐姿划船、器械低位滑轮划船、*背阔肌下拉或*器械面拉练习（所使用的器械会影响可以选择的练习种类）。

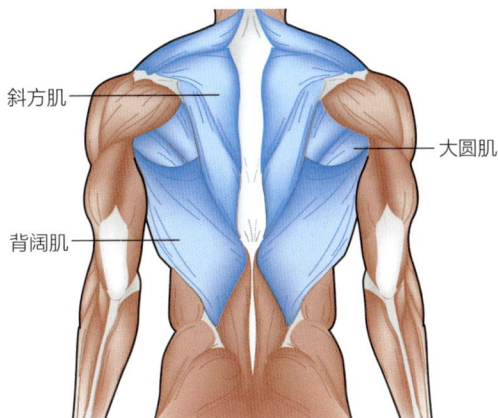

斜方肌

大圆肌

背阔肌

俯身划船

开始时，两脚分开与肩同宽，俯身，肩部比髋部略高，躯干与地面的夹角为10度至30度（图5.1a）。背部要平直，腹部肌肉要收缩，肘关节完全伸展，膝关节微微屈曲，眼睛看着杠铃杆前大约2英尺处的地板。两手分开，比肩宽4~6英寸，抓握杠铃杆。掌心向下正握杠铃杆，拇指环绕杠铃杆。

垂直向上拉杠铃杆（图5.1b）。在上升过程中，当杠铃杆快触碰胸部时呼气。用缓慢、可控的方式上拉杠铃杆，直到杠铃杆触碰胸部靠近乳头的位置（对女性来说低于乳房即可）。练习者的躯干在整个运动过程中要保持刚性，不要上下移动或颤动。

错误

杠铃杆没有触碰胸部。

改正

减轻负荷，并集中注意力使杠铃杆触碰胸部。

当杠铃杆触碰胸部时，在开始下降运动前停顿片刻（图5.1b）。下降过程中吸气。垂直、缓慢地下降杠铃杆到起始位置，不让配重片碰到地板或从地板上弹起来。

在向上和向下过程中确保膝关节微微屈曲，以避免下背部承受过多的压力。

错误

弓背。

改正

抬头、挺胸，将注意力集中于地板上的一个点，这个点大约在杠铃杆前2英尺处。

错误

锁住膝关节。

改正

膝关节微微屈曲，减轻下背部的压力。

错误

躯干不稳定，上下移动。

改正

让别人放一只手在练习者的上背部，帮助提醒其保持正确的姿势。

虽然俯身划船被认为是锻炼上背部的非常好的练习之一，但进行该练习时也常常会出现错误姿势或需要纠正动作。使用过重的重量会导致出现错误姿势或损伤。另一个错误是在向上拉的阶段，用腿部和下背部力量拉起杠铃，之后迅速向前倾，躯干与杠铃杆接触。躯干过于前倾和膝关节过度伸展会给下背部带来巨大的压力，同时会增加受伤的风险。

图5.1 **俯身划船（自由重量）**

准备

1. 使用正握方式，双手分开，比肩宽4~6英寸。

2. 保持肩部略高于髋部。

3. 保持背部平直。

4. 保持肘关节完全伸展。

5. 膝关节微微屈曲。

6. 保持头部抬起，眼睛看着杠铃杆前面的地板。

运动

1. 慢慢垂直地上拉杠铃杆。

2. 当杠铃杆碰到胸部时暂停片刻。

3. 让杠铃杆碰到胸部靠近乳头的位置（女性在乳房下方）。

4. 躯干保持刚性。

5. 当杠铃杆靠近胸部时呼气。

6. 在最高位置时暂停。

7. 回到起始位置时吸气。

8. 继续做向上和向下运动，直到完成该组次数。

器械坐姿划船

器械坐姿划船有很多种不同的设计。练习者使用的训练器械可能与图5.2所示的不同。如果不同，请寻求专业人员的帮助并学习正确的技术动作。

坐在凸轮划船器械上，胸部和腹部抵在胸部靠垫上。采取直立坐姿，目视前方，正握握柄（图5.2a）。练习者应调整座椅的高度以使握着握柄时手臂平行于地板。如果器械上有放置双脚的踏板，则把脚放置在该踏板上；如果没有，双脚都要平放在地板上。

在保持准备姿势的基础上，手臂尽可能向后拉（图5.2b），在粘滞点呼气。暂停，之后在吸气时缓慢回到起始姿势（图5.2a）。在任何时候都要确保双脚平放在地板上。

错误

没有完成全关节活动度的运动。

改正

肘关节向后，直到两手肘关节在你背后互相形成一条直线。

错误

没有保持直立姿势。

改正

保持胸部、腹部稳定且持续接触胸部靠垫。确保后拉握柄时身体不会向后倾斜。

错误

试图把握柄"扔"向后面。

改正

进行缓慢、可控的向后运动。

图5.2　**器械坐姿划船（凸轮、复合功能或单一功能器械）**

准备

1. 直立坐姿，胸部和腹部抵在胸部靠垫上。

2. 正握握柄。

3. 双臂平行于地板。

4. 双脚平放在地板上。

运动

1. 双臂尽可能向后拉。

2. 运动全程，胸部与靠垫保持稳定接触。

3. 后拉时呼气。

4. 在握柄最接近躯干时暂停。

5. 回到起始位置时吸气。

6. 继续向后和向前运动，直到完成该组次数。

器械低位滑轮划船

练习者坐在配置低位滑轮的坐姿划船器械上时，应保持膝关节略微屈曲，双脚放在支撑踏板上（图5.3a）。保持躯干直立，下背部与腹部肌群收紧。闭握握柄，掌心相对（取决于可用的握柄种类）。肘关节完全伸展，使选择的配重片悬于剩余配重片上。

保持稳定姿势，缓慢、平稳地后拉握柄到腹部位置（图5.3b）。当握柄向腹部靠近时呼气。当握柄靠近躯干时暂停，之后吸气并回到起始姿势（图5.3a）。上半身不要向前和向后移动；躯干保持刚性，必要的话减轻重量。

错误

让配重片迅速下降，并砸到剩余的配重片。

改正

在靠近躯干时暂停，然后慢慢地控制握柄回到起始位置。在运动中保持可控的速度。

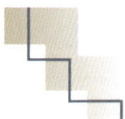

错误

膝关节完全伸展而不是略微屈曲。

改正

确保膝关节略微屈曲以减轻下背部的压力。

错误

躯干和上背部弯曲，而不是直立的。

改正

通过收紧腹部和上、下背部肌群，保持躯干直立。

在器械低位滑轮划船练习中最常见的错误是躯干向前和向后移动，而不是在整个运动过程中保持稳定、直立。当这种情况发生时，下背部肌群参与背部伸展，并因此减少上背部肌群"拉"的作用。因此，躯干向前和向后运动将减弱该动作对上背部肌群的训练效果。

图5.3　器械低位滑轮划船（复合功能或单一功能器械）

准备

1. 坐姿准备，双脚放在支撑踏板上。
2. 膝关节小幅屈曲。
3. 保持躯干直立。
4. 双侧肘关节完全伸展。
5. 闭握握柄。

运动

1. 将握柄缓慢、平稳地拉向躯干。
2. 不要使用躯干运动来拉起重量。
3. 握柄向腹部靠近时呼气。
4. 握柄靠近躯干时暂停。
5. 吸气时回到起始位置。
6. 继续做向前和向后运动，直到完成该组次数。

*背阔肌下拉

锻炼上背部的常见附加练习是*背阔肌下拉。它和引体向上相似，但它使用的是复合功能或单一功能器械。

这个"拉"的练习锻炼了上背部肌群（背阔肌、菱形肌和斜方肌），也包括一些上臂前侧的肌群（肱二头肌）。它可以通过坐在器械上（图5.4）或跪在地板上训练。

垂直地坐在座椅上，面对配重片，双腿分开，大腿抵住支撑垫，双脚平放在地板上。正握横杆（图5.4a），两手分开略比肩宽。身体略微向后倾斜，肘关节完全伸展。

平稳地下拉横杆到面前，经过下颌再到胸部上方（图5.4b）。保持肘关节向外并远离身体。横杆碰到胸部上方时呼气。

使横杆回到起始位置，缓慢伸展肘关节保持横杆向上移动（图5.4a）。控制速度，不要让配重片砸到其余配重片。吸气时完全伸展肘关节。

错误

快速向后移动躯干并下拉横杆。

改正

在运动过程中，保持躯干稳定。使用上背部、手臂和肩部的肌群下拉横杆。

错误

配重片迅速下降，砸到其余配重片。

改正

在横杆碰到胸部时暂停，之后慢慢地让横杆回到起始位置。全程控制配重片的移动。

图5.4　背阔肌下拉（复合功能或单一功能器械）

准备

1. 正握横杆，双手间距略宽于肩。

2. 跪姿或坐姿。

3. 躯干略微向后倾斜。

4. 肘关节完全伸展。

运动

1. 下拉横杆到面前。

2. 保持肘关节向外并远离身体。

3. 保持躯干稳定。

4. 下拉横杆经过下颌然后向下到胸部上方。

5. 当横杆碰到胸部时呼气。

6. 回到起始位置时吸气。

7. 继续做上升和下降运动，直到完成该组次数。

*器械面拉

如果练习者有经验且拥有需要的器械，可以选择在训练中加入另一种背部练习，那就是 *器械面拉。此练习使用一台具有高位滑轮的复合功能或单一功能器械来执行。

这个"拉"的练习锻炼了上背部肌群（背阔肌、菱形肌、斜方肌等），也包括一些上臂前侧的肌群（肱二头肌）。

首先采用对握法握住绳柄，然后面对器械。伸直肘关节，后退到距离器械足够远的地方，以在绳索上产生拉力。形成髋关节和膝关节微弯的姿势，头部与脊柱在一条线上，双脚间距与肩同宽且平放在地上，如图5.5a所示。在整个运动过程中，身体应一直保持此姿势。

肘关节缓慢屈曲，将绳柄拉向面部，同时保持双肘外展且彼此平行，直到绳柄间的中心卡环靠近面部，如图5.5b所示。在拉向面部的过程中呼气。

缓慢伸展肘关节，让绳柄返回起始位置（图5.5a）。控制绳柄返回起始位置时的速度，不要让配重片撞到配重架。肘关节伸展时吸气。

错误

在拉的过程中失去平衡，前倒。

改正

减轻训练负荷，增大屈髋幅度，将更多重量放在脚跟上。

错误

回拉绳柄的距离不够远。

改正

集中精力收紧上背部以及手臂肌肉，直到绳柄间的卡环靠近面部。

图5.5　器械面拉（复合功能或单一功能器械）

准备

1. 采用对握法握住绳柄，双侧肘关节完全伸展。

2. 双脚间距与肩同宽，髋关节和膝关节微微屈曲。

3. 在整个练习中保持头部与脊柱在一条线上。

运动

1. 缓慢回拉绳柄直到绳柄间的卡环靠近面部。

2. 保持双侧肘关节朝身体外侧伸展且相互平行。

3. 保持躯干稳定。

4. 拉的过程中呼气。

5. 回到起始位置时吸气。

6. 继续做向内和向外运动，直到完成该组次数。

背部练习1
选择一种练习

在阅读完每一种练习的特点、技术以及所需器械的相关知识后，练习者已经准备好运用所学的知识了。考虑到练习者能使用的器械的情况，在下面的练习中选择一种运用到计划当中。

- 俯身划船（自由重量）。
- 器械坐姿划船（凸轮、复合功能或单一功能器械）。
- 器械低位滑轮划船（复合功能或单一功能器械）。

在训练计划表上的"肌群"栏写下"背部"，并在"练习"栏写下练习者选择的练习的名称（第150页的图10.1）。如果练习者打算进行 *背阔肌下拉或*器械面拉练习，在训练计划表中将它们填写在上面选择的背部练习后。

成功检查

- 考虑可用的器械。
- 考虑可用的时间。
- 选择一个背部练习并写在训练计划表上。

背部练习2
基础练习的热身负荷和试验负荷

这个练习回答了"我应该用多大重量或负荷进行练习"这个问题。利用所选背部练习的相应系数和图5.6所示的公式（更多关于使用这个公式的信息可见第29~30页），确定试验负荷。估算练习者的负荷，并四舍五入到最接近的5磅的增量或最接近的配重片重量。一定要使用指定练习的系数。在运动中，使用该练习试验负荷的一半重量进行热身。这些负荷将在背部练习4和练习5中使用。

成功检查

- 确定试验负荷，其等于练习者的体重乘以正确的系数。
- 确定热身负荷，它是试验负荷的一半。
- 对练习者的试验负荷和热身负荷四舍五入到最接近的5磅的增量或最接近的配重片重量。

女性

练习	体重		系数		试验负荷	热身负荷（试验负荷÷2）
FW-俯身划船		×	0.35	=		
C/M-器械坐姿划船		×	0.20	=		
M-器械低位滑轮划船		×	0.25	=		

男性

练习	体重		系数		试验负荷	热身负荷（试验负荷÷2）
FW-俯身划船		×	0.45	=		
C/M-器械坐姿划船		×	0.40	=		
M-器械低位滑轮划船		×	0.45	=		

注：FW=自由重量，C=凸轮器械，M=复合功能或单一功能器械。

如果是一名体重超过175磅的男性，记录体重为175磅。如果是一名女性，体重超过140磅，记录体重为140磅。

图5.6　背部练习的热身负荷和试验负荷的计算

背部练习3

确定*背阔肌下拉和*器械面拉的试验负荷

如果你是一名有经验的练习者，选择了*背阔肌下拉或*器械面拉练习，应依据相关指导原则来确定试验负荷（更多信息可见第3章的第30~31页）。

根据以前的经验和能举起的重量，选择一个可以重复12~15次的重量。试验负荷乘以0.6就是热身负荷，四舍五入到最接近的配重片重量（图5.7）。这些负荷将在背部练习4中使用。

成功检查

- 选择一个可以重复12~15次的重量。
- 试验负荷乘以0.6是热身负荷。
- 将热身负荷四舍五入到最接近的配重片重量。

练习	估算12~15次重复的试验负荷				热身负荷
M-*背阔肌下拉		×	0.6	=	
M-*器械面拉		×	0.6	=	

注：M = 复合功能或单一功能器械。

图5.7 *背阔肌下拉和*器械面拉的热身负荷计算

背部练习4

练习正确的技术

在这个过程中，练习者要执行15次重复，热身负荷取决于背部练习2（俯身划船、器械坐姿划船、器械低位滑轮划船）或背部练习3中（*背阔肌下拉或*器械面拉）的试验负荷。确定热身负荷后进行15次重复运动。如果你是一名有经验的练习者，意在添加*背阔肌下拉或*器械面拉练习，请把它们放在最后一项。

回顾练习的图片和说明，重点放在握姿和身体姿态上。通过全关节活动度来观察运动模式，练习者要用一个缓慢的、可控的速度进行运动，记住在粘滞点呼气。找一个合格的专业人员观察和评估练习者的动作技术。

成功检查

- 检查动作模式。
- 检查动作速度。
- 检查呼吸模式。

背部练习5
确定训练负荷

这个练习将帮助练习者确定恰好完成12~15次重复的适当训练负荷。对于基础练习，用背部练习2中计算的试验负荷尽可能多地做重复运动。确保重复运动正确进行。如果练习者进行俯身划船，检查动作过程中髋部是否低于肩部，杠铃杆是否触碰乳头附近。

如果能用试验负荷进行12~15次重复运动，那么试验负荷就是训练负荷。在训练计划表

（第150页的图10.1）上记下这个重量作为练习的训练负荷。如果无法完成12~15次重复，那就查阅背部练习6对负荷进行调整。

成功检查

- 检查是否使用正确的负荷。
- 在每个重复过程中，使用适当和安全的动作技术。

背部练习6
根据需要调整负荷

如果以试验负荷重复动作的次数少于12次，说明负荷太重，需要减轻。如果以试验负荷能做15次以上的重复运动，说明负荷太轻，需要增加。运用图5.8和公式确定需要的负荷并做出相应调整。

成功检查

- 检查是否正确使用负荷调整表（图5.8）。
- 在训练计划表上写下训练负荷。

完成的重复次数	调整
≤ 7	−15磅
8~9	−10磅
10~11	−5磅
12~15	不需要调整
16~17	+5磅
18~19	+10磅
≥ 20	+15磅

试验负荷		调整		训练负荷
	+		=	

图5.8　对背部练习的训练负荷做出调整

背部练习的成功总结

这一章需要练习者选择一项背部练习，或练习者经过一段时间的训练后可以选择多项背部练习。使用正确的握法，正确的身体姿势、动作和呼吸模式，恰当的热身和训练负荷，将最大限度地提高训练成效。

当确定了训练负荷，并记录在训练计划表上，说明练习者已经准备好进入第6章了。在第6章中，练习者将会选择锻炼肩部肌群的练习，包括3个基础练习和2个附加练习，每一个练习都有具体的指示，教读者如何练习。

在进入下一章前

诚实回答下面的每一个问题。如果这些问题的所有回答都是"是"，说明你已经准备好开始第6章的学习了。

1. 你是否选择了基础的背部练习？如果你是一名有经验的练习者，你是否想添加*背阔肌下拉或*器械面拉练习？

2. 你是否已经在训练计划表上写下选择的练习（或多选）了？

3. 你是否已经确定选择什么热身负荷和训练负荷了？

4. 你是否已经在训练计划表上写下训练负荷了？

5. 你是否已经学到所选择练习的正确技巧了？

肩部练习的选择及训练负荷指南

使用自由重量、滑轮或凸轮器械的过顶推举对于锻炼肩部的前部、中部和后部（三角肌的前束、中束、后束）是非常有效的。这些练习也锻炼了上臂的后侧（肱三头肌）。这些练习有助于肩关节的稳定和平衡胸部、颈部和上背部的肌肉力量。

使用自由重量器械的站立肩上推举（有时也叫作肩上推举，通常被认为是最好的肩部运动）与使用自由重量器械的*站姿划船搭配，是一个很好的交替训练组合，因为站姿划船不涉及（会因此引发疲劳）肱三头肌发力。

如果练习者使用自由重量器械训练，可以选择站立肩上推举、*站姿划船或*T形杠铃肩上推举来锻炼肩部肌群。如果使用凸轮器械、复合功能器械或单一功能器械，则进行器械坐姿推举或器械肩上推举练习来锻炼练习者的肩部肌群。这两类训练几乎是同样的动作，但是使用的器械不同。

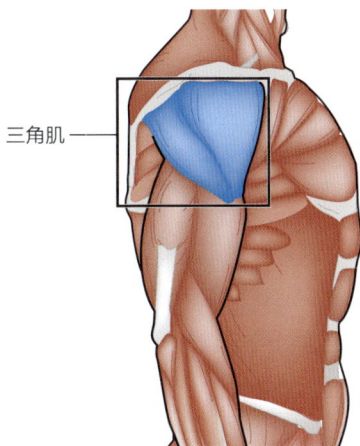

三角肌 ——

站立肩上推举

为了准备这个训练，要先将杠铃杆放在深蹲架上或放置在肩部高度的支撑架上。如果深蹲架或支撑架不能用，则必须使用第2章和第14章中的技术将其从地板上举起。

正握杠铃杆，双手握距略比肩宽，或与肩同宽。肘关节在杠铃杆之下且微微过伸。双手握住杠铃杆且使其接触肩部、锁骨，做支撑准备（图6.1a）。

错误

握距太宽或不均匀。

改正

双手均匀地握住杠铃杆，握距与肩同宽，最好在使用的杠铃杆上做好参考标记。

从肩上以缓慢到中等速度竖直向上推起杠铃杆，直到肘关节完全伸展（图6.1b）。在向上和向下运动时，当杠铃杆达到下颌高度时，需要让头略微向后移动。另外，在运动过程中保持头部处于中立位。避免脊柱过度伸展或向后倾斜，尤其是在向上运动阶段。

错误

向上移动的开始阶段使用下肢蹬伸（先屈曲，接着快速伸展）。

改正

准备时膝关节完全伸展，保持这种方式使杠铃杆做上升、下降运动。

在顶部停顿片刻，接着缓慢降低杠铃杆到起始姿势（图6.1a）。不要让杠铃杆在胸部或肩部弹起来。降低杠铃杆时吸气，在上升过程中经过粘滞点时呼气。最后一次重复后，把杠铃杆放到架子上（不是图6.1所示）。如果在完成这个练习后必须把杠铃杆放到地面上，使用第2章中提到的从肩到地面的下降技术。

注意：不要在粘滞点屏住呼吸，这样做可能会导致昏厥。当杠铃杆经过粘滞点时呼气。

保护者应尽可能近地站在练习者的正后方但不要触碰练习者（图6.1a）；张开双臂，并打开双手放在杠铃杆附近（但不接触），当它上升或下降时跟着它移动（图6.1b）；一旦练习者在做完最后一个重复练习后给出"好了"的信号，立即抓住杠铃杆，并帮助练习者把它放到架子上（如果有可用的架子）。

图6.1　站立肩上推举（自由重量）

准备

练习者

1. 双手使用正握等距握杠，握距与肩同宽或稍宽于肩。

2. 保持头部直立，面向前方。

3. 肘关节低于杠铃杆，腕关节伸展。

4. 双手握住杠铃杆，把杠铃杆放在肩部和锁骨位置。

保护者

1. 在不触碰练习者的情况下尽可能近地站在练习者的正后方。

2. 观察杠铃杆的运动。

3. 双脚分开与肩同宽。

运动

练习者

1. 竖直向上推起杠铃杆。

2. 保持身体直立。

3. 在粘滞点呼气。

4. 在顶部停顿片刻。

5. 回到起始位置时吸气。

6. 继续做向上和向下运动，直到完成该组次数。

7. 在最后一个重复动作后给出信号"好了"。

保护者

1. 双手靠近杠铃杆，跟随其移动。

2. 仅在必要的时候提供帮助。

3. 指导练习者不要向后倾斜，也不要屏住呼吸。

错误

在运动中闭着眼睛。

改正

集中注意力于正前方的物体，尤其是到达粘滞点时。

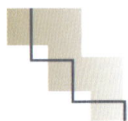

错误

手臂伸展不均匀。

改正

保持双臂一起向上移动，注意力集中在落后的手臂上。

在站立肩上推举中常见的错误是身体向后倾斜太多。这个问题通常发生在杠铃杆到达粘滞点时。应避免发生这个问题，因为它会给下背部施加额外的压力。想想：躯干、头部和杠铃杆在一条直线上。

器械坐姿推举

调整好自己在凸轮器械上的准备姿势，背部抵在靠垫上，肩部约对齐握柄，双脚平放在地板上，闭握握柄（图6.2a）。如果健身馆没有图6.2所示的器械类型，可以向合格的专业人士寻求帮助，了解正确的技巧。

从准备姿势开始，用缓慢、可控的方式上推握柄直到肘关节完全伸展（图6.2b）。当经过粘滞点时呼气。在完全伸展时停顿，接着吸气回到起始姿势（图6.2a）。

错误

下背部没有抵在靠垫上。

改正

在座椅上向后挪动，直到下背部抵在靠垫上。

错误

在粘滞点屏住呼吸。

改正

当到达粘滞点时马上开始呼气。

在器械坐姿推举练习中最常见的错误是在粘滞点时下背部弓起。背部应该竖直地抵在靠垫上，因为下背部弓起会给下背部施加过多压力。集中注意力保持髋部稳定并使下背部抵在靠垫上。

图6.2 器械坐姿推举（凸轮器械）

准备

1. 坐在座椅上，后背抵住靠垫。

2. 闭握握柄。

3. 双脚平放在地板上。

运动

1. 向上推举至肘关节完全伸展。

2. 肘关节完全伸展时保持手腕伸直和躯干直立。

3. 在向上运动到粘滞点时呼气。

4. 停顿。

5. 回到起始位置时吸气。

6. 继续做向上和向下运动，直到完成该组次数。

器械肩上推举

在复合功能或单一功能器械上坐直，使肩部在握柄的下方（图6.3a），双脚平放在地板上。闭握握柄，双手间距略比肩宽。

上推握柄直到肘关节完全伸展（图6.3b）。在整个运动过程中肩部在握柄的下方。保持下背部平直抵在靠垫上。当肘关节几乎完全伸展（粘滞点）时呼气。在肘关节完全伸展时停顿，之后慢慢地回到起始姿势（图6.3a）。

在器械肩上推举过程中最常见的错误是过度伸展（过度地弓起）下背部，没有把握柄降到与肩部水平的高度。通过收缩腹部和背部肌群，并在座椅上坐直，从而保持背部平直。想想：头部、躯干和臀部形成一条直线。

若在起始位置握柄位置过高，会降低肩部肌群运动的幅度，从而大大降低锻炼效果。试着去降低握柄位置，使配重片轻轻触碰剩余的配重片。为了防止配重片之间的撞击，控制握柄向下的速度，在重复下一个向上推举动作前，使握柄在肩部高度停顿。

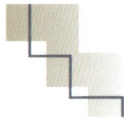

错误

屏住呼吸。

改正

当握柄到达粘滞点时开始呼气。

图6.3 器械肩上推举（复合功能或单一功能器械）

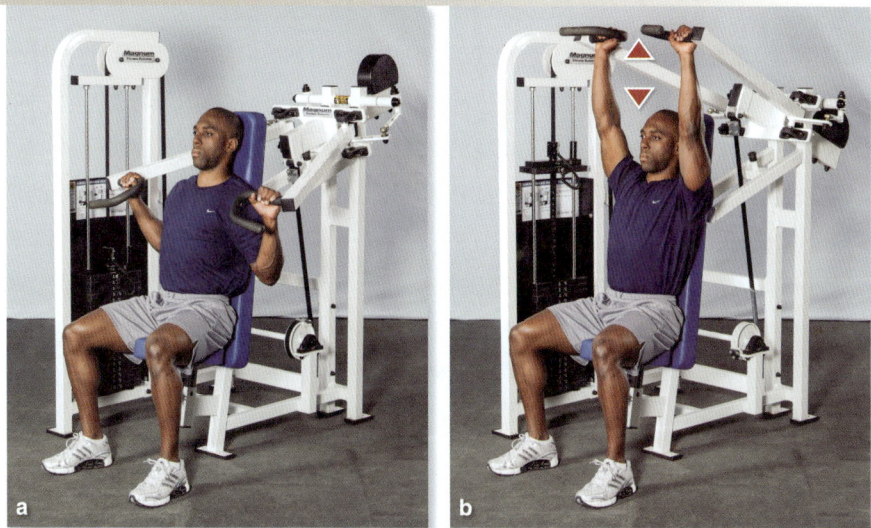

准备

1. 在器械或座椅上坐直，使肩部前侧在握柄的下方。

2. 闭握握柄，双手间距略比肩宽。

3. 双脚平放在地板上。

运动

1. 向上推举至肘关节伸直。

2. 保持身体直立。

3. 在粘滞点呼气。

4. 停顿。

5. 回到起始位置时吸气。

6. 继续做向上和向下运动，直到完成该组次数。

*站姿划船

如果你是一名有经验的练习者，想在训练计划中添加附加的肩部练习，可以考虑添加*站姿划船或*T形杠铃肩上推举练习。除此之外，如果练习者意识到在基础练习坐姿推举或站立肩上推举中使用的重量太重，那么可以用空的杠铃杆做*站姿划船和*T形杠铃肩上推举。

*站姿划船也有助于锻炼三角肌，但它不同于其他的肩部练习，因为它采用上拉的动作，并没有运用肱三头肌。这个练习可以使用杠铃、哑铃或配置低位滑轮的组合器械进行。图6.4展示了一个练习者在使用杠铃杆进行*站姿划船练习。

用正握法抓握杠铃杆，双手间隔6到8英寸（图6.4a）。躯干直立，手臂伸直，双脚分开与肩同宽。将杠铃杆放置在大腿位置（更多把杠铃杆从地面举到大腿位置的相关信息可见第2章的第21页）。

沿着腹部和胸部向上提拉杠铃杆（图6.4a）。保持肘部高于手腕，并向两侧外展。向上拉杠铃杆直到肘部接近肩部高度，当杠铃杆快到肩部时呼气。在达到顶端位置时短暂停顿。

当杠铃杆平稳下降到起始位置时吸气（图6.4a）。在开始下一次重复运动前在最低位置停顿。

错误

肘部下降到手腕下方。

改正

保持肘部高度，并像提拉杠铃杆一样移动肘部。

错误

回到起始姿势时杠铃杆下降速度太快。

改正

在顶端位置停顿，之后慢慢使杠铃杆回到起始位置。

图6.4　站姿划船（自由重量）

准备

1. 使用正握。

2. 双手分开6~8英寸。

3. 保持躯干直立。

4. 双脚分开与肩同宽。

5. 肘关节完全伸展。

6. 将杠铃杆放置在大腿高度。

运动

1. 沿着腹部和胸部向上提拉。

2. 肘关节外展并高于手腕高度。

3. 提拉杠铃杆直到肘部与肩部同高。

4. 当杠铃杆靠近肩部时呼气。

5. 在顶端位置短暂停顿。

6. 回到起始位置时吸气。

7. 继续做向上和向下运动，直到完成该组次数。

*T形杠铃肩上推举

　　*T形杠铃肩上推举旨在锻炼肩部肌肉，但也会锻炼肱三头肌。由于执行此练习需要保持平衡，所以它更适合有经验的练习者。使用杠铃执行此练习时可以保持站姿、分腿跪姿或正常的双脚分开与肩同宽姿势。但是，似乎锻炼肩部肌肉的最佳姿势是分腿跪姿，如图6.5所示。

　　形成分腿跪姿，后腿跪在垫子上，前腿膝关节屈曲90度，前脚牢固地接触地面。保持分腿跪姿，将杠铃杆的一端固定在地上，掌心向下握住杠铃杆的自由端，将杠铃杆移至肩部高度。开始练习时，将杠铃杆置于前臂前方，然后前倾并朝头部上方推举杠铃杆，直到肘关节伸直。此刻，后腿膝关节、髋部和同侧肩部、举到头顶的手应在一条直线上。在向头顶推举的过程中呼气。要返回起始位置，应让肘关节缓慢屈曲，直到手部降到肩部高度。下降过程中吸气。完成一组后，交换跪着的腿，利用另一侧手臂完成上升和下降动作。

错误

练习期间难以保持平衡。

改正

一定要握住杠铃杆，让手腕、前臂和肩部在杠铃杆下方成一条直线。

错误

向头顶推举结束时，肘关节没有伸直。

改正

集中精力向前倾，而不是直接向上推举。

图6.5　⏰ T形杠铃肩上推举

准备

1. 将杠铃杆的一端固定在地上。

2. 形成分腿跪姿，后腿跪在垫子上。

3. 前腿膝关节屈曲90度，前脚与地面接触。

4. 掌心朝下握住杠铃杆的另一端。

5. 将杠铃杆移到肩部高度。

运动

1. 前倾，同时向头顶推举杠铃杆。

2. 继续推举，直到肘关节伸直。

3. 当手臂位于头顶时，后腿膝关节、髋部和同侧肩部、手臂形成一条直线。

4. 将杠铃杆推举到头顶的过程中呼气，下降过程中吸气。

肩部练习1
选择一种练习

在阅读完每一种练习的特点、技术以及所需器械的相关知识后，练习者已经准备好运用所学的知识了。考虑到可使用器械的情况，在下面的练习中选择一种运用到计划当中。

- 站立肩上推举（自由重量）。
- 器械坐姿推举（凸轮器械）。
- 器械肩上推举（复合功能或单一功能器械）。

在训练计划表上的"肌群"栏写下"肩部"，并在"练习"栏写下选择的练习的名称（第150页的图10.1）。如果打算进行*站姿划船或*T形杠铃肩上推举练习，将其记在训练计划表已经选择的肩部练习后。

成功检查

- 考虑可用的器械。
- 考虑是否需要一个合格的专业保护者。
- 考虑可用的时间。
- 选择一个肩部练习，并写在训练计划表上。

肩部练习2
基础练习的热身负荷和试验负荷

这个练习回答了"我应该用多大重量或负荷"这个问题。选择使用肩部练习相应的系数和图6.6所示的公式（更多关于使用公式的信息可见第3章的第29~30页），确定试验负荷。估算练习者的负荷，四舍五入到最接近的5磅的增量或最接近的配重片重量。一定要使用指定的练习系数。在运动中，使用该练习试验负荷的一半重量进行热身。这些负荷将在肩部练习4和练习5中使用。

成功检查

- 确定试验负荷，其等于练习者的体重乘以正确的系数。
- 确定热身负荷，它是试验负荷的一半。
- 将练习者的试验负荷和热身负荷四舍五入到最接近的5磅的增量或最接近的配重片重量。

女性

练习	体重		系数		试验负荷	热身负荷（试验负荷÷2）
FW-站立肩上推举		×	0.22	=		
C-器械坐姿推举		×	0.25	=		
M-器械肩上推举		×	0.15	=		

男性

练习	体重		系数		试验负荷	热身负荷（试验负荷÷2）
FW-站立肩上推举		×	0.38	=		
C-器械坐姿推举		×	0.40	=		
M-器械肩上推举		×	0.35	=		

注：FW=自由重量，C=凸轮器械，M=复合功能或单一功能器械。
如果是一名体重超过175磅的男性，记录体重为175磅。如果是一名女性，体重超过140磅，记录体重为140磅。

图6.6 肩部练习的热身负荷和试验负荷的计算

肩部练习3

确定*站姿划船和*T形杠铃肩上推举的试验负荷

如果你是一名有经验的练习者，决定添加*站姿划船或*T形杠铃肩上推举，应按照相关指导原则来确定试验负荷（更多有关信息可见第3章的第30~31页）。

根据以前的经验和能举起的重量，选择一个可以重复12~15次的重量。试验负荷乘以0.6就是热身负荷，四舍五入到最接近的5磅的增量或最接近的配重片重量（图6.7）。这些负荷将在肩部练习4中使用。

成功检查

- 选择一个可以重复12~15次的重量。
- 试验负荷乘以0.6是热身负荷。
- 将热身负荷四舍五入到最接近的5磅的增量或最接近的配重片重量。

练习	估算12~15次重复的试验负荷			热身负荷
FW-*站姿划船		×	0.6	=
FW-*T形杠铃肩上推举		×	0.6	=

注：FW=自由重量器械。

图6.7 *站姿划船和*T形杠铃肩上推举的热身负荷计算

肩部练习4

练习正确的技术

在这个过程中，练习者要执行15次重复，热身负荷取决于肩部练习2（站立肩上推举、器械坐姿推举或器械肩上推举）或肩部练习3（*站姿划船、*T形杠铃肩上推举）的试验负荷。使用确定的热身负荷进行15次重复运动。如果你是一名有经验的练习者，想添加*站姿划船或*T形杠铃肩上推举练习，把它们放在最后一项。

回顾练习的图片和说明，重点放在握姿和身体姿态上。通过全关节活动度观察运动模式，用缓慢的、可控的速度进行运动。记住在粘滞点呼气。找一个合格的专业人员观察和评估练习者的动作技术。

如果选择站立肩上推举，那练习者就需要一个保护者。练习者也需要练习这个动作的保护方法，并找到一个能与其轮流完成练习的同伴。

不要以连续的方式交替做15次重复运动，而是要在执行每组正确的练习后把杠铃杆放到架子上，交替训练，使自己和同伴都有机会练习正确的保护技术。邀请一个合格的专业人员观察和评估你的动作技术和运动表现。

成功检查

- 对于站立肩上推举，从架子起放的所有动作都必须正确。
- 对于所有的练习，动作模式、速度和呼吸都要正确。

肩部练习5
确定训练负荷

这个练习将帮助练习者确定重复12~15次的适当训练负荷。对于基础练习，用肩部练习2中计算的试验负荷尽可能多地做重复运动。确保重复运动正确进行。

如果能用试验负荷进行12~15次重复练习，那么试验负荷就是训练负荷。在训练计划表（第150页的图10.1）上记下这个重量作为练习的训练负荷。如果无法完成12~15次重复，那就查阅肩部练习6对负荷进行调整。

成功检查

- 检查是否使用正确的负荷。
- 在每个重复过程中，保持适当和安全的动作技术。

肩部练习6
根据需要调整负荷

如果以试验负荷重复动作的次数少于12次，需要减轻负荷。如果以试验负荷能做15次以上重复运动，说明负荷太轻，需要增加。运用图6.8和公式确定需要的负荷并做出相应调整。

成功检查

- 检查是否正确使用负荷调整表（图6.8）。
- 在训练计划表上写上训练负荷。

完成的重复次数	调整
≤7	−15磅
8~9	−10磅
10~11	−5磅
12~15	不需要调整
16~17	+5磅
18~19	+10磅
≥20	+15磅

试验负荷		调整		训练负荷
	+		=	

图6.8 对肩部练习的训练负荷进行调整

肩部练习的成功总结

这一章需要练习者选择一项肩部练习，或者练习者训练了一段时间后可以选择多项肩部练习。使用正确的握法，正确的身体姿势、动作和呼吸模式，恰当的热身和训练负荷，将最大限度地提高训练成效。

当确定了训练负荷，并记录在训练计划表上，说明练习者已经准备好进入第7章了。在第7章中，练习者将会选择一些锻炼上臂肌群的练习，包括5个锻炼上臂前侧肌群的练习和5个锻炼上臂后侧肌群的练习。

在进入下一章前

诚实回答下面的每一个问题。如果这些问题的所有回答都是"是"，说明你已经准备好开始第7章的学习了。

1. 你是否选择了基础的肩部练习？如果你是一名有经验的练习者，你是否想添加 *站姿划船或 *T形杠铃肩上推举练习？

2. 你是否已经在训练计划表上写下选择的练习（或多选）了？

3. 你是否已经确定热身负荷和训练负荷了？

4. 你是否已经在训练计划表上写下训练负荷了？

5. 你是否已经掌握所选择练习的正确技巧了？

6. 如果你选择的练习需要一名保护者，确定他是一个合格的专业人员吗？他学会正确的保护技术了吗？

第 7 章

上臂练习的选择及
训练负荷指南

锻炼上臂两个肌群的训练是非常流行的，特别是对那些刚开始进行抗阻训练的练习者来说。当进行正确的训练时，这些肌群会很快产生反应，并且相比身体其他部位来说，这些肌群更容易发生改变并很快被注意到。上臂前侧（正面）肌群和后侧（背面）肌群的主要肌肉为肱二头肌（通常向别人展示的肌肉）和肱三头肌。

使用自由重量器械的肱二头肌弯举、*哑铃交替肱二头肌弯举、*哑铃锤式弯举，使用凸轮器械、复合功能器械或单一功能器械的坐姿弯举，以及使用复合功能器械或单一功能器械的低位滑轮肱二头肌弯举，都是锻炼上臂前侧肌群的理想动作，同时也是锻炼前臂肌群的理想动作。

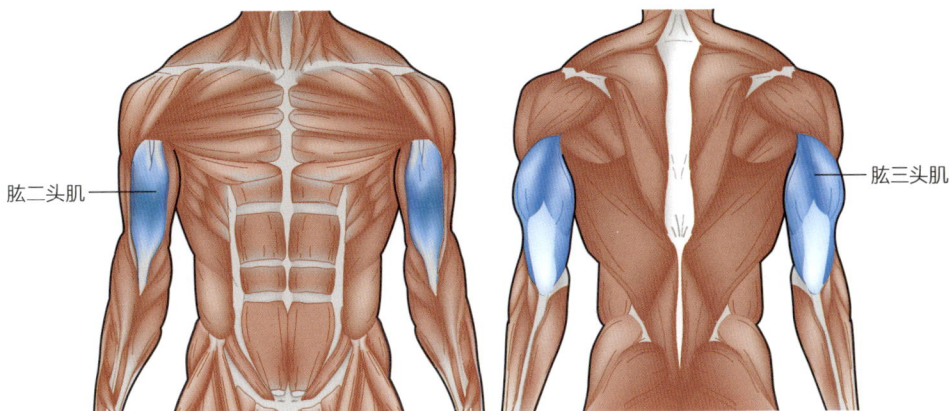

肱二头肌 ——

—— 肱三头肌

使用自由重量器械坐姿肱三头肌头上伸展、*仰卧肱三头肌伸展和*仰卧对握哑铃肱三头肌伸展，使用凸轮器械、复合功能器械或单一功能器械的肱三头肌伸展和肱三头肌下压是锻炼上臂后侧肌群非常好的练习。

当正确地锻炼肱二头肌和肱三头肌时，有助于提高肘关节稳定性。这些肌群的发展对需要拉（肱二头肌）或推和投掷（肱三头肌）动作的运动很有帮助。

肱二头肌训练

如果练习者进行自由重量训练，那么推荐其选择肱二头肌弯举、*哑铃交替肱二头肌弯举或*哑铃锤式弯举来锻炼上臂前侧肌群。如果选择使用复合功能器械、单一功能器械或凸轮器械进行训练，可以选择器械坐姿弯举或器械低位滑轮肱二头肌弯举。

肱二头肌弯举

进入准备姿势，双手分开与肩同宽反握杠铃杆（图7.1a）。上臂放在躯干两侧，垂直于地面，肘关节完全伸展。在这个姿势下杠铃杆应该触碰大腿前侧。背部要挺直，目视前方，膝关节略微屈曲以减轻下背部压力。

错误

肘关节在准备姿势时略微屈曲。

改正

直立，下背部收紧，肘关节完全伸展。

开始上升运动阶段时，通过屈曲肘关节使杠铃杆移动到肩部位置，保持肘关节和上臂与地面垂直并紧贴身体两侧（图7.1b）。避免肘关节和上臂向后或向两侧移动。身体在运动过程中保持直立——没有出现晃动、摆动或颤动。当杠铃杆接近粘滞点时呼气，之后继续屈曲肘关节，直到杠铃杆靠近肩部前侧位置。

错误

当弯举杠铃杆时上臂向后移动。

改正

上臂内侧用力夹紧身体两侧。

错误

用惯性来完成重复运动。

改正

保持上半身挺直。如果这个问题依然存在，保持背部靠墙站直。

错误

在向上运动阶段，腕关节过度伸展（向后屈曲）。

改正

集中注意力保持腕关节完全伸展并保持刚性。

达到顶端位置后，吸气时慢慢下降使杠铃杆回到起始位置（图7.1a）。肘关节应完全伸展，在进行下次向上弯举重复运动前，要稍加停顿。

图7.1　肱二头肌弯举（自由重量）

准备

1. 用反握法，双手分开与肩同宽。
2. 保持躯干竖直。
3. 头抬起，面向前方。
4. 保持上臂紧贴身体两侧，肘关节完全伸展。
5. 允许将杠铃杆放置在大腿前侧。

运动

1. 保持上臂稳定。
2. 保持肘部贴着身体。
3. 不要晃动、摆动或颤动身体。
4. 当杠铃杆靠近肩部时开始呼气。
5. 弯举杠铃杆到肩部位置。
6. 回到起始位置时吸气。
7. 继续做向上和向下运动，直到完成该组次数。

器械坐姿弯举

坐在器械的座椅上，胸部抵在靠垫上（图7.2a）。将肘部放在与凸轮同轴共线的位置上，如果有必要请重新调整位置。调整座椅，使肘部略低于肩部，双脚平放在地板上。

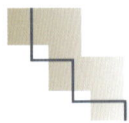

错误

在运动开始时，肘关节已经屈曲。

改正

在开始运动时肘关节完全伸展，如果需要，降低座椅高度。

在开始练习时反握握柄，肘关节完全伸展。尽可能多地执行向上弯举，在顶端位置短暂停顿（图7.2b）。当握柄通过粘滞点时呼气。

错误

通过上半身运动完成弯举。

改正

保持胸部抵在靠垫上并保持身体稳定。

错误

没有完成全关节活动度的运动。

改正

向上弯举直到双手几乎碰到肩部。

吸气时慢慢放下握柄至起始位置，注意不要让肘关节过度伸展（图7.2a）。

错误

下放速度太快。

改正

缓慢下放，注意不要使肘关节过度伸展。

图7.2　器械坐姿弯举（凸轮、复合功能或单一功能器械）

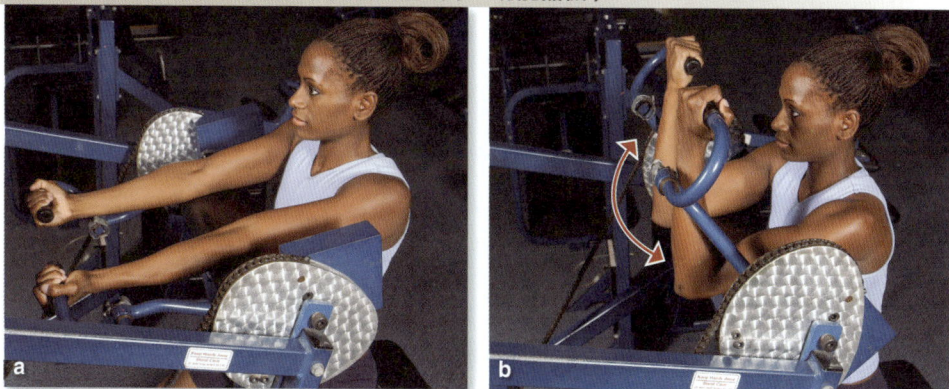

准备

1. 坐好，胸部抵住靠垫。

2. 将肘部放在与器械同轴共线的位置。

3. 调整座椅高度，使肘部略低于肩部。

4. 反握握柄。

运动

1. 尽可能多地向上弯举。

2. 通过粘滞点时呼气。

3. 停顿。

4. 回到起始位置时吸气。

5. 继续做向上和向下运动，直到完成该组次数。

器械低位滑轮肱二头肌弯举

面对器械站立，双脚离最低的滑轮大约18英寸。保持躯干挺直、肩部向后、挺胸、膝关节略微屈曲。如果膝关节锁死，当向上拉握柄时，练习者会因失去稳定而身体向前倾。反握握柄，开始运动时肘关节完全伸展（图7.3a）。

错误

在运动开始时，肘关节已经屈曲。

改正

在每次开始时肘关节要完全伸展。

弯举握柄直到它几乎碰到肩部（图7.3b）。避免上臂向后或向两侧移动。通过粘滞点时呼气，降低握柄时吸气（图7.3a）。

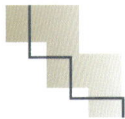

错误

让配重片迅速下降碰撞其余配重片。

改正

缓慢地降低配重片，并让配重片轻轻接触而不是碰撞其余配重片。

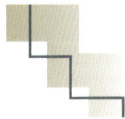

错误

没有完成全关节活动度的运动。

改正

弯举握柄直到它几乎触及肩部，并降低握柄到肘关节完全伸展的位置。

图7.3　器械低位滑轮肱二头肌弯举（复合功能或单一功能器械）

准备

1. 保持躯干挺直、肩部向后、挺胸。

2. 膝关节略微屈曲。

3. 反握握柄。

4. 肘关节完全伸展。

运动

1. 弯举握柄到肩部高度。

2. 保持上臂稳定。

3. 当握柄靠近肩部时呼气。

4. 停顿。

5. 回到起始位置时吸气。

6. 继续做向上和向下运动，直到完成该组次数。

*哑铃交替肱二头肌弯举

　　*哑铃交替肱二头肌弯举是一个常见的附加练习。这个练习除了每次的交替动作之外，其余与肱二头肌弯举相似，只是使用哑铃代替杠铃杆，涉及的主要肌肉是一样的（肱二头肌）。

　　每只手各握住一个哑铃，直立，双脚分开与肩同宽，膝关节稍微屈曲。把哑铃放在身体的两侧，掌心对着大腿（使哑铃握把相互平行）。肘关节要完全伸展（图7.4a）。

　　从右臂开始，缓慢弯举哑铃至右肩位置（图7.4b）。当哑铃从右腿的一侧向前移动时，旋转哑铃使掌心朝上，同时保持肘关节至上臂与地面垂直并靠近身体一侧。弯举哑铃时不要倾斜身体，哑铃靠近右肩时呼气。在弯举到顶端位置时停顿。

错误

当向上弯举哑铃时，肘部从身体一侧移开。

改正

当哑铃上升时，始终保持上臂和肘部紧贴身体侧面。

　　到达顶端位置后，吸气，慢慢地将哑铃放回起始位置，当它经过大腿时再一次旋转哑铃，直到肘关节完全伸展（图7.4a）。另一只手臂重复整个动作。

错误

哑铃迅速回落到起始位置。

改正

缓慢、可控地降低哑铃，直到肘关节完全伸展。

图7.4　哑铃交替肱二头肌弯举（自由重量）

准备

1. 直立，双脚分开与肩同宽并平放在地板上。
2. 双手持哑铃紧贴身体两侧。
3. 肘关节在开始时完全伸展。

运动

1. 从右臂开始，缓慢弯举哑铃使其向右肩移动。
2. 当哑铃从右腿的一侧向前移动时，旋转哑铃使掌心朝上。
3. 继续弯举哑铃。
4. 保持上臂和身体稳定。
5. 当哑铃靠近肩部时呼气。
6. 回到起始位置时吸气。
7. 用另一只手臂重复这个运动。
8. 继续做向上和向下运动，直到完成该组次数。

*哑铃锤式弯举

另一种可以发展肱二头肌的流行动作是*哑铃锤式弯举。此练习的动作非常类似于*哑铃交替肱二头肌弯举，但其采用对握法握住哑铃且一次仅锻炼一只手臂。

右手采用闭合式对握法（拇指朝上）握住哑铃。直立，膝关节微微屈曲，双脚分开与肩同宽，右肘关节完全伸展，右手握住哑铃置于右大腿一侧，如图7.5a所示。

保持握住哑铃的手臂上部与地面垂直并压在肋骨上，屈曲肘关节，向上朝右肩移动前臂（图7.5b）。记住保持以对握法握哑铃，保持另一侧手臂静止。

保持对握姿势，缓慢伸展肘关节，后将哑铃移回起始位置。应在哑铃上升过程中呼气，在哑铃下降过程中吸气。用右臂完成一组练习后，再用左臂完成一组练习。

错误

用右臂弯举哑铃时腕关节右旋或用左臂弯举哑铃时腕关节左旋，将对握转变为反握（掌心朝上）。

改正

集中精力保持对握姿势（拇指朝上）。

错误

在练习中，移动哑铃侧的肘部远离躯干。

改正

在整个练习中，集中精力保持肘部压在躯干（肋骨）上。

图7.5　哑铃锤式弯举（自由重量）

准备

1. 直立，双腿膝关节微微屈曲，双脚分开与肩同宽且平放在地上。
2. 右手采用对握法握住哑铃。
3. 伸展右肘关节，同时保持左肘关节静止。

运动

1. 从右臂开始，沿弧线缓慢弯举哑铃使其向右肩移动。
2. 保持身体直立，双膝微弯。
3. 在哑铃上升和下降过程中保持对握姿势。
4. 当哑铃靠近肩部时呼气。
5. 吸气时回到起始位置。
6. 左臂重复整个动作。

肱三头肌练习

如果练习者进行自由重量训练，可以选择坐姿肱三头肌头上伸展、*仰卧肱三头肌伸展或*仰卧对握哑铃肱三头肌伸展来锻炼上臂后侧肌群。如果练习者进行凸轮器械、单一功能器械或复合功能器械训练，可以选择器械肱三头肌伸展或肱三头肌下压。

坐姿肱三头肌头上伸展

臀部坐在长凳上，躯干直立，双脚平放在地板上或双脚分开与肩同宽。在这个姿势开始时，示意保护者"好了"并让他把杠铃杆交递给你。双手分开6~8英寸，窄距正握杠铃杆。移动杠铃杆过顶并在肘关节伸直位停顿，腕部位于肘部的正上方（图7.6a）。

注意：练习坐姿肱三头肌头上伸展时不要使用长杠铃杆。安全的选择是使用EZ曲杆，因为它更短、更容易使练习者在运动中保持平衡。

上臂稳定垂直于地面，屈曲肘关节并缓慢下降杠铃杆到头部后方（图7.6b）。降低杠铃杆时吸气。保持上臂不外展且互相平行。

在最低位置停顿，继而通过伸展手臂将杠铃杆推回起始位置（图7.6a）。保持上臂不动，不要让肘关节外展。杠铃杆接近顶端位置时呼气。当最后一次重复结束时示意保护者"好了"，并平稳地把杠铃杆交递给保护者。

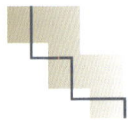

错误
双手间距太大。

改正
双手间距不超过8英寸。

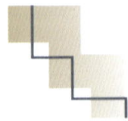

错误
下降杠铃杆到头顶高度。

改正
在镜子前进行练习，确保杠铃杆降到头后位置。

错误
当把杠铃杆推过头顶时肘关节过度外展。

改正
保持上臂贴近耳侧，肘关节朝前。

图7.6　坐姿肱三头肌头上伸展（自由重量）

准备

练习者

1. 在长凳上坐直，双脚平放在地板上。

2. 向保护者示意"好了"。

3. 从保护者手中接过杠铃杆。

4. 两手均匀分开6~8英寸，窄距正握杠铃杆。

5. 肘关节伸直以移动杠铃杆过顶。

保护者

1. 宽距抓握杠铃杆。

2. 在练习者身后跨立于长凳两侧。

3. 对练习者"好了"的信号做出回应。

4. 把杠铃杆交给练习者。

5. 移动杠铃杆到练习者肩关节正上方位置。

6. 平稳地松开杠铃杆。

运动

练习者

1. 下降杠铃杆至头部后方。

2. 保持肘关节向前。

3. 当杠铃杆降低时吸气。

4. 在最低位置停顿。

5. 上推杠铃杆直到肘关节完全伸展。

6. 保持肘关节靠近耳侧，指向前方。

7. 杠铃杆通过粘滞点时呼气。

8. 继续做向上和向下运动，直到完成该组练习次数。

9. 在最后一个重复动作后给出信号"好了"。

保护者

1. 手放在杠铃杆下保护练习者头部。

2. 密切观察杠铃杆的移动。

3. 只在必要时提供帮助。

4. 当练习者完成最后一次重复后，宽距抓握杠铃杆。

5. 把杠铃杆放回地板上。

保护者宽距抓握杠铃杆，把杠铃杆抬离地面，在练习者身后跨立于长凳两侧，允许练习者在保护者双手之间握杆。当听到"好了"的信号后，辅助练习者将杠铃杆举过头顶到肘关节伸直位置，即练习者的头部上方。在松开杠铃杆之前，要确保练习者的肘关节完全伸直。练习时尽可能平稳地交递杠铃杆。

关注杠铃杆向上和向下的移动（图7.6b）。在最后一次重复中，当练习者肘关节完全伸直，保护者听到"好了"的信号后宽距抓握杠铃杆并协助练习者把杠铃杆放到地板上。

器械肱三头肌伸展

坐在器械上，下背部抵在背部靠垫上，胸部靠在胸部靠垫上。调整座椅使肘部低于肩部，双脚平放在地板上。肘部要与器械同轴共线。调整上臂位置，使放在靠垫上的手臂互相平行。用对握法握住握柄（图7.7a）。

从这个位置开始，双手下推到肘关节伸直（图7.7b）。不要让上臂抬离靠垫。在肘关节伸直位置停顿，接着慢慢地回到起始位置（图7.7a）。在粘滞点呼气，在返回过程中吸气。

错误

上臂和肘部离开靠垫。

改正

保持上臂和肘部抵在靠垫上，如果有必要，减轻负荷。

图7.7　器械肱三头肌伸展（凸轮、复合功能或单一功能器械）

准备

1. 下背部抵在背部靠垫上，胸部抵在胸部靠垫上。
2. 调整座椅，使肘部低于肩部。
3. 双臂平放在靠垫上且相互平行。
4. 用对握法握住握柄。

运动

1. 肘关节屈曲。
2. 保持上臂抵在靠垫上，肘关节指向前方。
3. 通过粘滞点时呼气。
4. 在肘关节伸直位停顿。
5. 回到起始位置时吸气。
6. 继续向前、向后运动，直到完成该组练习次数。

肱三头肌下压

直立，双脚分开大约与肩同宽。双手分开6~8英寸，正握横杆（图7.8a）。下压横杆，肘关节屈曲并让上臂紧贴身体两侧。横杆与胸部等高时开始运动。

从这个位置开始，伸展肘关节，直到横杆触碰身体（图7.8b）。练习者要确保肘关节完全伸展。停顿后慢慢让横杆返回胸部高度，上臂和身体保持稳定（图7.8a）。下压横杆，在通过粘滞点时呼气，在返回过程中吸气。

错误

上臂远离身体。

改正

上臂紧贴身体两侧。在肘关节完全伸展和完全屈曲的位置停顿。

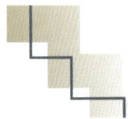

错误

横杆移动到肩部上方。

改正

横杆在胸部高度时开始移动，并防止移动时横杆高于肩部。指关节保持在肩部以下。

错误

下压横杆时，身体向前弯曲。

改正

保持稳定、直立的姿势，同时头部、肩部、髋部和双脚处在一条垂直线上。必要时减轻负荷。

当横杆回到胸部高度时，注意不要移动得太快，因为这会造成技术上的错误并给肘关节施加更多的压力。用一种可控的方式缓慢地使横杆回到起始位置。

图7.8　肱三头肌下压（复合功能或单一功能器械）

准备

1. 直立。

2. 双脚分开约与肩同宽。

3. 两手分开相隔6~8英寸，正握横杆。

4. 上臂挤压肋骨位置。

5. 横杆在胸部高度时开始移动。

运动

1. 伸展肘关节，直到横杆碰到身体。

2. 不要移动上臂或躯干。

3. 通过粘滞点时呼气。

4. 在肘关节完全伸展时停顿。

5. 回到起始位置时吸气。

6. 继续做上升和下降运动，直到完成该组次数。

*仰卧肱三头肌伸展

如果你是一名有经验的练习者，准备加入锻炼肱三头肌的附加练习，可以考虑添加*仰卧肱三头肌伸展练习。与坐姿肱三头肌头上伸展一样，这个练习需要一个保护者。它需要练习者平躺于长凳上完成推的练习。

仰躺在长凳上，保持头部、肩部和臀部靠在长凳上，双脚分开与肩同宽平放在地板上，确保五点接触。从这个姿势开始，示意保护者"好了"，并让其把杠铃杆交给自己。双手均匀分开大约8英寸，正握杠铃杆。移动杠铃杆到胸部上方位置，在肘关节伸直位停顿，腕部位于肘部的正上方（图7.9a）。

注意： 做*仰卧肱三头肌伸展时不要使用长杠铃杆。安全的选择是使用EZ曲杆，因为它更短、更容易使练习者在运动中保持平衡。

上臂稳定垂直于地面，屈曲肘关节并向头部缓慢降低杠铃杆（图7.9b）。降低杠铃杆时吸气。保持肘关节朝上且不外展，继续降低杠铃杆直到杠铃杆接近头顶（准确的位置取决于练习者前臂的长度）。

在最低位置停顿，继而通过伸展手臂将杠铃杆推回起始位置（图7.9a）。保持上臂不动，不要让肘关节外展。杠铃杆接近顶端位置时呼气。当最后一次重复结束时示意保护者"好了"，并平稳地把杠铃杆交递给保护者。

错误

肘部向前、向外移动。

改正

在运动中，集中注意力保持上臂稳定。

错误

在运动中，上臂与地面不垂直。

改正

在运动阶段，集中注意力保持上臂与地面垂直。

保护者要站在离长凳顶端2~6英寸远的位置，使用第2章中描述的技术，宽距抓握杠铃杆，把杠铃杆从地面拿起，站在练习者头部位置并允许练习者在自己双手间握杆。当听到"好了"的信号后，移动杠铃杆到练习者肘关节伸直位，正对其胸部上方。在松开杠铃杆之前，要确保练习者的肘关节完全伸展。练习时尽可能平稳地交递杠铃杆。如果交递杠铃杆过前或过后，将影响练习者在长凳上的稳定姿势，这可能会导致其运动表现下降或受伤。

保护者张开双手并确保视线跟随杠铃杆下降（图7.9b），双手跟随杠铃杆回到起始位置（图7.9a）。在最后一次重复运动中，练习者肘关节完全伸展，保护者听到"好了"的信号后，宽距抓握杠铃杆并协助练习者把杠铃杆放到地板上。

图7.9 🏋 仰卧肱三头肌伸展（自由重量）

准备

练习者

1. 保持五点接触：头部、肩部和臀部在长凳上，双脚在地板上。
2. 向保护者示意"好了"。
3. 正握从保护者手中交递过来的杠铃杆，双手均匀放置分开约8英寸。
4. 移动到肘关节伸直位，正对胸部上方。

保护者

1. 宽距抓握杠铃杆。
2. 站在距长凳顶端2~6英寸的位置。
3. 对练习者的"好了"信号做出回应。
4. 把杠铃杆交递给练习者。
5. 移动杠铃杆到练习者肩关节正上方位置。
6. 平稳地松开杠铃杆。

运动

练习者

1. 保持上臂稳定。
2. 保持肘关节伸直，不指向外侧。
3. 吸气时慢慢降低杠铃杆。
4. 在杠铃杆到达最低位置时停顿。
5. 上推杠铃杆，直到肘关节完全伸展。
6. 在上升过程中呼气。
7. 在肘关节伸直时暂停。
8. 继续做向上和向下运动，直到完成该组练习次数。
9. 在最后一个重复动作后给出信号"好了"。

保护者

1. 手放在杠铃杆下以保护练习者头部。
2. 密切观察杠铃杆的移动。
3. 只在必要时提供帮助。
4. 最后一次重复后，宽距抓握杠铃杆。
5. 把杠铃杆放回地板上。

*仰卧对握哑铃肱三头肌伸展

如果你是一名有经验的练习者，准备在训练中加入另一种锻炼肱三头肌的方法，可以考虑添加*仰卧对握哑铃肱三头肌伸展。与*仰卧肱三头肌伸展一样，这个练习需要一个保护者。它需要练习者平躺在长凳上进行推的练习。不同之处在于*仰卧对握哑铃肱三头肌伸展练习采用对握来更好地刺激肱三头肌。

练习者坐在长凳上，将哑铃置于大腿上，然后平躺在长凳上，将哑铃移到靠近胸部的位置。保持头部、肩部和臀部靠在长凳上，双脚分开与肩同宽平放在地板上，确保五点接触。形成对握姿势，推举哑铃，直至肘关节伸直。腕关节应位于肘关节正上方，手臂与地面垂直，如图7.10a所示。在练习者将哑铃推到肘关节伸直的起始位置时，保护者应准备好在有需要时提供协助。到达起始位置后，向保护者示意"好了"。在练习者开始运动时，保护者的双手应靠近他的手腕。

保持对握姿势，上臂稳定垂直于地面，屈曲肘关节并向头部缓慢降低哑铃（图7.10b）。降低哑铃时吸气。保持肘关节朝上且不外展，继续降低哑铃，直至其接近头顶（准确的位置取决于练习者前臂的长度）。

在最低位置（接近前额）停顿，继而通过缓慢伸展手臂将哑铃推回起始位置（图7.10a）。保持上臂不动，不要让肘关节外展。哑铃接近顶端位置时呼气。完成最后一组时，向保护者示意"好了"。将哑铃降低到胸部，然后降低到大腿上，接着坐起来。

错误

肘部向前、向外移动。

改正

集中精力保持双肘相互平行且垂直向上。

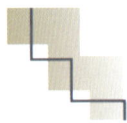

错误

未将哑铃降得足够低。

改正

请求保护者协助将哑铃引导至更靠近前额的位置。

保护者应位于离练习者头部2~6英寸处，单膝跪地，背部直立（图7.10a）。保护者应准备好在练习者将哑铃推到肘关节伸直的起始位置时提供协助，抓住练习者的手腕。保护者听到"好了"时，将双手放在哑铃下但不触碰哑铃，待哑铃降到练习者的前额部位后（图7.10b），双手跟随哑铃提升到肘关节伸直位置。哑铃足够接近前额时告知练习者（图7.10b）。再次听到"好了"即表示该组动作已完成，保护者应确认哑铃处于练习者的肘关节伸直位置，此刻保护者的职责就完成了。

图 7.10 🏋️ 仰卧对握哑铃肱三头肌伸展（自由重量）

准备

练习者

1. 坐在长凳一端，将哑铃置于大腿上，然后仰躺在长凳上，将哑铃向胸部移动。

2. 保持五点接触：头部、肩部和臀部在长凳上，双脚在地板上。

3. 移动哑铃到肘关节伸展位，正对胸部上方。

4. 向保护者示意"好了"。

保护者

1. 站或跪在距长凳顶端 2~6 英寸处。

2. 如果需要，抓住练习者手腕，协助其将哑铃移到肘关节伸直位置。

3. 对练习者的"好了"信号做出回应，将双手移到哑铃下方。

运动

练习者

1. 保持上臂稳定。

2. 保持肘关节伸直，不指向外侧。

3. 慢慢下降哑铃时吸气。

4. 在最低位置停顿。

5. 上推哑铃，直到肘关节完全伸展。

6. 在上升过程中呼气。

7. 在肘关节伸直时停顿。

8. 继续做向上和向下运动，直到完成该组练习次数。

9. 在最后一个重复动作后给出信号"好了"。

保护者

1. 密切关注哑铃的下降和上升运动。

2. 只在必要时提供帮助。

上臂练习1
选择两种练习

在阅读完每一种练习的特点、技术和所需要的器械的相关知识后，是时候对所学的知识进行应用了。考虑可用的器械和练习者自身的情况，然后选择下面的练习并放入计划中。

肱二头肌

- 肱二头肌弯举（自由重量）。
- 器械坐姿弯举（凸轮、复合功能或单一功能器械）。
- 器械低位滑轮肱二头肌弯举（复合功能或单一功能器械）。

肱三头肌

- 坐姿肱三头肌头上伸展（自由重量）。
- 器械肱三头肌伸展（凸轮、复合功能或单一功能器械）。
- 肱三头肌下压（复合功能或单一功能器械）。

在"肌群"栏中写下"肱二头肌"和"肱三头肌"，并在"练习"栏中写下选择的练习的名称（第150页的图10.1）。如果打算添加 *哑铃交替肱二头肌弯举、*哑铃锤式弯举、仰卧肱三头肌伸展或*仰卧对握哑铃肱三头肌伸展练习，在训练计划表上将它们记在上面选择的上臂练习后。

成功检查

- 考虑可用的器械。
- 考虑是否需要一个合格的专业保护者。
- 考虑可用的时间。
- 选择两个上臂练习，并写在训练计划表上。

上臂练习2
基础练习的热身负荷和试验负荷

这个练习回答了"我应该用多大重量或负荷进行练习"这个问题。选择使用练习的相应系数和图7.11所示的公式（更多关于使用公式的信息可见第3章的第29~30页），确定试验负荷。估算负荷，四舍五入到最接近的5磅的增量或最接近的配重片重量。一定要使用指定练习的系数。在运动中，使用该练习试验负荷的一半重量进行热身。这些负荷将在上臂练习4和练习5中使用。

成功检查

- 确定试验负荷，其等于练习者的体重乘以正确的系数。
- 确定热身负荷，它是试验负荷的一半。
- 将试验负荷和热身负荷四舍五入到最接近的5磅的增量或最接近的配重片重量。

肱二头肌

女性

练习	体重		系数		试验负荷	热身负荷（试验负荷÷2）
FW-肱二头肌弯举		×	0.23	=		
C/M-器械坐姿弯举		×	0.12	=		
M-器械低位滑轮 肱二头肌弯举		×	0.15	=		

男性

练习	体重		系数		试验负荷	热身负荷（试验负荷÷2）
FW-肱二头肌弯举		×	0.30	=		
C/M-器械坐姿弯举		×	0.20	=		
M-器械低位滑轮 肱二头肌弯举		×	0.25	=		

肱三头肌

女性

练习	体重		系数		试验负荷	热身负荷（试验负荷÷2）
FW-坐姿 肱三头肌头上伸展		×	0.12	=		
C/M-器械 肱三头肌伸展		×	0.13	=		
M-肱三头肌下压		×	0.19	=		

男性

练习	体重		系数		试验负荷	热身负荷（试验负荷÷2）
FW-坐姿肱三头肌 头上伸展		×	0.21	=		
C/M-器械 肱三头肌伸展		×	0.35	=		
M-肱三头肌下压		×	0.32	=		

注：FW=自由重量，C=凸轮器械，M=复合功能或单一功能器械。

如果是一名体重超过175磅的男性，记录体重为175磅。如果是一名女性，体重超过140磅，记录体重为140磅。

图7.11　上臂练习的热身负荷和试验负荷的计算

上臂练习3

确定 *哑铃交替肱二头肌弯举、*哑铃锤式弯举、*仰卧肱三头肌伸展和 *仰卧对握哑铃肱三头肌伸展的试验负荷

如果你是一名有经验的练习者，决定添加 *哑铃交替肱二头肌弯举、*哑铃锤式弯举作为肱二头肌练习，*仰卧肱三头肌伸展或 *仰卧对握哑铃肱三头肌伸展作为肱三头肌练习，应依据相关指导原则来确定试验负荷（更多信息可见第3章的第30~31页）。

根据以前的经验和能举起的重量，选择一个可以重复12~15次的重量。试验负荷乘以0.6就是热身负荷，四舍五入到最接近的5磅的增量（图7.12）。这些负荷将在上臂练习4中使用。

成功检查

- 选择一个可以重复12~15次的重量。
- 试验负荷乘以0.6是热身负荷。
- 将热身负荷四舍五入到最接近的5磅的增量。

练习	估算12~15次重复的试验负荷				热身负荷
FW-*哑铃交替肱二头肌弯举		×	0.6	=	
FW-*哑铃锤式弯举		×	0.6	=	
FW-*仰卧肱三头肌伸展		×	0.6	=	
FW-*仰卧对握哑铃肱三头肌伸展		×	0.6	=	

图7.12　计算 *哑铃交替肱二头肌弯举、*哑铃锤式弯举、*仰卧肱三头肌伸展和 *仰卧对握哑铃肱三头肌伸展的热身负荷

上臂练习4
练习正确的技术

在这个练习过程中，练习者要执行15次重复，热身负荷取决于上臂练习2（肱二头肌弯举、器械坐姿弯举或器械低位滑轮二头肌弯举锻炼肱二头肌，坐姿肱三头肌头上伸展、器械肱三头肌伸展或肱三头肌下压锻炼肱三头肌）或上臂练习3中的（*哑铃交替肱二头肌弯举或*哑铃锤式弯举锻炼肱二头肌；*仰卧肱三头肌伸展或*仰卧对握哑铃肱三头肌伸展锻炼肱三头肌）的试验负荷。用确定的热身负荷进行15次重复运动。如果你是一名有经验的练习者，想添加*哑铃交替肱二头肌弯举、*哑铃锤式弯举、*仰卧肱三头肌伸展或*仰卧对握哑铃肱三头肌伸展，把它们放在最后一项练习。

回顾练习的图片和说明，重点放在握姿和身体姿态上。通过构建全关节活动度的动作模式，用一个缓慢的、可控的速度运动，记住在粘滞点呼气。通过镜子自行观察或找一个合格的专业人员观察并评估练习者的动作技术。

如果选择坐姿肱三头肌头上伸展、*仰卧肱三头肌伸展或*仰卧对握哑铃肱三头肌伸展练习，那练习者需要一个保护者。练习者也需要练习这些动作的保护方法，并找到一个能与练习者轮流完成练习的练习者。

不是以连续的方式进行15次重复运动，而是在每次重复之后把杠铃杆或哑铃放在地板上，并练习在最佳的保护位置进行杠铃的交递动作。交替锻炼，使练习者也有机会练习合格的技术和保护方法。邀请一个合格的专业人员观察并评估动作技术和运动表现。

成功检查

- 对于坐姿肱三头肌头上伸展、*仰卧肱三头肌伸展和*仰卧对握哑铃肱三头肌伸展练习，所有保护步骤（包括交递和放置）都要正确执行。
- 对于所有的练习，动作模式、速度和呼吸都要正确。

上臂练习5
确定训练负荷

这种练习将帮助确定重复12~15次的适当训练负荷。对于基础练习，用上臂练习2中计算的试验负荷尽可能多地做重复运动。确保重复运动正确进行。

如果能用试验负荷进行12~15次重复运动，那么试验负荷就是训练负荷。在训练计划表上记下这个重量作为练习的训练负荷。如果

做不到12~15次重复，那就查阅上臂练习6对负荷进行调整。

成功检查

- 检查是否使用正确的负荷。
- 在每个重复过程中，使用适当和安全的动作技术。

109

上臂练习6
根据需要调整负荷

如果以试验负荷重复动作的次数少于12次，说明负荷太重，需要减轻。如果能以试验负荷做15次以上的重复运动，说明负荷太轻，需要增加。运用图7.13和公式确定需要的负荷并做出相应调整。

成功检查

- 检查是否正确使用负荷调整表（图7.13）。
- 在训练计划表上写上训练负荷。

完成的重复次数	调整
≤7	−15磅
8~9	−10磅
10~11	−5磅
12~15	不需要调整
16~17	+5磅
18~19	+10磅
≥20	+15磅

试验负荷		调整		训练负荷
	+		=	

图7.13　对上臂练习的训练负荷做出调整

上臂练习的成功总结

　　这一章需要练习者选择一项肱二头肌和肱三头肌练习，或者如果练习者已经训练了一段时间可以选择多项练习。使用正确的握法，正确的身体姿势、动作和呼吸模式，准确的热身和训练负荷将最大限度地提高训练成效。

　　当练习者确定了训练负荷，并记录在训练计划表上，说明已经准备好进入第8章了。在第8章中，将会选择锻炼腿部肌群的练习（分为单关节或多关节）。

在进入下一章前

　　诚实回答下面的每一个问题。如果这些问题的所有回答都是"是"，说明你已经准备好开始第8章的学习了。

1. 你是否已经选择了基础的肱二头肌和肱三头肌练习？如果你是一名高级练习者，你想添加*哑铃交替肱二头肌弯举、*哑铃锤式弯举（肱三头肌）、*仰卧肱三头肌伸展或*仰卧对握哑铃肱三头肌伸展（肱三头肌）练习吗？

2. 你是否已经在训练计划表上写下选择的练习（或多选）了？

3. 你是否已经确定所选练习的热身负荷和试验负荷？

4. 你是否已经在训练计划表上写下训练负荷了？

5. 你是否已经学到所选择练习的正确技巧了？

6. 如果你选择的练习需要一名保护者，确定他是一个合格的专业人员吗？他学会了正确的保护技术吗？

第8章

腿部练习的选择及
训练负荷指南

大腿和臀部的训练被认为是对身体要求特别高的运动，因为涉及人体的大肌群。这些运动锻炼的身体区域有时被称为动力区。这些肌肉是整个身体中最大块的，包括股四头肌（大腿前侧）、腘绳肌（大腿后侧）和臀肌（臀部）。它们与跑、跳、快速起动和迅速制动有关，也负责侧移、后退、推、拉、旋转和踢的动作。在大多数的动作中，它们起着稳定上半身的作用。锻炼下肢这些肌肉的重要性是显而易见的，它们不应该因为上半身的肌肉看起来更显眼而被忽视。

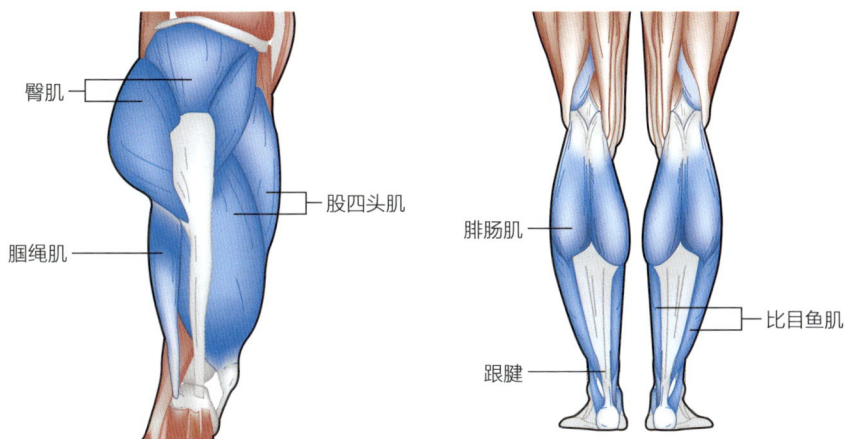

臀肌

股四头肌

腘绳肌

腓肠肌

比目鱼肌

跟腱

本章中涉及的运动可以分为多关节运动和单关节运动。多关节运动涉及不止一个关节的角度变化。本章介绍的多关节运动包括箭步蹲、器械腿蹬举、*后蹲和*保加利亚式深蹲。这些运动对于锻炼大腿和臀部的大肌群是非常有效的。

一些附加练习仅仅需要使用一个关节（单关节运动），这些运动往往只运用一块肌肉或身体的某一区域。例如，*器械伸膝锻炼股四头肌，*俯卧腿弯举锻炼腘绳肌，*器械站立提踵和*器械坐姿提踵锻炼小腿（小腿三头肌）。

如果能使用自由重量器械，那么最好选择箭步蹲、*后蹲或*保加利亚式深蹲动作来锻炼你的大腿。锻炼小腿的话，可以考虑添加*器械站立提踵或*器械坐姿提踵运动。如果能使用凸轮器械、组合器械，你可以选择器械腿蹬举动作。

多关节运动

腿部多关节运动要求练习者同时伸展膝关节和髋关节。股四头肌使膝关节伸展，腘绳肌使膝关节屈曲，臀肌使髋关节伸展。

本章中的多关节运动主要有助于膝关节和髋关节的稳定，增加肌肉来保护髋部并有下肢塑形的效果。这类运动使腿部和臀部力量增长，从而对涉及下肢肌群的竞技运动很有帮助。

箭步蹲

起始姿势为两脚分开与肩同宽，目视前方，抬头，肩胛骨后收，挺胸，直背（图8.1a）。上半身不要向前倾斜。在整个运动过程中，身体要一直保持直立姿势。

以可控的方式开始向前运动，惯用腿向前跨一步（图8.1b）。注意步子不要跨得太小或太大。一旦跨步站稳，降低臀部（向下，而不是向前），使前腿的大腿与地面平行，前腿的膝关节在踝关节的正上方（图8.1c）。前脚应该指向前方，后腿膝关节稍微屈曲，不要太接近地面。

姿势稳定后停顿，收回前脚，平稳地回到起始位置（图8.1a）。不要用躯干的力量向后移动。短暂停顿，然后以同样的方式向前迈出另一只脚。交替双腿练习直到这组运动完成。刚开始，练习者可能需要拖动或迈几小步才能使前脚回到起始位置。等练习者力量增强和达到更好的平衡之后，就不会这样了。

注意：箭步蹲是一种比较难的运动，因为它需要平衡性。首先尝试用自重箭步蹲来提升平衡性。当能够轻松做好向前和向后运动并保持平衡时，开始使用哑铃（一手拿一个），最终发展为使用杠铃（图8.1）。

图8.1　箭步蹲（自由重量）

准备

1. 站直，目视前方。
2. 抬头，肩胛骨后收，挺胸，直背。
3. 两脚分开，与肩同宽。

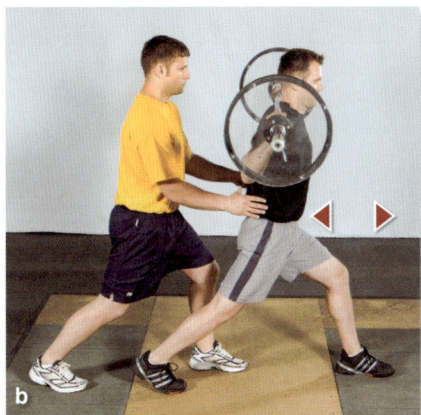

向前运动

1. 吸气，并用可控的方式向前跨步。
2. 保持身体直立。
3. 步子不要跨得太小或太大。
4. 在跨步结束时停顿。

下降运动和返回运动

1. 臀部下降直到前侧大腿与地面平行。
2. 保持前腿膝关节在踝关节正上方。
3. 适度屈曲后腿膝关节，但不要太接近地面。
4. 在最低位置停顿。
5. 前腿蹬地发力回到起始位置，呼气。
6. 保持身体直立。
7. 在另一条腿向前跨步之前停顿。
8. 交替双腿练习直到这组运动完成。

错误

向前的一步跨得太小或太大。

改正

前脚踩在地面上，降低臀部时，让前腿膝关节位于踝关节的正上方。练习者开始可能需要小步向前，逐步增加每一步的距离，直到前侧腿的大腿平行于地面，小腿垂直于地面。

错误

向前跨步或臀部下降时，身体向前倾斜。

改正

专注于保持身体直立和头部向前。如果髋关节不够灵活，但在运动过程中又需要保持直立姿势，那么你可以在臀部下降时控制下降程度。此外，一定要进行第2章中描述的下半身拉伸运动。

器械腿蹬举

这个运动通常会用到一个复合功能或单一功能器械，并且有的训练器械公司制造了一种凸轮腿蹬举训练器。练习开始时，坐在机器上并调整座椅让膝关节屈曲90度。如果自己看不到角度，可用镜子或请求别人帮助，以达到90度。身体坐直，腰部紧贴背垫，两脚分开与肩同宽，脚尖略向外，脚平放在踏板上（图8.2a）。抓住握柄让身体稳定。

开始向前运动，腿向前推，让膝关节伸直，同时保持上半身直立（图8.2b）。当伸直膝关节时，不要让两个膝关节相互靠近，在运动中保持两者的距离一致。腿部伸展时，避免上半身弯曲，在运动结束时不要用力锁住膝关节。向前推时呼气。

在向后运动阶段，让腿向后往身体方向移动，臀部不离开座位，不能让正在使用的配重片碰撞其余配重片（图8.2a）。回到起始位置时吸气。这个运动过程应该进行得缓慢且可控。

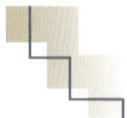

错误

脚没有平放在踏板上。

改正

考虑用脚的中部或后部推。

错误

身体向前倾斜。

改正

下背部和臀部紧贴座椅。

错误

在蹬伸过程中，膝关节向中间靠拢。

改正

在运动过程中，保持膝关节在脚的上方；在蹬伸过程中，保持双膝之间的距离不变。

图8.2　**器械腿蹬举（凸轮、复合功能或单一功能器械）**

准备

1. 坐直，下背部紧贴背垫。

2. 调整座椅，腿弯曲90度。

3. 将脚平放在踏板上，脚尖略向外展。

4. 两脚分开，与肩同宽。

5. 抓住握柄。

运动

1. 通过伸展髋关节和膝关节，把踏板推远。

2. 保持上半身不动。

3. 不要让膝关节向中间靠拢。

4. 避免上半身弯曲。

5. 推时呼气。

6. 在完全伸展时停顿，不锁死膝关节。

7. 回到起始位置时吸气。

8. 继续向前、向后运动，直到完成该组练习次数。

117

器械腿蹬举运动中最常见的错误是运动速度不对。许多练习者会推得过快，导致膝关节向中间靠拢。危险的是，这样可能会因为膝关节过伸而造成伤害。控制蹬腿速度，在膝关节向中间靠拢之前，集中注意力，停止向前运动。另一个常见的错误是让踏板自由回落到起始位置。正如控制前推速度一样，返回时也要用缓慢、可控的方式。

*后蹲

最后一个多关节运动是*后蹲。这个运动旨在锻炼下半身的主要肌肉：股四头肌、腘绳肌和臀部肌群。除此之外，许多上半身肌肉被用来保持身体直立和背部挺直（不弓着背或弯腰驼背）。保持杠铃处于肩部位置，并为下背部提供保护性支撑。

*后蹲是比较高级的练习，因为需要身体直立、背部挺直（需要将下背部的压力减至最小），杠铃横跨肩部和上背部放置，并在整个运动中都需要保持平衡。这个练习需要一个保护者。学习这个练习的一个常见策略是，首先用一个长杆练习所需的身体姿势并掌握长杆平衡和全身的平衡。掌握正确的技术后，再用空杠铃杆练习，然后再加上负荷进行练习。一定要确保杠铃杆两端已被卡锁锁好。

站在架子中间，脚平放在地面上，两脚分开稍宽于肩（图8.3a）。双手正握杠铃杆，间距大于肩宽。头从杠铃杆下钻过去，在保护者的帮助下将杠铃杆横跨肩部落在颈部下方。保持髋部在杠铃杆的正下方，挺胸抬头，双肩后收。

完成这个姿势后对保护者示意"好了"，然后慢慢地站起来，先停顿，然后向后退一到两步以离开杠铃架。调整脚的位置，脚尖稍微向外，两脚分开略宽于肩。同样，髋部位于杠铃杆的正下方，挺胸抬头，双肩后收。在开始下降运动阶段前，先停顿。

在下降运动阶段，慢慢地下蹲（图8.3b）。身体不要过度前倾，保持背部平直。保持双脚平放在地面上，膝关节与脚尖对齐。在下降运动阶段吸气，继续下蹲，直到大腿与地面平行。

错误

杠铃杆放在颈部的位置太高了。

改正

把杠铃杆放在肩部上方，且位于颈部下方。即使杠铃杆横放在肩部上方，也要能够保持头高抬。

错误

头部前倾，注视地面。

改正

头部稍微向后倾，眼睛向前看，挺胸，肩部后收。但是不要向上看天花板。

错误

膝关节向前超过脚尖，或者双膝向里靠拢。

改正

保持脚跟紧贴地面。如果需要，采用浅蹲。

　　腿用力蹬地开始向上运动。保持抬头挺胸。伸展膝关节并返回起始位置时呼气。最后一个重复运动完成时告知保护者"好了"。先停顿，然后向前走，直到杠铃靠近支架（图8.3c）。停顿片刻后慢慢地蹲下把杠铃放到支架上。确保挺胸抬头，双肩后收，髋部仍在杠铃杆的正下方。直到杠铃已安全地放到支架上才放手。

　　保护者应该尽可能地靠近练习者，但不接触。另外，也可以采用两个保护者。两个人站在杠铃的两头（图8.3a）。为了帮助练习者把杠铃从架子上取下来，用闭合式握法握杠铃杆。收到练习者的"好了"指示后，小心地帮忙把杠铃抬高离开支架并向后退一到两步，练习者也需要向后退一到两步离开支架（图8.3a）。在放开杠铃前，确保练习者已经握住杠铃杆了。练习这个动作，在提供帮助的同时又不会撞到练习者或杠铃，这个过程中的任何一个失误都可能导致杠铃失去平衡或掉落。

　　杠铃一旦开始下降，保护者立即和练习者一起下蹲，并保持双手开放式跟随杠铃运动（图8.3b），确保维持背部挺直的身体姿势。在上升阶段，手仍应是开放式跟随，在杠铃下方随杠铃向上移动。

　　当练习者做最后一个上升重复运动时，保护者的手应跟随向上，为把杠铃放到支架上做准备。当练习者给出"好了"的指示后，保护者向前走一步并用闭合式握法帮助练习者把杠铃放到支架上（图8.3c）。在放开杠铃前确保杠铃已被放在支架上。

119

图8.3 后蹲（自由重量）

准备

练习者

1. 正握，两手距离宽于肩。

2. 把杠铃放在肩部。

3. 髋部在杠铃杆的正下方，挺胸，收紧肩胛骨，抬头。

4. 脚平放在地面上，双脚距离稍宽于肩。

5. 向保护者示意"好了"。

6. 慢慢地移动杠铃离开支架。

7. 向后退一到两步。

8. 髋部在杠铃杆正下方，身体挺直，挺胸，收紧肩胛骨，抬头。

9. 脚平放在地面上，双脚距离稍比肩宽。

保护者

1. 靠近练习者站立（或站在杠铃的一端）。

2. 用闭合式握法握住杠铃杆。

3. 对练习者"好了"的信号做出回应。

4. 协助练习者抬起杠铃杆离开支架。

5. 平稳地松开杠铃杆。

6. 和练习者一起后退一到两步。

7. 当练习者站立不动时，站在练习者正后方靠近他（或站在杠铃的一端）。

运动

练习者

1. 慢慢下蹲。

2. 保持身体挺直、后背平直的姿势。

3. 双脚平放在地面上，膝关节与脚尖方向一致。

4. 继续下蹲，直到大腿与地面平行。

5. 做下降运动时呼气。

6. 当身体到达最低位置时停顿。

7. 伸展髋关节、膝关节从而回到起始位置。

8. 保持抬头、挺胸。

9. 通过粘滞点时呼气。

10. 继续做向上和向下运动，直到该组练习次数完成。

11. 在最后一个重复动作后给出信号"好了"。

保护者

1. 和练习者一起下蹲。

2. 双手随杠铃下降。

3. 只在必要时提供帮助。

图8.3 后蹲（自由重量）（续）

把杠铃放回支架上

练习者

1. 向前走一到两步，直到杠铃杆碰到支架。

2. 髋部在杠铃杆的正下方，挺胸，收紧肩胛骨，抬头。

3. 蹲下直到杠铃被放回支架上。

保护者

1. 用闭合式握法握住杠铃杆。

2. 和练习者向前走一到两步。

3. 引导杠铃杆向支架移动。

4. 当杠铃被放好时说"好了"。

*保加利亚式深蹲

　　*保加利亚式深蹲是比较高级的练习，因为需要躯干直立、背部挺直（需要将下背部的压力减至最小）、握住哑铃时保持平衡，才能正确执行此练习。不需要保护者，因为如果练习者开始失去平衡，可以将哑铃丢到地上。学习执行*保加利亚式深蹲的一种常见策略是首先不使用哑铃。一旦掌握了在下降和上升过程中自行保持平衡的能力，并知道何时吸气和呼气，就可以使用哑铃尝试此练习了。

　　每只手采用闭合式对握法握住一个哑铃，然后站在约齐膝高的长凳（或箱子）前。背对长凳，移到离长凳一个箭步的距离，保持哑铃在躯干两侧。右脚平放在地上，左脚脚背置于长凳上（图8.4a）。双膝微屈，肩部后仰，向前上方挺胸，目视前方。下背部稍微弓起，整个练习中躯干保持直立。从此姿势开始，通过屈曲髋关节和膝关节而向下移，同时保持躯干直立，直到右大腿与地面平行（图8.4b）。保持右脚平放在地上，左脚脚背接触长凳。一定要保持右膝在右脚正上方。练习者应该在下降过程中吸气。

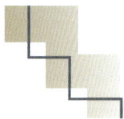

错误

前膝向外打开，不在前脚正上方。

改正

集中精力保持前腿的膝关节位于前脚正上方。

　　要移回到起始位置（图8.4a），伸展右膝和髋部，同时保持躯干直立，左膝和髋部也会自然伸展。在上升过程中呼气，完成一组后，将左脚移离长凳，交换双脚位置，执行下一组动作。

错误

肩部前移，导致失去平衡。

改正

保持肩部后仰，抬头，前脚平放在地上。

图8.4 保加利亚式深蹲（自由重量）

准备

1. 站在约齐膝高的长凳前，背对长凳（离长凳一个箭步的距离）。

2. 将右脚平放在地上。

3. 向后伸展左脚，将左脚脚背置于长凳上。

4. 膝关节略微屈曲，保持肩部后仰，挺胸，目视前方。

运动

1. 屈曲髋关节和膝关节来下降身体。

2. 保持躯干直立。

3. 保持右脚置于地上，左脚脚背在长凳上。

4. 下降过程中吸气。

5. 降至右大腿与地面平行。

6. 呼气时回到起始位置。

7. 继续做向上和向下运动，直到该组练习次数完成。

8. 交换双脚位置并重复上述动作。

单关节运动

如果练习者是一个有经验的举重运动员，准备增加腿部运动强度，可以考虑添加一个或更多的附加练习。首先，练习者可以选择一种单关节运动来补充多关节运动。一个常见的方法是在一个训练计划中增加*器械伸膝练习（股四头肌锻炼）和*俯卧腿弯举（腘绳肌锻炼），这个训练计划包括箭步蹲或器械腿蹬举练习。然后，当练习者训练得更好时，可以考虑用*后蹲或*保加利亚式深蹲运动代替箭步蹲或器械腿蹬举练习。*器械站立提踵练习或*器械坐姿提踵练习在任何时候都可以被添加到计划中。

*器械伸膝

在器械的座椅上坐直（图8.5a），后背靠在背垫上。眼睛向前看，头部抬起。踝关节放在脚垫后面，两脚脚背紧贴脚垫。握着坐垫的边缘或器械的握柄。

慢慢伸展膝关节（图8.5b）。确保在整个运动范围内移动。当伸展膝关节至最高位置时短暂停顿并呼气。

缓慢回放至起始位置（图8.5a）。紧紧握住坐垫边缘或握柄使臀部与座椅接触。在回放阶段吸气。在运动到最低位置时不让配重片撞在一起。在开始下一个重复运动前短暂停顿。

图8.5 🏋 器械伸膝（凸轮、复合功能或单一功能器械）

a

准备

1. 坐在座椅上。
2. 脚踝放在脚垫后面。
3. 脚背紧贴脚垫。
4. 坐直，后背靠着背垫。
5. 头部抬起，面向前方。
6. 握着坐垫边缘或握柄。

图8.5 ↔器械伸膝（凸轮、复合功能或单一功能器械）（续）

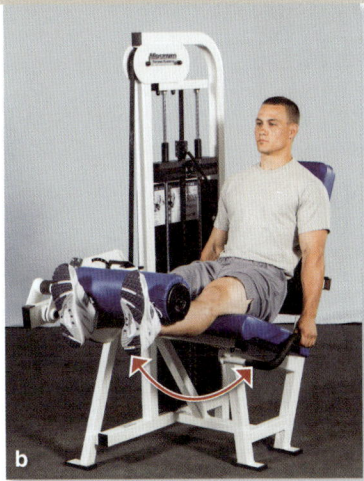

运动

1. 使膝关节在全关节活动度内伸展。

2. 伸展时呼气。

3. 在膝关节完全伸展位置短暂停顿。

4. 吸气时返回起始位置。

5. 保持臀部接触座椅。

6. 继续做向上和向下运动，直到完成该组次数。

错误

膝关节与座椅前沿不接触。

改正

检查膝关节是否与器械的轴平行，并调整背垫的位置。如果可能，使膝关节与座椅前沿接触。

*俯卧腿弯举

俯卧在器械的长凳上（图8.6a），大腿、髋部、腹部和胸部完全贴在长凳上。膝关节悬在大腿垫或长凳边缘。握着长凳边缘或握柄。慢慢屈曲膝关节，让脚跟尽可能地接近臀部（图8.6b）。当屈曲膝关节时，应呼气并在最高位置短暂停顿。缓慢回放并返回起始位置（图8.6a）。通过紧握长凳边缘或握柄，保持髋部和胸部贴在长凳上。回放时吸气。在运动到最低位置时不让配重片撞在一起。在开始下一个重复运动前短暂停顿。

错误

当练习者屈曲膝关节时，髋部离开长凳。

改正

检查膝关节是否与器械的轴平行，保持髋部和胸部接触长凳。

125

图8.6 ✋俯卧腿弯举（凸轮、复合功能或单一功能器械）

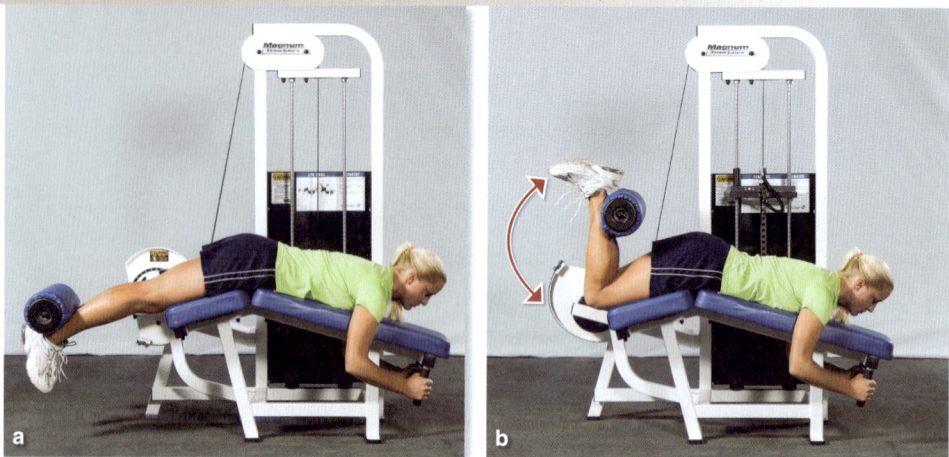

准备

1. 俯卧在长凳上。

2. 大腿、髋部、腹部和胸部平贴在长凳上。

3. 膝关节悬在长凳边缘。

4. 脚踝放在垫子下。

5. 跟腱接触垫子。

6. 握着长凳边缘或握柄。

运动

1. 在运动全过程中缓慢屈曲膝关节。

2. 髋部贴在长凳上。

3. 膝关节屈曲时呼气。

4. 在屈曲位置短暂停顿。

5. 在返回起始位置的过程中吸气。

6. 胸部贴着长凳。

7. 继续做上述的重复运动，直到完成该组次数。

*器械站立提踵

这个推的动作通过踝关节跖屈锻炼小腿肌肉：比目鱼肌和腓肠肌。*器械站立提踵练习可以使用杠铃、一个或两个哑铃、自身体重进行锻炼。

将肩部放在肩垫下，双脚分开与肩同宽，前脚掌踏在踏板前沿（图8.7a）。保持身体直立，两膝伸直但不锁死。目视正前方来维持身体平衡。脚跟低于踏板高度：练习者应该会感觉到小腿有牵拉感但没有疼痛感。这是正确的起始姿势。

尽可能地抬高脚跟（图8.7b）并呼气。当抬高至最高处短暂停顿。

慢慢放低脚跟回到起始位置（图8.7a）。再一次放低脚跟，直至其低于踏板且处于舒适的拉伸位置。保持身体挺直，两膝伸直。放低脚跟时吸气。

错误

在运动过程中，膝关节屈曲或伸展。

改正

保持膝关节伸直，但不是在整个运动过程中锁死。

错误

在上升阶段，练习者踝关节向外或膝关节外翻。

改正

利用小腿三头肌向上蹬伸，并把注意力集中于双脚。

图8.7 器械站立提踵（复合功能或单一功能器械）

准备

1. 将肩部置于肩垫下。
2. 双脚分开与肩同宽，前脚掌放在踏板前沿。
3. 保持膝关节伸直。
4. 脚跟降低至低于踏板，小腿有轻微的牵拉感。

运动

1. 前脚掌蹬地，尽可能抬高脚跟。
2. 在抬高过程中呼气。
3. 保持膝关节伸直。
4. 在最高位置时停顿。
5. 回到起始位置时吸气。
6. 不要移动身体或弯曲膝关节。
7. 继续做向上和向下运动，直到完成该组次数。

*器械坐姿提踵

像*器械站立提踵一样，*器械坐姿提踵涉及踝关节的跖屈。两种练习都锻炼小腿肌肉，但*器械站立提踵注重腓肠肌，而*器械坐姿提踵注重比目鱼肌。

坐在器械上，大腿分开与髋部同宽，大腿和膝关节置于垫子下方。最大限度缩小前脚掌与足部支撑架之间的角度（图8.8a）。踝关节跖屈（脚趾朝足部支撑架向下推），以稍微抬升垫子并松开安全杆。躯干保持直立，将脚跟下降到舒适的拉伸位置。从这个起始位置跖屈踝关节，尽可能向上抬起脚跟，同时呼气，如图8.8b所示。

图8.8　器械坐姿提踵（复合功能或单一功能器械）

准备

1. 坐在器械上，大腿分开与髋部同宽，大腿和膝关节置于垫子下。
2. 将前脚掌置于足部支撑架上。
3. 稍微跖屈以松开安全杆。
4. 将脚跟向下移动到舒适的拉伸位置。

运动

1. 保持上半身直立，踝关节跖屈，尽可能抬高脚跟。
2. 在上升过程中呼气。
3. 脚跟下降到起始拉伸位置。
4. 脚跟下降过程中吸气。

错误

开始每次重复前未将脚跟下降得足够低。

改正

确保在下压足部支撑架前，小腿肌肉感受到轻微的拉伸。

要返回起始位置（图8.8a），需将脚跟下降到最初的拉伸位置，同时呼气。

错误

下压足部支撑架时，脚跟抬升的高度不够。

改正

集中精力完全收缩小腿肌肉。

腿部练习 1
选择一种练习

在阅读完每一种练习的特点、技术以及所需器械的相关知识后，练习者已经准备好运用所学的知识了。此时练习者应考虑现实情况下的可用设备并确定保护者，然后从下列运动中选择一种进行练习。

- 箭步蹲（自由重量）。
- 器械腿蹬举（凸轮、复合功能或单一功能器械）。

在训练计划表中的"肌群"写上"腿部"，并在"练习"栏目中填写选择的练习的名称（第150页的图10.1）。如果练习者打算进行*器械伸膝、*俯卧腿弯举、*器械站立提踵、*器械坐姿提踵或*后蹲或*保加利亚式深蹲练习，需要在训练计划表上将它们记在所选腿部练习后。

成功检查

- 考虑可用的器械。
- 考虑是否需要一个合格的专业保护者。
- 考虑可用的时间。
- 选择一个腿部练习并在训练计划表上写下来。

腿部练习2
基础练习的热身负荷和试验负荷

这个练习回答了"我应该用多大重量或负荷进行练习"这个问题。使用选择的腿部练习的相应系数和图8.9所示的公式（更多关于使用公式的信息可见第29~30页，第3章），来确定试验负荷，四舍五入到最接近的5磅的增量或最接近的配重片重量。对于箭步蹲练习，用计算的重量除以2等于每个哑铃的重量。在运动中，使用该练习试验负荷的一半重量进行热身。这些负荷将在腿部练习4和练习5中使用。

成功检查

- 确定试验负荷，其等于练习者的体重乘以正确的系数。
- 确定热身负荷，它是试验负荷的一半。
- 将练习者的试验负荷和热身负荷四舍五入到最接近的5磅的增量或最接近的配重片重量。

女性

练习	体重		系数		试验负荷	热身负荷（试验负荷÷2）
FW-箭步蹲			（参见下面的"注意"）			
C/M-器械腿蹬举		×	1.00	=		

男性

练习	体重		系数		试验负荷	热身负荷（试验负荷÷2）
FW-箭步蹲			（参见下面的"注意"）			
C/M-器械腿蹬举		×	1.30	=		

注：FW=自由重量，C=凸轮器械，M=复合功能或单一功能器械。
如果是一名体重超过175磅的男性，记录体重为175磅。如果是一名女性，体重超过140磅，记录体重为140磅。

图8.9 腿部练习的热身负荷和试验负荷的计算

注意： 如果选择了箭步蹲练习，图8.9中没有提供热身或训练负荷的建议系数。与其在箭步蹲练习中使用特定的负荷，不如先花几周时间练习平衡。逐步增加重量，直到可以执行12~15次重复动作。在所有训练中，应一直保持非常轻的热身负荷。

腿部练习3

确定*后蹲、*保加利亚式深蹲、*器械伸膝、*俯卧腿弯举、*器械站立提踵和*器械坐姿提踵的试验负荷

如果你是一名有经验的练习者，需要增加*后蹲、*保加利亚式深蹲、*器械伸膝、*俯卧腿弯举、*器械站立提踵或*器械坐姿提踵练习，依据相关指导原则来确定试验负荷（更多信息可见第3章的第30~31页）。

根据以前的经验和能举起的重量，选择一个可以重复12~15次的重量。试验负荷乘以0.6就是热身负荷，四舍五入到最接近的5磅的增量（图8.10）。对于*保加利亚式深蹲，用计算出的重量除以2来确定每个哑铃的重量。这些负荷将在腿部练习4中使用。

成功检查

- 选择一个可以重复12~15次的重量。
- 试验负荷乘以0.6是热身负荷。
- 将热身负荷四舍五入到最接近的5磅的增量或最接近的配重片重量。

练习	估算12~15次重复的试验负荷					热身负荷
FW-*后蹲		×	0.6	=		
FW-*保加利亚式深蹲			（参见下面的"注意"）			
C/M-*器械伸膝		×	0.6	=		
C/M-*俯卧腿弯举		×	0.6	=		
M-*器械站立提踵		×	0.6	=		
M-*器械坐姿提踵		×	0.6	=		

注：FW=自由重量，C=凸轮器械，M=复合功能或单一功能器械。

图8.10 计算*后蹲、*保加利亚式深蹲、*器械伸膝、*俯卧腿弯举、*器械站立提踵和*器械坐姿提踵的热身负荷

注意：如果选择了*保加利亚式深蹲练习，图8.10中没有热身或训练负荷的建议系数。与其在*保加利亚式深蹲练习中使用特定的负荷，不如先花几周时间练习平衡。逐步增加重量，直到可以执行12~15次重复动作。在所有训练中，应一直保持较轻的热身负荷。

腿部练习4
练习正确的技术

在这个练习中，要执行15次重复，热身负荷取决于腿部练习2（箭步蹲或器械腿蹬举）或腿部练习3（*后蹲、*保加利亚式深蹲、*器械伸膝、*俯卧腿弯举、*器械站立提踵或*器械坐姿提踵）的试验负荷。如果你是一名有经验的练习者，想增加*后蹲练习，应该最先练习*后蹲。如果想增加*保加利亚式深蹲、*器械伸膝、*俯卧腿弯举、*器械站立提踵或*器械坐姿提踵练习，练习者要最后练习这些项目。

回顾练习的图片和说明，重点放在握姿和身体姿态上。通过构建全幅度的动作模式，用一个缓慢的、可控的速度进行运动，记住在粘滞点呼气。找一个合格的专业人员观察和评估练习者的动作技术。

如果选择*后蹲，练习者需要一名保护者。练习者也需要练习这个动作的保护方法，并找到一个能与自己轮流完成练习的练习者。不是以连续的方式进行15次重复运动，而是在正确执行每次重复训练后，把杠铃放到架子上。交替锻炼，使练习者也有机会练习要求的技术和保护方法。邀请一个合格的专业人员观察和评估练习者的动作技术和运动表现。

成功检查

- 对于*后蹲，所有交递和放置都要正确执行。
- 对于*后蹲，保护者的双臂和双腿应放在正确的位置。
- 对于所有的练习，动作模式、速度和呼吸都要正确。

腿部练习5
确定训练负荷

这种练习计划将帮助确定重复12~15次的适当训练负荷。如果选择器械腿蹬举运动，那练习者要尽可能多地用腿部练习2中计算的试验负荷做重复运动。同时要确保练习者做的这个重复运动用了正确的技术动作。

如果能用试验负荷进行12~15次重复练习，那么试验负荷就是训练负荷。在训练计划表（第150页的图10.1）上记下这个重量作为练习的训练负荷。如果做不到12~15次重复，那就查阅腿部练习6对负荷进行调整。

成功检查

- 检查是否使用正确的负荷。
- 在每个重复过程中，使用适当和安全的动作技术。

腿部练习6
根据需要调整负荷

如果以试验负荷重复动作的次数少于12次，说明负荷太重，需要减轻。如果用试验负荷能做15次以上重复运动，说明负荷太轻，需要增加。运用图8.11和公式确定需要的负荷并做出相应调整。

成功检查

- 检查是否正确使用负荷调整表（图8.11）。
- 在训练计划表上写上训练负荷。

完成的重复次数	调整
≤7	-15磅
8~9	-10磅
10~11	-5磅
12~15	不需要调整
16~17	+5磅
18~19	+10磅
≥20	+15磅

试验负荷		调整		训练负荷
	+		=	

图8.11 对腿部练习的训练负荷做出调整

133

腿部练习的成功总结

　　这一章需要你选择一项腿部练习，如果你是有训练经验的人，可以选择一到两个以上的练习。使用正确的握法，正确的身体姿势、动作和呼吸模式，准确的热身和训练负荷，将最大限度地提高训练成效。

　　在确定好训练负荷并记在训练计划表上之后，练习者可以准备进入第9章了。在第9章里，练习者将选择自重或器械练习，这将有助于锻炼下背部、躯干和腹部肌群（通常被叫作身体的核心）。

在进入下一章前

　　诚实回答下面的每一个问题。如果这些问题的所有回答都是"是"，说明你已经准备好开始第9章的学习了。

1. 你是否已经选择了基础的腿部练习？如果你是一个有经验的举重者，你是否想增加 *后蹲、*保加利亚式深蹲、*器械伸膝、*俯卧腿弯举、*器械站立提踵或*器械坐姿提踵练习？

2. 你是否已经在训练计划表上写下选择的练习（或多选）了？

3. 你是否已经确定了所选择练习的热身负荷和训练负荷？

4. 你是否已经在训练计划表上写下训练负荷了？

5. 你是否已经学到所选择练习的正确技巧了？

6. 如果你选择的练习需要一名保护者，确定他是一个合格的专业人员吗？他学会了正确的保护技术吗？

第9章

核心练习的选择及训练负荷指南

核心肌肉一般被分为三个区域——躯干前部、躯干的两侧和下背部，包括腹直肌、腹横肌、腹内斜肌、腹外斜肌、竖脊肌。腹直肌和腹横肌是躯干前部肌肉的主要部分，它们支持和保护腹部内的器官，并与下背部肌肉前后对称支撑脊柱。腹内斜肌和腹外斜肌在躯干的一侧，包围着腰部。腹内斜肌在腹外斜肌下面，它们的纤维走向也是相反的。竖脊肌实际上是由一组不同长度和厚度的肌肉组成的，它沿着脊柱从颈椎延伸到腰椎。

腹横肌（最深层）不可见

腹内斜肌（较深层）不可见

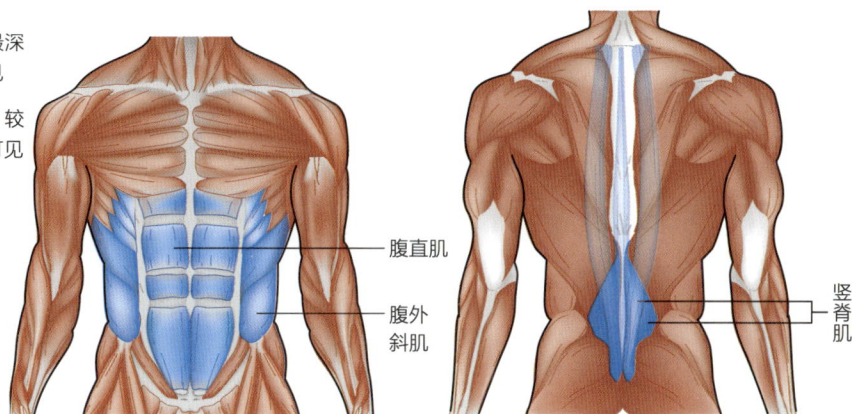

腹直肌

腹外斜肌

竖脊肌

核心肌肉包括躯干上部的肌肉，如背阔肌、斜方肌，也包括臀部周围的肌肉，如臀部肌群和屈髋肌群。因为躯干上部和臀部肌肉的练习方法已在其他章描述，所以在这一章里就不再提及。

核心肌肉负责3个不同方向的运动。如果站着或坐着，腹直肌和腹横肌收缩会使身体向前倾（比如，向某人鞠躬）；腹内斜肌和腹外斜肌使躯干旋转、侧屈；竖脊肌使躯干后伸成反弓形。

平躺时，腹直肌和腹横肌收缩可以从地板上抬高上半身或下半身；侧躺时，腹内斜肌和腹外斜肌从两侧扭动上半身或下半身，也可以抬高髋部；当脸朝下趴着时，竖脊肌从地板上抬高上半身或下半身。

正如在第1章中所提到的，做核心练习时，可以使用各种各样的设备。最常用的设备是健身球（或稳定球）：一个由弹性软质聚氯乙烯和尼龙纤维构成的充气球，直径22~30英寸。它有许多叫法，如平衡球、健身球、理疗球或瑞士球。在这一章中，许多练习都会用到健身球。如果选择其中的一种练习，要确保球足够鼓（当按压它时，会感觉到球是坚硬的）。要选择大小合适的球，参见表1.1。坐在上面（在它完全鼓起来后）并把双脚平放在地上——保持这个姿势时，大腿应该与地面平行。

这一章的练习包括健身球扩展仰卧卷腹、侧桥、扭转卷腹、俯卧背起、*器械坐姿卷腹和*器械背起。健身球扩展仰卧卷腹和俯卧背起运动需要用到健身球，确保选一个大小适中的球。侧桥、扭转卷腹不涉及负重运动，这些练习仅需自重。如果能使用器械，可以选择*器械坐姿卷腹或*器械背起练习来增强腹直肌/腹横肌和竖脊肌的力量。这些器械可能会有不同的设计，所以，如果这一章中展示的器械与使用的不同，请务必遵循专业指导或寻求专业人员帮助。

注意： 做更多次重复练习（25~30次）有助于提升肌肉基础力量和肌肉耐力。但是不应该为了数量而牺牲（技术）质量。

健身球扩展仰卧卷腹

这个练习的准备动作是平躺在一个健身球上，下背部靠在健身球的上端（图9.1a）。这个姿势的要领是：双脚要平放在地板上，大腿分开使两脚距离大约与髋同宽，下腹部大约与地面平行。双臂在胸前交叉或双手抱头（但不要放在颈部）。

通过身体弯曲来抬高肩胛骨，使其离开健身球开始向上运动（图9.1b）。一定要呼气。这个运动要缓慢、可控地进行，不要借助头部、手臂或肩部向前发力完成动作。在躯干最大屈曲位置短暂停顿。确保双脚平放在地板上，大腿和髋部保持不动。

在顶部停顿后开始做下降阶段的动作。当身体下降到起始位置时吸气（图9.1a）。在运动过程中，要保持下背部紧贴健身球，双脚平放在地板上不动。

图9.1 **健身球扩展仰卧卷腹**

准备

1. 平躺在健身球上，使下背部靠在健身球上端。
2. 双脚平放在地板上。
3. 大腿、髋部和下腹几乎平行于地面。
4. 双臂在胸前交叉或双手放在头后，但不要放在颈部。

运动

1. 卷曲身体，使下颌靠近胸部。
2. 继续卷曲身体，使肩胛骨离开健身球。
3. 不借助头部、手臂或肩部发力弯曲身体。
4. 上升阶段呼气。
5. 在最高位置停顿。
6. 一边吸气一边慢慢下降到起始位置。
7. 在最低位置停顿。
8. 继续做向上和向下运动，直到完成该组次数。

137

错误

健身球左右滚动或做动作时身体滑向健身球的一边。

改正

把脚分开增加支撑面积。

健身球扩展仰卧卷腹运动中常犯的错误是在健身球上不能保持身体稳定。如果不能正确、安全地做这个练习，说明核心肌肉力量不足。如果无法完成，则需要躺在垫子上进行锻炼。这个动作的基础版叫作屈膝仰卧卷腹：双脚要平放在地板上，两膝屈曲90到110度。其余的动作要求与健身球扩展仰卧卷腹是一样的。

侧桥

核心练习中有各种各样的桥类练习动作，如果对腹内斜肌、腹外斜肌的力量有更高的需求，应该练习侧桥。

准备动作是：右侧侧卧，只使右前臂、右髋部和右腿接触地面。把左手放在左髋上或头后。左腿放在右腿上，左脚放在右脚前的地面上（图9.2a）。

把右脚鞋外侧和左脚鞋内侧作为固定支点。收缩核心肌肉，使臀部垂直抬起，直到整个身体成一条直线（图9.2b）。用右前臂支撑身体重量，抬起时呼气。头、肩、臀、膝不要前后移动。如果想增加这个运动的难度，可以把左脚放在右脚上形成唯一的固定支点（右侧鞋的外边缘）。

在最高位置短暂停顿后进入下降运动阶段，控制核心肌肉离心收缩，使臀部下降，躯干回到起始位置（图9.2a）。在开始下一个重复动作前先吸气。完成一组练习后换对侧进行练习，左侧侧卧，只使左前臂、左髋部和左腿接触地面。在每组运动中不断交替从左侧和右侧进行练习。

错误

当身体处于最高位置时，髋部垂向地面。

改正

收缩核心肌肉，让身体挺直，从头到脚在一条直线上。

如果觉得这个练习随着能力的逐渐提高而变得越来越容易，可以通过保持身体在最高位置停顿10秒或10秒以上来增加难度。

图9.2 **侧桥**

准备

1. 右侧侧卧，右前臂、右髋部和右腿放在地面上。

2. 左腿放在右腿上，左脚放在右脚前面的地板上。

3. 左手放在左髋部上或头后。

运动

1. 收缩核心肌肉，垂直抬高髋部。

2. 保持右鞋外侧和左鞋内侧边缘稳定支撑于地面。

3. 继续抬高，直到整个身体成一条直线。

4. 向上阶段呼气。

5. 在最高位置停顿。

6. 控制核心肌肉离心收缩，降低髋部和躯干使其回到起始位置。

7. 向下阶段吸气。

8. 在最低位置停顿。

9. 继续向上和向下运动，直到完成该组练习。

10. 换到左侧进行下一组练习。

扭转卷腹

这个练习与传统的屈膝仰卧卷腹运动有相似的运动模式，不同之处是在上升阶段肩部要向对侧腿方向靠拢（扭转运动）。

准备姿势为平躺于地上（垫上），膝关节屈曲90度到110度，双脚平放于地上（图9.3a）。双臂抱在胸前或者放在脑后（但不要牵拉颈部）。

练习时，下颌向胸部贴近，然后收缩腹部肌肉使肩部离开地面，开始上升运动阶段。呼气时立即扭转身体，右肩（或肘）往左膝方向靠拢（图9.3b）。运动至最高位置停顿。保持腰部接触地面，腿和脚不动。

慢慢放松，舒展躯干回到起始位置（图9.3a）。保持下颌贴近胸部，直到肩部接触到地板（垫子）。下降到地面时吸气。在下一次重复中，左肩向右膝方向靠拢来扭转身体。左右交替重复完成一组动作。

图9.3 **扭转卷腹**

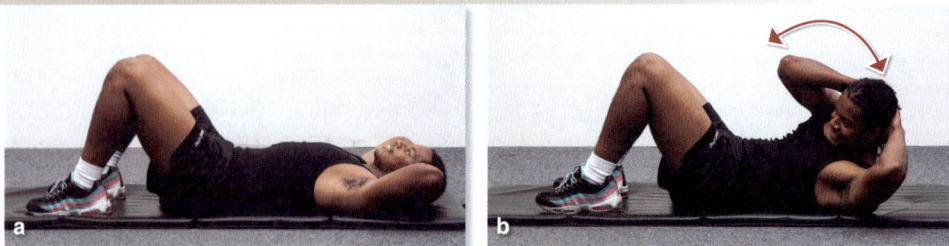

准备

1. 脸朝上躺在地面上。

2. 双脚平放在地面上。

3. 膝关节屈曲90到110度。

4. 双臂交叉于胸前或脑后。

运动

1. 先将下颌向胸部靠拢。

2. 立即扭转躯干使右肩或右肘向左膝方向靠拢。

3. 继续扭转，躯干屈曲，使肩胛骨离开地面。

4. 在上升运动阶段呼气。

5. 在最高位置停顿。

6. 慢慢放松，舒展躯干回到起始位置。

7. 在下降运动阶段吸气。

8. 在最低位置停顿。

9. 左右交替完成该组练习。

错误

臀部在上升运动阶段之前就离开了地板。

改正

开始每次重复运动时保持头部、肩部、上背部和下背部与地面接触。扭转和屈曲躯干时，保持身体其他部位稳定。

与扭转卷腹相关的大多数错误都与速度有关。人们常会有一种快速前倾，然后快速回到起始位置的练习倾向。相反，正确的动作应该为在上升运动和下降运动阶段都保持用缓慢、可控的方式进行练习。

健身球俯卧背起

　　这个练习的准备姿势是：脸向下趴在健身球上，肚脐放在健身球的顶端（图9.4a）。这个姿势的要领是：两脚要分开至少18英寸，膝关节伸直，双脚跖骨（大脚趾根部）平放在地面上。双手交叉放于脑后。

　　在开始向上运动阶段之前，一定要确保脚尖牢牢地放在地板上，并在整个运动过程中保持这个姿势。呼气时慢慢抬起躯干，直到胸部离开健身球并且背部充分伸展（图9.4b）。在最高位置，头、肩部、髋、膝和踝应该形成一条直线。最好是躯干抬起，直到背部成反弓形。

　　在最高位置短暂停顿后开始下降阶段的运动。吸气的时候还原到起始位置（图9.4a）。下腹部要保持与球接触，在整个运动中，脚尖始终牢牢地贴着地面。

图9.4　健身球俯卧背起

准备

1. 脸向下趴在球上，肚脐与球的顶端接触。
2. 双脚分开18英寸。
3. 膝关节伸直，双脚脚尖支撑在地板上。
4. 双手抱头。

运动

1. 抬高躯干离开球。
2. 继续抬高躯干，直到背部完全伸展且胸部离开球。
3. 保持双脚脚尖紧贴在地面上。
4. 在上升运动阶段呼气。
5. 在最高位置停顿。
6. 回到起始位置时吸气。
7. 在最低位置停顿。
8. 继续做向上和向下运动，直到完成该组次数。

141

错误

当躯干抬高时，膝关节屈曲，一只或两只脚抬离地板。

改正

增大两脚之间的距离或者稍微从球顶下滑，或同时执行这两个动作。

俯卧背起练习的主要难点是维持身体稳定，这与包括健身球扩展仰卧卷腹在内的所有健身球上的动作一样。和健身球扩展仰卧卷腹练习一样，如果不能保持身体处在球上的正确位置，那可能会从球上滑下甚至受伤。另一种降阶动作是俯卧挺身，俯卧在地板垫上，背部翘起，抬起头、躯干、手臂和腿进行俯卧背起，或让这几个部位一起运动来锻炼竖脊肌。

*器械坐姿卷腹

如果你是一名有腹部核心训练经验的练习者，可以考虑进行*器械坐姿卷腹练习。这是在凸轮器械、复合功能器械或单一功能器械上针对腹直肌和腹横肌的核心训练（通常是单一功能器械，很少在复合功能器械上进行此练习）。大多数健身馆里都有坐姿收腹训练设备，但设备的样子或功能可能和图9.5不一样。如果本章所展示的设备与你使用的设备不同，一定要遵循专业指导或寻求其他专业人员的帮助。

准备好做这个练习，坐在器械的座椅上，肩部和上臂紧紧地靠在胸垫上。调整座椅高度，使设备的旋转轴与身体中部的高度一致。脚踝放在辊垫后面，双手交叉放在身体前面或握着握柄（图9.5a）。

呼气时身体前倾，然后只收缩腹部肌肉（图9.5b）。确保不用腿或手臂代偿发力。在完全收缩位置停下来，然后吸气，慢慢回到起始位置（图9.5a）。

错误

手部代偿性下拉。

改正

集中注意力，只收缩腹部肌肉，而不使用任何其他肌肉帮助躯干向前弯曲。

注意：确保不要使用太多的重量，以免使腹肌以外的肌肉参与发力。大负荷可能会让下背部承受更大的压力。

图9.5 器械坐姿卷腹

准备

1. 身体坐直，肩部和上臂紧贴垫子。

2. 调整座椅高度，使旋转轴处于躯干中部高度。

3. 脚踝放在辊垫后面。

4. 双手交叉放于身前或握着握柄。

运动

1. 通过收缩腹部肌肉，躯干向前弯曲。

2. 保持双腿和手臂放松。

3. 在下降运动阶段呼气。

4. 在身体完全弯曲时停顿。

5. 吸气时回到起始位置。

6. 继续做上升和下降运动，直到完成该组次数。

*器械背起

如果你是一名有下背部核心训练经验的练习者，可以考虑进行*器械背起。这是在凸轮器械、复合功能器械或单一功能器械上进行的针对竖脊肌的核心训练（通常是单一功能器械，就像*器械坐姿卷腹一样）。大多数健身馆里都有背起训练设备，但设备的样子或功能可能和图9.6不一样。如果本章所展示的设备与你使用的设备不同，一定要遵循专业指导或寻求其他专业人员的帮助。

准备此练习时，坐在座位上，上背部靠在垫子上，双脚放在平板上。如果座位旁有把手，采用闭合式对握法抓住它们。如果有安全带，将它穿过大腿固定在臀部下方。从图9.6a所示的位置向后倾斜以伸展躯干，但不要弓起下背部（图9.6b）。运动过程中呼气。让躯干缓慢返回起始位置。返回过程中吸气。

143

图9.6 **器械背起**

准备

1. 坐在器械内，上背部靠着垫子。

2. 将双脚放在平板上。

3. 采用闭合式对握法抓住把手（如果有）。

4. 如果有安全带，将它穿过大腿固定在臀部下方。

运动

1. 后倾以伸展躯干，在此过程中呼气。

2. 一边吸气一边慢慢下降躯干到起始位置。

错误

通过蹬伸双腿来向后倾。

改正

注意仅收缩下背部肌肉来做该动作。

注意：一定不要快速向后摆动或弓起躯干，或者使用太大的重量，否则会导致必须让其他肌肉参与才能执行此练习。这两种错误会对下背部造成过大的压力。

核心练习1
选择两种练习

在阅读完每一种练习的特点、技术以及所需器械的相关知识后，练习者已经准备好运用所学的知识了。考虑到可用的器械和练习者的情况，选择下面的练习并放入计划中。

- 扩展仰卧卷腹（健身球）。
- 侧桥。
- 扭转卷腹。
- 俯卧背起（健身球）。

在训练计划表上"肌群"栏写下"核心"，并在"练习"栏（第150页的图10.1）写下选择的练习的名称。如果还想要添加*器械坐姿卷腹或*器械背起练习，那就在训练计划表上将它们写在之前选择的核心练习之后。

成功检查

- 考虑可用的器械。
- 考虑可用的时间。
- 选择两种核心练习并写在训练计划表上。

核心练习2
*器械坐姿卷腹和*器械背起的热身负荷和试验负荷

这个练习回答了"我应该用多大重量或负荷"这个问题。如果选择健身球扩展仰卧卷腹、侧桥或俯卧背起，则不需要确定热身负荷、试验负荷和训练负荷。直接进行核心练习3，并且不用考虑关于热身负荷和训练负荷的说明。如果选择的是*器械坐姿卷腹或*器械背起，则要继续下面的程序。

对于*器械坐姿卷腹和*器械背起练习，使用图9.7所示的公式（更多关于使用公式的信息可见第3章的第30~31页）来确定试验负荷。估算结果，四舍五入到最接近的5磅的增量或最接近的配重片重量。在训练中，使用该练习试验负荷的一半重量进行热身。这些负荷将在核心练习3和练习4中使用。

成功检查

- 确定*器械坐姿卷腹和*器械背起的试验负荷，其等于练习者体重乘以正确的系数。
- 确定热身负荷，它是试验负荷的一半。
- 将试验负荷和热身负荷四舍五入到最接近的5磅的增量或最接近的配重片重量。

女性

练习	体重		系数		试验负荷	热身负荷（试验负荷÷2）
C/M-*器械坐姿卷腹		×	0.20	=		
C/M-*器械背起		×	0.20	=		

男性

练习	体重		系数		试验负荷	热身负荷（试验负荷÷2）
C/M-*器械坐姿卷腹		×	0.20	=		
C/M-*器械背起		×	0.20	=		

注：C/M=凸轮器械、复合功能器械或单一功能（通常是单一功能）器械。

如果是一名体重超过175磅的男性，记录体重为175磅。如果是一名女性，体重超过140磅，记录体重为140磅。

图9.7 计算*器械坐姿卷腹和*器械背起的热身负荷和试验负荷

核心练习3
练习正确的技术

在这个练习中，要对所选择的运动进行12~15次重复。如果选择*器械坐姿卷腹或*器械背起，那就用练习2中确定的热身负荷。

回顾正确姿势的相关图片和说明。找一个合格的专业人员观察全关节活动度的运动模式，以此评估练习者的动作技术，此过程中练习者用一个缓慢的、可控的速度运动，并注意在粘滞点呼气。

成功检查

- 检查动作模式。
- 检查动作速度。
- 检查呼吸。

146

核心练习4
确定*器械坐姿卷腹和*器械背起的训练负荷

如果选择健身球扩展仰卧卷腹、侧桥、扭转卷腹或俯卧背起,则不需要确定热身负荷、试验负荷或训练负荷。跳过核心练习4和核心练习5,直接过渡到成功检查。

这个练习将帮助确定重复12~15次的*器械坐姿卷腹和*器械背起的适当训练负荷。用核心练习2中计算出的试验负荷做尽可能多的次数,但最多不要超过25次。每次进行重复练习时都要确保动作正确。

如果能用试验负荷进行12~15次重复练习,那么试验负荷就是训练负荷。在训练计划表上记下这个数字作为这个练习的训练负荷。如果做不到12~15次重复,那就查阅核心练习5对负荷进行调整。

成功检查

- 检查正确的负荷。
- 在每个重复过程中,保持适当和安全的动作技术。

核心练习5
对*器械坐姿卷腹和*器械背起做出必要的负荷调整

如果以试验负荷重复动作的次数少于12次,说明负荷太重,需要减轻。如果用试验负荷能做15次以上重复运动,说明负荷太轻,需要增加。图9.8给出了要做的负荷调整以及调整负荷所用的相关公式。

成功检查

- 检查是否正确使用负荷调整表(图9.8)。
- (根据所选练习)查看第142页或144页的"注意"。
- 在训练计划表(第150页的图10.1)上写上训练负荷。

完成的重复次数	调整
≤7	−15磅
8~9	−10磅
10~11	−5磅
12~15	不需要调整
16~17	+5磅
18~19	+10磅
≥20	+15磅

试验负荷		调整		训练负荷
	+		=	

图9.8 对*器械坐姿卷腹和*器械背起的训练负荷做出调整

核心练习的成功总结

这一章中练习者学会了用来增强核心肌肉的多种练习。不管选择哪一种练习，一定要确保用缓慢、可控的方式进行锻炼。在每个练习中要确保能完成12~25次重复，重复次数取决于所选择的核心练习种类。

在确定要选择的练习以及训练负荷（如果合适）后，把这些信息记录在训练计划表上，就可以准备进入第10章了。在第10章，将通过一系列必要任务来完成首次训练，并对将进行的训练进行适当调整。

在进入下一章前

诚实回答下面的每一个问题。如果这些问题的所有回答都是"是"，说明你已经准备好开始第10章的学习了。

1. 你已经选择两项核心练习了吗？
2. 你是否已经在训练计划表上写下选择的练习（或多选）了？
3. 如果选的是 *器械坐姿卷腹或 *器械背起运动，那么你确定好热身负荷和训练负荷了吗？
4. 你已经在训练计划表上记下训练负荷了吗？
5. 你已经学会所选择练习的正确技术了吗？

完成你的第一次训练

现在真正的乐趣开始了，因为到真正开始训练的时候了！这一部分内容将带领练习者完成一系列必要工作以实现第一次训练，同时需要对以下内容做出适当的调整。每次训练都包括3个部分：合理的热身、第4章到第9章中7个主要肌群的每个肌群至少选择一种练习和课后的整理放松练习。假定练习者刚开始学习抗阻训练动作，并且还没有经验或未经过足够的训练，无法执行第14章中的具体运动计划或第15章中的高强度间歇训练计划。

完成这一章的目的是获得一个均衡的基础训练计划，帮助练习者开始自己的训练。不必担心训练计划都包含什么动作，有什么样的练习顺序，重复多少次，完成几组或者什么时候进行负荷调整——这些都已经帮练习者设置妥当。在对训练计划进行任何形式的修改或修订之前，应该确保已经按照这个基础训练计划完成至少6周训练。这份训练计划的目的在于逐渐改善肌肉的能力，并给练习者的身体足够的时间去适应新的负荷。

基础训练计划

填好训练计划表（图10.1）上所需的大量信息。练习者应该已经为每一个肌群都选择了一种练习，且确定好了训练负荷，这是基础计划。这一章，练习者将开始肌肉适应之旅。

准备6份训练计划表用来记录6周的基础训练结果。这一章最后的练习将有助于确定何时以及如何对训练做出必要的调整。记住要在每次训练前先热身，训练后做放松练习。

抗阻训练计划表（一周3天）

名称 _____

肌群	练习	训练负荷	组	周								
				第1天			第2天			第3天		
				1	2	3	1	2	3	1	2	3
1			重量 次数									
2			重量 次数									
3			重量 次数									
4			重量 次数									
5			重量 次数									
6			重量 次数									
7			重量 次数									
8			重量 次数									
9			重量 次数									
10			重量 次数									
11			重量 次数									
12			重量 次数									
体重												
日期												
评价												

[源自：T. R. Baechle and R.W. Earle, *Weight Training: Steps to Success*, 5th ed. (Champaign, IL: Human Kinetics, 2020)].

图10.1 针对每周3天训练的抗阻训练计划表

　　为了取得最大化的训练效果，最好一周训练3次，并允许自己在两次训练之间休息一天。例如，试着做一个星期一/星期三/星期五或星期二/星期四/星期六的计划安排。如果一周只能训练两次，那么两次训练之间休息不超过3天——一个星期一/星期四，星期二/星期六，或星期三/星期日的时间安排。随着训练的持续，你会发现由于肌肉能力不断提高，在每次训练和每组训练所产生的疲劳中恢复的能力也在变强。

　　第1次基础训练由1组每组12~15次重复的练习构成；第2到第4次训练增加到2组每组12~15次重复；第5到第18次训练，训练内容都是3组每组12~15次重复。该训练计划的策略是，通过前4次训练给身体提供一个适当的初始压力，为接下来更加剧烈的训练做准备。

　　注意组间和练习之间的休息时长尽量保持一致。每组和每个练习间的恢复时间应设置为1分钟，直到第5次训练，那时可以考虑将休息时间缩短至30至45秒。缩短休息时间不仅可以提高肌肉耐力水平，还可以减少完成练习所需的时间。然而，值得关注的是，如果休息时间不够长，那么将无法完成目标训练次数。其结果是，练习者不能完成所设定的练习——每个练习进行更多次的重复。

　　当能够在两个连续的训练日（二二原则）中的最后一组训练完成多于预期的两次或更多次数的重复时（17次或更多），说明可以增加负荷了。如果不能在连续两组训练中进行12次重复，那就需要减少负荷。参照表10.1所示的负荷调整方式，对负荷进行适当的调整。

表10.1　负荷调整

完成的重复次数	调整
≤ 7	−15磅
8~9	−10磅
10~11	−5磅
12~15	不需要调整
16~17	+5磅
18~19	+10磅
≥ 20	+15磅

　　在训练中要记住最重要的两点。第一，所有的动作重复都应该保证运用高质量的技术——不要为了更多重复次数而降低技术要求。保证每次动作的技术正确性远比完成更多的次数重要。第二，对每组训练的每一次重复动作都做出最大的努力，并运用二二原则保证重复次数为12~15次。

制定训练计划练习1
第1次训练

对于第1次训练，按照训练计划表列出动作顺序，进行一组练习。如果负荷是正确的，则应该每组都能重复12~15次；如果不能，则按照第3章中练习步骤5所描述的那样进行调整（第33页）。在训练计划表"第1天"处记下每组完成的重复次数。图10.2指明了记下负荷重量和重复次数的地方。在完成一个动作的一组训练后，休息大约1分钟再开始下一个动作。

如果选择第4章到第9章中的任何一个附加练习，记得在完成那一章对应的基础练习后立即把它写在训练计划表上。

成功检查

- 确定使用了正确的负荷。
- 确保杠铃杆两端的负荷均衡。
- 确保配重片在杠铃杆上或组合器械的插栓在对应配重片的插孔里。
- 使用正确的技术动作，如果有必要，寻求保护。
- 如果有必要，做出适当的负荷调整。

抗阻训练计划表（每周3天）

负荷记在这儿　组1　重复次数　运动天数

	肌群	练习	训练负荷	组	周 第1天			第2天	
					1	2	3	1	2
1	胸部	自由重量卧推	90	重量	90				
				次数	13				
2	背部	俯身划船	80	重量	80				
				次数	12				
3	肩部	站立肩上推举	60	重量	60				
				次数	15				
4	肱二头肌	肱二头肌弯举	55	重量	55				
				次数	15				
5	肱三头肌	肱三头肌下压	30	重量	30				
				次数	12				
6	腿部	器械腿蹬举	165	重量	165				
				次数	15				
7	核心	扭转卷腹	—	重量	—				
				次数	20				
8	核心	俯卧背起	—	重量	—				
				次数	20				

图10.2　记录负荷重量和重复次数

制定训练计划练习2
第2次到第4次训练

如果练习者是与一个同伴一起训练，执行训练计划时可以与同伴轮流练习，直到彼此都完成了规定的练习。对于第2次到第4次训练，按照训练计划表列出的顺序每个练习都要完成2组。再次强调，如果训练负荷是正确的，那每一组的重复次数应该是12~15次。如果不是，则按照第3章中的练习步骤5所描述的那样进行适当调整（第33页）。

完成一组训练后，在下一组训练开始前休息1分钟。在训练计划表正确的位置记下完成的次数和组数。参阅图10.3的示例看看如何为第2次到第4次训练记录次数和组数。为第5次到第18次训练完成下面的制定训练计划练习3。

成功检查

- 监控组间和练习之间的休息时间。
- 使用正确的训练和保护技术。

153

抗阻训练计划表（每周3天）

	肌群	练习	训练负荷	组	周 第1天 1	2	3	第2天 1	2	3	第3天 1	2	3	周 第1天 1	2	3	第2天 1	2	3
1	胸部	自由重量卧推	90	重量	90			90	90		90	90		90	90		90	90	90
				次数	13			12	12		14	12		15	14		16	15	12
2	背部	俯身划船	80	重量	80			80	80		80	80		80	80		80	80	80
				次数	12			13	12		14	13		14	14		15	14	12
3	肩部	站立肩上推举	60	重量	60			60	60		60	60		60	60		65	65	65
				次数	15			15	13		16	15		17	15		15	12	12
4	肱二头肌	肱二头肌弯举	55	重量	55			55	55		55	55		55	55		55	55	55
				次数	15			14	14		15	14		16	15		17	16	15
5	肱三头肌	肱三头肌下压	30	重量	30			30	30		30	30		30	30		30	30	30
				次数	12			12	11		14	12		15	15		17	15	13
6	腿部	器械腿弯举	165	重量	165			165	165		170	170		170	170		170	170	170
				次数	15			17	17		14	13		16	16		18	16	15
7	核心	扭转卷腹	—	重量	—														
				次数	20			25	20		25	23		30	25		30	30	25
8	核心	俯卧背起	—	重量	—														
				次数	20			25	20		25	23		30	25		30	30	25

第2、3、4次的训练做2组

从第5次训练开始做3组，直到第18次训练

9				重量															
				次数															
10				重量															
				次数															
11				重量															
				次数															
12				重量															
				次数															
体重						140			141			140			142			141		
日期						9/23			9/25			9/27			9/30			10/2		

评价　第1次训练做1组，第2、3、4次的训练做2组
　　　第5次训练开始做3组

图10.3　第2到第4次训练以及第5到第18次训练的记录方法示例

制定训练计划练习3
第5次到第18次训练

从第5次训练开始每个练习进行3组训练。既要保证重量足够有挑战，又要保证能使用正确的技术进行12~15次重复。请练习者的同伴按照第4章到第9章中的动作要求来评估其技术，并提供反馈。在每一个完整的练习中要特别关注呼吸和动作速度的控制。考虑缩短组间与动作之间的休息时间到45秒，甚至是30秒。

在训练计划表上记录下3组练习。用表10.2确定何时以及如何对计划做出调整。

成功检查

- 专注于动作技术的质量，而不是重复次数。
- 在每组训练中，运用二二原则保证重复次数为12~15次。

表10.2 对训练做出调整

变量	第2次到第4次训练	第5次到第18次训练
重复次数	12~15	12~15
组数	2组	3组
休息时间	60秒	30~45秒
负荷	不断调整负荷，保证重复次数为12~15次	

基础计划的成功总结

在这一章中，练习者学会了在训练开始前如何合理安排选择的练习并制成训练计划表，同时也学会了如何在训练计划表中记录训练信息。在未来几周内继续记录这些信息，当看到自己的进步时，练习者会感到惊讶的。

当完成第18次训练之后，如果每周锻炼3天，那6周之后就要修改计划了。练习者需要阅读及学习如何完成第11、第12和第13章中所描述的任务。这些章描述了如何更改计划，使计划能继续满足练习者的需求并刺激练习者持续进步。

在进入下一章前

诚实回答下面的每一个问题。如果这些问题的所有回答都是"是"，说明你已经准备好开始第11章的学习了。

1. 你已经用基础计划完成18次训练了吗？

2. 你已经在训练计划表上记录了所进行的训练吗？

3. 你已经知道如何调整负荷来保证每个练习都是12到15次重复吗？

训练计划设计原则的应用

这一章将帮助练习者理解如何设计一个严谨的抗阻训练计划。如果之前有训练经验，这里提供的信息将为练习者提供机会确认之前的计划是否遵从了抗阻训练的原则。基本要素包括：练习的选择、训练安排、训练负荷、重复次数、组数、间歇时间和训练频率。这些基本要素统称为训练变量，是建立有效抗阻训练计划的基础。这一章接下来的3个部分将分别阐释这7个变量。

1. 选择练习和安排训练。

2. 控制训练负荷、重复次数、组数和间歇时间。

3. 确定训练频率。

正如我们喜欢的食物中的某些特定成分具有保鲜时间且必须有适当的数量一样，训练时需确定组数、重复次数和负荷。训练秘诀，也就是制定计划，最终将决定抗阻训练能否取得成效（训练目的能否达到）。可喜的是，一旦练习者学会了训练变量的使用，就可以制定自己的计划了。

选择练习和安排训练

选择的练习将决定哪些肌肉会更强壮、持久和肥大。除此之外，在计划中如何安排训练以及训练顺序都将影响运动强度。

选择练习

一个好的计划可以包括15~20种练习。然而，在刚开始的计划或基础计划（练习者正在实施的）中仅仅需要为每个肌群选择一种练习（为核心肌群选择两种）。

- 胸部（胸大肌）。
- 背部（背阔肌、斜方肌和菱形肌）。
- 肩部（三角肌）。
- 上臂前侧（肱二头肌）。
- 上臂后侧（肱三头肌）。
- 腿部（股四头肌、腘绳肌和臀肌）。
- 核心（腹直肌、腹横肌、腹内斜肌、腹外斜肌和竖脊肌）。

在第4章到第9章中提到，如果刚开始进行抗阻训练，为每个肌群选择一个抗阻练习；如果有抗阻训练经验，则再选择一个附加练习。第9章要求练习者选择两种核心练习。现在可以在计划中考虑为每个肌群添加第二种练习，或增加基础计划中没有专门进行过的针对小肌肉的练习，比如前臂练习。这将使计划更全面。

最后，可能还需要考虑用某章中的一个动作替换一个基础计划中的动作，特别是将基础计划中的动作改为以技术为主的自由重量动作。在做出选择哪一个练习的最终决定前，一定要确保已经理解了相关的练习技巧和下面的概念与规则。

- 运用特异性概念。练习者的任务是确定想训练的肌群，然后确定哪些练习将训练或使用这些肌群。这涉及特异性概念的使用。这个重要的概念是指特定训练方式将产生特定的效果。例如，训练胸部肌肉需要一种使用胸大肌的运动，选择腿部运动来训练胸部肌肉，就没有运用特异性概念，因为训练的是下肢肌肉而不是胸大肌。

  尽管特定的动作角度决定了哪些肌群会参与运动和这些肌群的参与程度，但这些肌群在运动中都会被刺激。例如，图11.1表明了在自由重量卧推中，身体位置变化是如何影响动作角度的。杠铃路径的角度决定了胸部肌肉的中下部更多或更少地参与运动。

图11.1 身体位置改变对肌肉受力的影响：a. 在自由重量卧推运动中使用平板卧推凳时，胸肌中部参与得更多；b. 换用下斜卧推凳时，胸肌下半部参与得更多；c. 运用特异性概念，这些身体位置的变化会影响参与的肌肉

握法的类型、握距和身体姿势一样重要，因为它们也影响肌肉参与动作的角度进而影响训练效果。例如，在自由重量卧推运动中使用宽握距比使用窄握距对胸部肌肉施加的刺激更大。这也是要按照描述的那样做标准动作的原因。

- 创建肌肉平衡。选择训练动作是非常重要的，应选择能强化关节、塑造协调的身体比例和良好体态的训练动作。一种常见的方法就是选择的练习动作包括作用互相拮抗（作用相反）的肌群练习（超级组），如以下相对侧的肌群。

  ——胸部和上背

  ——上臂前侧（肱二头肌）和上臂后侧（肱三头肌）

  ——前臂前侧（掌侧）和前臂后侧（肘关节侧）

  ——腹部和下背部

  ——股四头肌和腘绳肌

  ——小腿前侧（胫骨前肌）和小腿后侧（小腿肚）

- 知道什么器械是可用的。在做出最终决定之前确定每个运动需要哪些器械。可能对于某个动作练习者没有可用的器械。

- 决定是否需要保护者。当考虑添加一个练习动作到计划中时，练习者是否需要一个保护者？如果需要一个保护者，但是没有找到合适的，可以选择不同的动作来训练相同的肌群。

159

- 合理安排训练时间。训练计划中的动作越多，花费的训练时间就越长。选择太多的动作是一个常见的错误！每组训练预计用时2分钟，如果是一个旨在增加力量的计划，则需要花费的时间大约为4分钟，因为各组训练和每个动作之间的间歇时间会更长。此外，训练的组数越多，训练的持续时间也会越长。对此，本章中将会有更详细的讨论。

安排训练

在训练中，有许多安排练习的方法。练习的顺序影响训练强度，因此训练安排是一个需要考量的重要因素。例如，交替进行上半身和下半身训练，会在上半身或下半身肌肉上产生比持续进行一个接一个的上半身运动或下半身运动更低强度的训练刺激。

训练大肌群并且涉及两个或更多关节角度变化的运动被称作多关节运动。这种类型的运动，与那些只训练一块肌肉并且只涉及一个关节的运动（称为单关节运动）相比，训练强度更大。安排这些运动最常用的两种方法：一是在进行多关节运动之后进行单关节运动；二是交替练习，交替练习涉及拉和推的动作。

- 在进行单关节运动前先进行多关节运动。在单关节运动前先进行所有的多关节运动是一个被广为接受的方法。例如，不是先进行肱三头肌伸展（一种单关节运动）来训练肱三头肌，然后用卧推（一种多关节运动）训练胸部，而是推荐先进行卧推。请注意，虽然上臂的整体尺寸显得很大，但是上臂的前侧肌群和后侧肌群被认为是分开的肌群。表11.1中列举了一个在进行单关节运动前先进行多关节运动的例子。

表11.1 训练安排：先进行多关节练习

练习动作	类型	肌群
箭步蹲	多关节运动	腿部（大腿和臀部）
自由重量卧推	多关节运动	胸部
*背阔肌下拉	多关节运动	背部
*仰卧肱三头肌伸展	单关节运动	上臂后侧
肱二头肌弯举	单关节运动	上臂前侧
*器械站立提踵	单关节运动	小腿

注意：多关节运动中有一种特殊的练习被称为"爆发力练习"（第14章将详细介绍这些练习）。如果决定在计划中加入一种或多种爆发力练习，一定要在精力充足、还没有因其他练习而疲劳时首先执行它们。在第14章将会学到，爆发力练习几乎涉及全身所有肌肉，要求练习者快速且爆发性地执行。因此，它们需要大量的努力和精力！

- 交替练习推和拉。交替进行可以让关节伸展（伸）的运动与让关节屈曲（屈）的运动。伸展动作需要推，而屈曲动作需要拉，因此，这个训练安排的名称是交替推和拉。例如，先进行*仰卧肱三头肌伸展练习（推），紧接着进行肱二头肌弯举练习（拉）。这是一个很好的安排，因为相同的肌肉或身体部位没有被一直训练，也就是说，相同的肌群在连续训练中并没有被训练两次或更多次。这种安排会给肌肉提供充足的恢复时间。表11.2列举了一个交替安排训练的例子。

表11.2　训练安排：交替训练推和拉

练习动作	类型	肌群
自由重量卧推	推	胸部
*背阔肌下拉	拉	背部
器械坐姿推举	推	肩部
肱二头肌弯举	拉	上臂前侧
*仰卧肱三头肌伸展	推	上臂后侧
*俯卧腿弯举	拉	腿部（大腿后侧）
*器械伸膝	推	腿部（大腿前侧）

当有两种以上的训练安排可供选择时，需要认真考虑，因为它们会影响运动强度。

- 连续与交替进行训练。当训练不止一组时，需要决定是一个接一个地进行训练（连续地），还是与其他练习交替进行训练。下面显示了两种用连续或交替的方式进行3组运动的例子。
  - 连续：站立肩上推举（第1组），站立肩上推举（第2组），站立肩上推举（第3组）；肱二头肌弯举（第1组），肱二头肌弯举（第2组），肱二头肌弯举（第3组）。
  - 交替：站立肩上推举（第1组），肱二头肌弯举（第1组），重复这两个训练直到每种训练做3组。

    两种训练计划中，站立肩上推举和肱二头肌弯举都完成了3组，但每一个计划都有不同的间歇时间。大多数人喜欢连续的训练安排，因为它会带来更好（更具挑战性）的训练效果。

- 在其他上肢练习后进行肱二头肌和肱三头肌练习。在计划中安排运动时，确保肱三头肌练习没有在其他推的练习前进行，比如，自由重量卧推或站立肩上推举。这两个多关节运动依靠来自肱三头肌力量的协助。在自由重量卧推或肩部练习前进行肱三头肌练习，会使肱三头肌疲劳并减少可以完成的重复次数，从而降低胸部和肩部的训练效果。相同的逻辑也可以运用到肱二头肌练习中。涉及屈曲肘关节的拉的运动，比如，*背阔肌下拉，依靠来自肱二头肌的力量。在*背阔肌下拉运动之前先进行肱二头肌弯举练习，会使肱二头肌疲劳并减少可以完成的*背阔肌下拉重复次数。

161

选择练习和安排训练1
特异性概念问答

复习第4章到第9章中的练习。在图11.2中，测试对特异性概念的掌握。在左栏标一个"C"（意思是"正确"）表示练习动作与它训练的主要肌群相匹配；如果标"I"（意思是"不正确"）表示练习动作与训练的主要肌群不匹配。你能发现下图中不匹配的5组吗？答案在第241页。

成功检查

- 应用肌群位置的知识。
- 运用第4章到第9章中的练习知识。

C/I		练习	丰要训练肌群
	1.	*后蹲	腿部（大腿和臀部）
	2.	*仰卧肱三头肌伸展	上臂后侧
	3.	站立肩上推举	背部
	4.	*器械站立提踵	小腿
	5.	箭步蹲	腿部（大腿和臀部）
	6.	侧桥	肩部
	7.	俯身划船	上背部
	8.	*器械坐姿卷腹	核心
	9.	器械坐姿推举	肩部
	10.	*站姿划船	背部
	11.	器械坐姿弯举	上臂前侧
	12.	*俯卧腿弯举	腿部（大腿后侧）
	13.	*背阔肌下拉	胸部
	14.	*器械伸膝	腿部（大腿前侧）
	15.	坐姿夹胸	肩部

图11.2 哪5对不匹配

选择练习和安排训练 2
平衡（配对）练习问答

找出一个匹配正确的和两个匹配不正确的训练。使用字母"C"标识正确配对的训练。使用字母"I"标识没有正确配对的两组训练，并改正。答案在第242页。

___ 1. *器械伸膝与*后蹲

___ 2. 健身球扩展仰卧卷腹与俯卧背起

___ 3. *哑铃仰卧飞鸟与*站姿划船

成功检查

- 运用肌肉平衡知识。
- 运用第4章到第9章中的练习知识。

选择练习和安排训练 3
安排训练问答

充分理解如何在训练中合理安排动作之前，需要对训练动作进行分类。思考动作涉及的肌群、当动作进行时有多少关节的角度会改变、每个动作的推拉模式，并将上述信息填写在图11.3中。然后标注动作的类型，多关节运动或单关节运动栏正确匹配的标"X"，在推或拉栏正确匹配的标"X"（每一种运动将有两个"X"）。答案在第242页。

成功检查

- 运用多关节运动和单关节运动的知识。
- 运用推、拉运动模式的知识。
- 运用第4章到第9章中的练习知识。

163

	练习	多关节运动	单关节运动	推	拉
1.	*后蹲				
2.	*仰卧肱三头肌伸展				
3.	站立肩上推举				
4.	*器械站立提踵				
5.	箭步蹲				
6.	侧桥				
7.	俯身划船				
8.	*器械坐姿卷腹				
9.	器械坐姿推举				
10.	*站姿划船				
11.	器械坐姿弯举				
12.	*俯卧腿弯举				
13.	*背阔肌下拉				
14.	*器械伸膝				
15.	坐姿夹胸				

图11.3　请标明多关节运动、单关节运动、拉或推练习

控制训练变量

既然已经对练习的选择和安排有了更好的理解，现在需要确定训练负荷、重复次数、组数和间歇时间。其中，确定训练负荷是最具挑战性的一项。

训练负荷

关于如何处理这个变量，观点并不统一。然而，普遍的共识是，负荷确定应该建立在特异性概念和超负荷原则的基础上。超负荷原则认为，每一种训练对肌肉的刺激应该大于肌肉所习惯的刺激。结合这一原则的训练对身体是一个挑战，它使个体适应大于身体正常承受范围的刺激。正因如此，它建立了一个新的标准：肌肉训练的负荷需要大于肌肉原本能承受的负荷。系统地应用超负荷原则的训练被称为渐进超负荷训练。

确定训练负荷的方法

使用多少负荷是抗阻训练计划中最令人困惑的问题之一，它可能是最重要的，因为负荷决定了可以重复的次数以及每组与每个练习之间的间歇时间。它也将影响训练组数和训练频率，有两种方法可以用来确定在训练中使用的负荷。

在第4章到第9章的基本训练中用体重来确定基础练习的初始训练负荷。计算的目的是通过使用较轻负荷，使注意力集中于正确的技术上，避免对骨骼和关节造成过大的压力。最重要的是计算出一个可以做12~15次重复的负荷。这个确定负荷的方法被称作12~15RM法。字母R是"repetition（重复）"的缩写，M代表"maximum（最大值）"，意思是可以用正确的技术举起最多重复12~15次的重量。

另一种方法是1RM法——一次（1）重复（R）最大（M）重量。另一种说法是，在运动中可以举起一次的最大重量。虽然1RM法不是一个完美的方法（估计或预测最大负荷），但这比使用体重来确定训练负荷更精确，特别是在有好的训练技术和条件来举起更重负荷的情况下。对于初学者来说，这是不合适的。因为它需要更高的技术水平，只有在持续进行6周或更长时间的抗阻训练后才能达到该条件，这也取决于练习者初始的状态。

注意：确定训练负荷的1RM法仅用在训练非常大的肌群且能安全、有效地测试的多关节运动中。换句话说，不建议对所有多关节运动都确定一个1RM；只有多关节运动的高级组，即那些训练胸部、肩部和下肢的主要肌肉的练习适合1RM法，因为这些肌肉可以承受较重的负荷。此外，安全地执行1RM法至关重要。因此，保守的指导原则是选择对双臂（比如，哑铃卧推或坐姿推胸而不是 *上斜哑铃卧推）或双腿（比如，器械腿蹬举或 *后蹲而不是箭步蹲或 *保加利亚式深蹲）均匀施加负荷的多关节运动。尽管较大的上背部肌肉可能可以承受1RM法的较重负荷（比如，俯身划船、器械坐姿划船、器械低位滑轮划船、 *背阔肌下拉和 *器械面拉），但不建议用1RM法确定在这些练习中可以提升的最大重量，因为在测试中很难保持正确的体位。而且，重复的测试会让较弱的下背部支撑肌肉过度疲劳，进而导致测试无效。

如果练习者拥有合格的技能和训练水平，可以使用1RM法，第4到第9章中可使用1RM法的多关节运动如下。

- 第4章中的自由重量卧推和坐姿推胸。
- 第6章中的站立肩上推举、器械坐姿推举和器械肩上推举。
- 第8章中的器械腿蹬举和 *后蹲。

注意：在尝试使用1RM法前，确保可以熟练掌握动作技术且已经进行至少6周的定期抗阻训练。

不管之前的多关节运动指定的负荷和重复次数是多少，练习者需要记录在单关节运动中使用12~15RM进行测试的重复次数。一个可能的例外是，在没有负重的核心练习中，逐步增加重复次数到15~30次，理由是，用的是轻负荷（上半身重量），所以应该更容易进行更多的重复。

165

下面是估计或预测1RM的9个步骤。

1. 已经选择的多关节运动是 _____。

2. 用目前的12~15RM进行1组10次重复的热身运动。目前的12~15RM是_____磅。

3. 在器械上增加10磅或与这个重量最接近的配重片。目前的12~15RM+10磅=_____磅。

4. 用这个负荷进行3次运动。

5. 再增加10磅或最接近这个重量的配重片=_____磅。

6. 间歇2~5分钟，用这个负荷进行尽可能多的重复运动。尽自己最大的努力！

7. 参见表11.3 "1RM预测程序记录"，填写练习的名称、完成的重复次数和使用的负荷。

8. 参见表11.4 "根据完成的重复次数预测1RM"。根据表11.3中使用的负荷（在两个地方）和完成的重复次数，在表11.4中从左往右计算以确定预测的1RM。

9. 将预测的1RM四舍五入到最接近的5磅或器械上最接近的配重片重量。

表11.3　1RM预测程序记录

多关节运动	
完成的重复次数	
使用的负荷	

表11.4　根据完成的重复次数预测1RM

使用的负荷		完成的重复次数*		1RM预估系数	使用的负荷		预估的1RM
	×		×	0.035	+	=	
预估的1RM（四舍五入到最接近的5磅或器械上最接近的配重片重量）=_____							

注：*如果仅完成了1次重复，不要使用此表；使用的负荷就是1RM。

图11.4提供了一个对于自由重量卧推使用9个步骤来估计1RM的例子。在这个例子中，做的是负荷为120磅的6次重复运动。根据完成的重复次数进行计算，得到145.2磅的预估1RM。四舍五入到最接近的5磅，得到145磅的预估1RM。

多关节运动	自由重量卧推
完成的重复次数	6
使用的负荷	120

预估的负荷		完成的重复次数*		1RM预估系数		预估的负荷		预估的1RM
120	×	6	×	0.035	+	120	=	145.2
预估的1RM（四舍五入到最接近的5磅或器械上最接近的配重片重量）=145								

注：*如果仅完成了1次重复，不要使用此表；使用的负荷就是1RM。

图11.4　为胸部多关节运动预估的1RM

要使用1RM来确定训练负荷，可用1RM乘以一个百分比。继续看图11.4所示的例子（预测自由重量卧推的1RM），如果决定使用一个75%的训练负荷，那么计算训练负荷的公式是1RM × 0.75或者145 × 0.75=108.75磅（取105磅），见165页的"注意"。这个过程将在这一章的"特异性概念的应用"中详细讨论。

1RM负荷
自我评估测试

在下列各项中标出正确选项。答案在第242页。

1. 1RM指的是[_____一次重复最大重量_____一分钟最短间歇时间]。

2. [_____箭步蹲_____*器械伸膝]是多关节运动的例子。

3. 预估1RM的过程包括将[_____10_____20]磅的RM添加到12~15次重复的重量中，并进行尽可能多的重复运动。

增加负荷

当能够完成指定的重复次数时，尽可能举起更重的负荷是非常重要的。然而，不要调整得太快。先等待，直到在连续两次训练中的最后一组可以比预期多完成两次或更多次的重复运动（二二原则，参见第10章）。当能满足二二原则，而没有参照负荷调整表（第4章到第9章的最后部分）时，需要增加2.5磅或5磅。最初使用负荷调整表的目的是方便记录重复次数的波动。现在会发现波动较小，使用二二原则（用2.5或5磅重的增量）的效果很好，但有两个例外。

- 可能需要为多关节运动增加更多的负荷。不过要注意，低估需要的增加量比高估它更好些。
- 对于单关节运动，增加较少的负荷更合适。上臂（肱二头肌、肱三头肌）、前臂、小腿、肩部练习增加1.25到2.5磅的负荷。

增加负荷
自我评估测试

在下列各项中标出正确选项。答案在第243页。

1. 二二原则指的是[_____每个运动的第2组间歇2分钟_____两个连续训练的最后一组中完成超过原定目标至少2次的重复次数]。
2. 自由重量卧推和 *后蹲练习增加的负荷可能会比肱二头肌和肱三头肌练习[_____更重_____更轻]。

要执行的重复次数

能够执行的重复次数与选择的负荷有着直接的关系。当负荷变得更重，重复次数可能会变得更少；负荷变轻，重复次数可能会变得更多。假设在每一组运动中都很努力，决定重复次数的主要因素就是选择的负荷。

重复次数
自我评估测试

在下列各项中标出正确选项。答案在第243页。

1. 较重的负荷，重复次数会[_____更多_____更少]。
2. 能完成的重复次数主要是基于[_____负荷_____练习]。

要完成的组数

多组（两个或更多）训练是否比单组训练能更好地增长耐力、肌肉围度、爆发力和肌肉力量仍存在争议。单组训练在训练的早期阶段（10周或更少）的效果非常好，越来越多的研究证明，要取得好的训练效果需要增加更多的训练组数。

似乎进行多组训练的方法是合理的，它为持续的发展提供更好的刺激作用。它的合理性就在于单组训练不会使用一个肌群的所有纤维，而进行多组数训练会动员更多的纤维。这是因为在第一组中所涉及的肌纤维不能得到完全恢复，因此将依赖于其他纤维（以前没有刺激）的辅助，特别是如果随后的几组使用更大负荷。

当进行3组或更多组的训练时，使用其他肌纤维的可能性将会变得更大。对优秀的竞技举重者、力量举重运动员和健美运动员的研究进一步支持了多组运动的有效性。这些运动员依靠多组训练实现了快速提升。正如即将看到的，训练目标会影响训练组数。

另一个确定组数时需要考虑的因素是训练时间。例如，如果选择在计划的（对于增肌目标）每组运动之间间歇1分钟，那么完成每组训练应该至少需要2分钟（最少60秒完成运动，60秒用于间歇）。因此，7个动作的训练计划需要花费14分钟。如果增加组数到2组，接着是3组，那么训练时间将分别增加到28和42分钟（假定每组运动之后的间歇时间是60秒）。接下来就会讲到，在两组运动之间的真正间歇时间可能会是30秒到5分钟。

组数
自我评估测试

在下列各项中标出正确选项。答案在第243页。

1. 推荐训练经验丰富的练习者使用的最少组数是[_____1_____2]。

2. 多组训练的基础是通过多组训练可以[_____动员_____放松]更多肌纤维。

间歇时间

每组之间和每个练习之间的间歇时间对训练强度的影响通常不被注意，但肯定是有影响的。更长的间歇时间为肌肉收缩的能量恢复提供时间，使肌肉发挥更大的力量。如果运动时间是相同的，间歇时间越短，训练强度就会越大。每组之间和每个练习之间的间歇时间对训练效果有着直接的影响。

169

注意： 从一个或一组练习到另一个或另一组练习的间歇时间过短，将会减少训练的重复次数。因为恢复时间减少，人可能会觉得头晕和恶心。

间歇时间长度
自我评估测试

在下列各项中标出正确选项。答案在第243页。

1. 较长的间歇时间能够发挥[_____更大_____更小]的力量。

2. 间歇时间长度[_____会影响_____不影响]训练效果。

特异性概念的应用

之前讨论的特异性概念只解决了运动选择的问题，实际上这一概念的应用范围很广，因为它牵涉计划制定。表11.5显示了从100%1RM到65%1RM以及对应的重复次数，这个重复次数与1RM的百分比有关。例如，选择一个85%1RM的负荷将能进行6次重复，而选择一个67%1RM负荷将能进行12次重复。如果需要一个特定的重复重量，知道两者之间的相关性对于选择负荷是有帮助的。

表11.5 1RM的百分比与重复次数的关系

1RM的百分比	预计可执行的重复次数
100	1
95	2
93	3
90	4
87	5
85	6
83	7
80	8
77	9
75	10
70	11
67	12
65	15

[经许可，源自：R.W. Earle and T.R. Baechle, Resistance Training Program Design, in *NSCA's Essentials of Personal Training*, edited by R.W. Earle and T.R. Baechle (Champaign, IL: Human Kinetics, 2004), 371.]

训练负荷、重复次数、组数和间歇时间会依据特异性概念来制定4种不同计划：肌肉耐力、围度、爆发力和肌肉力量。表11.6提供了针对每种训练效果的1RM的百分比范围、重复次数和组数以及间歇时间的具体指导原则。肌肉耐力训练（与其他计划相比）应该使用轻负荷（67%1RM或更少的负荷），进行12~20次重复运动，涉及较少的组数（2或3），并采用更短的间歇时间（20~30秒）。相反，旨在增加肌肉力量的计划应该包括更重的负荷（85%1RM到100%1RM的负荷）和更少的重复次数（1~6次）、更多的组数（3~5组，可能会更多），以及每组之间更长的间歇时间（2~5分钟）。旨在增肌（肌肉大小增加）的训练的负荷、重复次数和间歇时间，处在增加肌肉耐力和肌肉力量的训练安排之间。

表11.6 训练变量的特异性概念应用

训练效果	相对负荷	1RM的百分比	重复次数	组数	间歇时间
增加肌肉耐力	轻	60%~67%	12~20	2~3	20~30秒
增肌	中	67%~85%	6~12	3~6	30~90秒
增加爆发力	重[a]	75%~85%	3~5	3~5	2~5分钟
增加肌肉力量	重	85%~100%	1~6	3~5	2~5分钟

注：[a] 尽管爆发力练习不应使用非爆发力练习那么重的负荷，但要求练习者快速且爆发性地执行，因此其相对负荷为"重"（或"高"）。

注意：为增加爆发力而制定的计划类似于增加肌肉力量的计划，但爆发力练习要求练习者快速且爆发性地执行，使用的负荷不应像非爆发力练习那么重。因此，表11.6与表11.5中的1RM百分比与重复次数的关系不匹配：与预计可以执行的重复次数相比，1RM的百分比较低。具体来讲，表11.5表明3到5次重复对应1RM的93%~87%，而不是表11.6中的75%~85%。爆发力练习不应使用最大负荷，因为这样练习者无法快速且爆发性地执行完所有重复次数，特别是在接近一组的末尾时。随着速度和爆发性下降，该练习将无法有效地提高爆发力。

增加肌肉耐力

这本书到目前为止所设计的训练计划都是为了训练肌肉耐力。我们将会发现其与表11.6中的肌肉耐力计划有相似之处。目前计划所使用的负荷可以做15次重复运动，但不能做20次重复运动。同样，如果已经尝试过缩短间歇时间，那么间歇时间应该接近建议的30秒。如果在第13章中继续使用肌肉耐力计划，那么不需要增加负荷，直到能在连续两组运动中的最后一组进行20次重复且保持间歇时间为20~30秒为止。除非特殊情况，如训练有氧耐力项目，建议间歇时间不少于20秒。

肌肉耐力训练计划
自我评估测试

在下列选项中标出正确的选项。答案在第243页。

1. 制定增加肌肉耐力计划所使用的依据是什么？

   a. 相对负荷_____

   b. 1RM的百分比_____

   c. 重复次数_____

   d. 组数_____

2. 除非有特殊原因，否则，在肌肉耐力计划中两个组之间以及两个练习之间的合理间歇时间是[_____10~15秒_____20~30秒]。

增加肌肉围度（增肌）

如果想要增肌，可参考表11.7，了解运用表11.5和11.6中的指导原则的方法。这个例子中，器械腿蹬举运动中使用的1RM为200磅。如果想要每组完成10次重复运动，可使用1RM的75%。计算结果等于150（200×0.75）磅。

表11.7　增肌计划：多组训练

组数	目标重复次数	1RM×1RM的百分比＝训练负荷
1	10	200×0.75=150磅
2	10	200×0.75=150磅
3	10	200×0.75=150磅

注：器械腿蹬举的1RM=200磅；组间间歇时间=30~90秒。

增肌计划的成功与合理的负荷（1RM的67%~85%）、每组运动的平均重复次数（6~12次）、3~6组的组数以及合理的间歇时间（每组之间间歇30~90秒）直接相关。在多关节运动中，估算1RM的67%~85%的一个简单方法是在计算出的负荷上增加5~10磅，而在单关节运动中的负荷与计算出的负荷相同，当调整负荷时应用二二原则。

我们可能会发现，成功的健美运动员通常进行多组运动，而且每组运动之间的间歇时间不是很长。因此，他们将这一章前面提到的多组运动计划与间歇时间和表11.6里提到的负荷指南相结合来促进增肌。

在许多增肌计划中使用的两个独特的方法是超级组和组合组。超级组包括分别训练互相拮抗的两个肌群的练习，这两种练习之间没有间歇。例如，一个肱二头肌弯举运动之后紧接着一组肱三头肌伸展运动。组合组运动是两组针对相同肌群的不同动作的训练，两组动作连续进行，中间没有间歇。一个例子就是肱二头肌弯举练习后紧接着一组*哑铃交替肱二头肌弯举练习。虽然事实上这些方法中的间歇时间与表11.6所示的间歇时间不一致，但并不意味着这些方法是无效的。时间表列举的时间只是用来参考，训练变量可以在许多方面使用，并且能够取得很好的效果。

增肌计划
自我评估测试

在下面表述中选出正确的选项。答案在第243页和第244页。

1. 制定增肌计划所使用的依据是什么？

　　a. 相对负荷_____

　　b. 1RM的百分比_____

　　c. 重复次数_____

　　d. 组数_____

　　e. 间歇时间_____

2. 分别训练两个互相拮抗的肌群且没有间歇，这个安排被称为[_____超级组_____组合组]。

增加爆发力

前面解释过，以增加爆发力为目标的计划在设计上类似于增加肌肉力量的计划。重要的区别在于，爆发力练习不应根据表11.5中的指导原则使用最大负荷。

如果在第13章中选择一个增加爆发力的计划，可参见图11.5来了解如何对表11.5中的指导原则做出调整。设计爆发力训练时，一种便捷的方法是对于表11.6中列出的1RM的百分比，执行表11.5中所示的重复次数的一半（在必要时四舍五入）。（对于其他多关节运动和单关节运动，请遵循下一部分中肌肉力量计划的指导原则。）

1RM的百分比	预计可执行的重复次数
100	1
95	2
93	3
90	4
87	5
85	✕ ³
83	✕ ³
80	✕ ⁴
77	✕ ⁴
75	✕ ⁵
70	11
67	12
65	15

左侧手写批注：针对爆发力练习可使用的1RM的百分比

右侧手写批注：执行爆发力练习的重复次数的一半

图11.5　1RM的百分比与重复次数的关系

爆发力训练计划

自我评估测试

在下面表述中选出正确的选项。答案在第244页。

1. 制定爆发力训练计划所使用的依据是什么？

   a. 相对负荷_____

   b. 1RM的百分比_____

   c. 重复次数_____

   d. 组数_____

   e. 间歇时间_____

2. 制定爆发力训练计划的指导原则类似于为[_____增肌_____肌肉力量]制定的计划的指导原则，但执行的重复次数是使用[_____爆发力练习_____所有多关节运动]所推荐的1RM百分比执行重复次数的[_____一半_____两倍]。

增加肌肉力量

计划可以用许多方式制定，以产生明显的肌肉力量增加效果。这里提到的两种方法通常被成功的力量举运动员和举重运动员使用，且适合应用于多关节运动。

第一种方法是金字塔训练。如果打算在第13章中改变计划来训练肌肉力量，参考表11.8所示的方法，这在表11.5和11.6中也被提到。这里列举*后蹲运动中1RM为225磅的例子。为了计算可以在第1组运动中做6次重复的目标，使用1RM的85%（第2组和第3组将在后面讨论）。计算结果等于191.25（225×0.85）磅，取190磅。

注意：对于所有的计算结果，最好的方法是舍去而不是舍入，即使舍入的重量是以后将要增加的重量。如果负荷较轻，很快就会通过二二原则来增重。

另一种可以接近多关节运动中85%1RM的方法是增加10~15磅。记住，确保单关节运动的负荷与计算出的负荷是相同的，调整负荷时使用二二原则。

现在，将渐进性超负荷原则纳入，可以使用负荷从轻到重的金字塔训练。在这里，每个高级组的负荷会变得越来越重，以表11.8的第2到第3组为例。在第2组运动中，增加到1RM的90%（200磅），在第3组运动中，增加到1RM的95%（210磅）。在每组运动之间，间歇2到5分钟。在多关节运动中使用这种方法，在单关节运动中进行8~12次重复的3组运动（太重的负荷会给较小的肌肉和关节施加过多的压力）。在一组运动中强迫自己逐步使用更重的负荷，为显著的肌肉力量增加提供更大的刺激。伴随着训练的持续和运动强度的增加，将会到达一个阶段：非常重的负荷训练只在指定的时间内进行。这将在第12章中展开讨论。

表11.8　肌肉力量计划：金字塔训练

组数	目标重复次数	1RM×1RM的百分比=训练负荷
1	6	225×0.85=190磅[a]
2	4	225×0.90=200磅[b]
3	2	225×0.95=210磅[c]

注：*后蹲运动中的一次重复最大重量=225磅；组与组之间间歇时间=2~5分钟。
[a] 对191.25磅四舍五入得到。
[b] 对202.5磅四舍五入得到。
[c] 对213.75磅四舍五入得到。

多组–相同负荷训练是增加肌肉力量的另一个比较流行的方法。用这种方法，可以在多关节运动中使用相同的负荷进行2~6次重复的3~5组运动，在单关节运动中进行8~12次重复的3组运动。通过减少目标重复次数，计划会变得更难，因为这意味着必须使用较重的负荷。要修改表11.8（*后蹲运动1RM为225磅）的金字塔训练例子，可参考表11.9。请注意，在表11.9中显示的是与重复次数为4次、3次、2次相对应的1RM的百分比。练习者会发现，在第1组运动中完成指定的重复次数是非常容易的，在第2组运动中完成是比较困难的，在第3组运动中完成则是非常困难的。随着训练的继续，第2组和第3组运动会变得容易，最后将需要增加负荷。

表11.9 肌肉力量计划：多组－相同负荷训练

组数	目标重复次数	1RM×1RM的百分比=训练负荷
1	6	225×0.85=190磅[a]
2	6	225×0.85=190磅[a]
3	6	225×0.85=190磅[a]

注：*后蹲运动中的一次重复最大重量=225磅；组与组之间间歇时间=2~5分钟。

[a] 对191.25磅四舍五入得到。用90%1RM重复4次，用93%1RM重复3次，用95%1RM重复2次。

肌肉力量计划
自我评估测试

在下面表述中选出正确的选项。第4题有两个答案。答案在第244页。

1. 制定肌肉力量训练计划所使用的依据是什么？

   a. 相对负荷_____

   b. 1RM的百分比_____

   c. 重复次数_____

   d. 组数_____

   e. 间歇时间_____

2. 给一位1RM为200磅的运动员制定增加肌肉力量的计划，那么第1组运动最轻的负荷是[_____170磅_____140磅]。

3. 在金字塔训练中逐渐加重负荷的方法描述的是[_____二二原则_____渐进性超负荷原则]。

4. 这里描述的两种肌肉力量提升计划被称为[_____1RM_____金字塔_____多组－相同负荷]。

5. 肌肉力量计划的大负荷不被使用于[_____多关节运动_____单关节运动]，因为它们施加了太多的压力在相关肌肉和关节上。

运用训练变量练习1
训练负荷、重复次数、组数和间歇时间

练习者已经学习了如何使用特异性概念和超负荷原则来确定负荷，且明白了这些内容在重复次数、组数和组间与动作间的间歇时长上的意义。作为复习巩固，填写图11.6中缺少的信息，答案见表11.6。

成功检查

- 运用特异性概念来确定相对负荷、训练目标、1RM的百分比、组数和间歇时间。

训练效果	相关负荷	1RM的百分比	重复次数	组数	间歇时间
增加肌肉耐力		60~67		2~3	
	中		6~12		30~90秒
增加爆发力		75~85		3~5	
	重		1~6		2~5分钟

图11.6　特异性概念在训练变量中的应用

运用训练变量练习2
确定负荷范围

这个练习会提供确定训练负荷的实践机会，此练习中练习者会使用预测或实际的1RM，并对所学的关于训练负荷的知识加以运用。以85磅作为1RM和增肌训练的负荷为例，确定肌肉力量和肌肉耐力计划的训练负荷（图1.7）。记住四舍五入到最接近的5磅的增量或器械上最接近的配重片重量。在图11.7的空格内写下答案。答案在第245页。

成功检查

- 记住，1RM的百分比与特定的训练效果有关系。
- 四舍五入到最接近的5磅的增量或器械上最接近的配重片重量。

177

目标	1RM		1RM的百分比		训练负荷范围
增肌	85磅	×	*67%到85%*	=	*55磅到70磅*
增加肌肉力量	85磅	×	_____到_____	=	_____到_____
增加肌肉耐力	85磅	×	_____到_____	=	_____到_____

注：四舍五入负荷到最接近的5磅或器械上最接近的配重片重量。

图11.7　为肌肉力量和肌肉耐力计划确定训练负荷

确定训练频率

训练频率是在制定训练计划时涉及的最后一个变量。练习者需要回答的问题是"我应该多久训练一次"。训练频率就像超负荷原则的应用一样，是为一个成功训练计划确定恰当的强度所必需的要素。

要想训练有效果，那就必须进行定期、持续的训练。不系统的训练会阻碍身体适应能力的发展。要知道，训练日之间的间歇日与训练效果一样重要。身体需要时间恢复，这包括使代谢废物从肌肉排出、让肌肉摄取营养。这样会使在训练中被破坏的肌肉能够恢复和重建。休息和营养对于取得持续效果是必不可少的。

通常，刚开始抗阻训练的人会因为他们力量和外表的变化而感到兴奋，所以他们会在预定的间歇日也进行训练。更多并不总是更好，尤其是在计划开始阶段！如果对抗阻训练相对了解得不多，将需要在一周内的训练日之间平均地插入间歇日。最终需要制定一个时间表，在每周可以进行2~3次相同运动。随着越来越适应训练，可以考虑添加一些附加练习。最终，计划中将包括太多练习，无法在一次训练中完成，这时可以在每周增加一个训练日，以在更多的训练中重新分配（分隔）这些练习。这将使每个运动的训练时间长度更加合理，并使计划更具多样性。

对初学者来说，在训练同一肌群的练习之间至少间隔48小时是非常重要的。所以应该执行一周3天计划。通常，这意味着星期一、星期三和星期五训练，或星期二、星期四和星期六训练，或星期日、星期二和星期四训练。在一周训练3天的计划中，所有的运动项目在每个训练日都会被训练到。

分隔训练法是一种更高级的训练方法，它包括每周进行2天的训练（例如，星期一和星期四）；另一些训练放在另外的2天（例如，星期二和星期五）。分隔训练法通常涉及更多的练习和运动组数；它需要4天的训练，如表11.10所示。在表的左半部分（A计划），训练分为上半身和下半身两部分。B计划说明了另一种常见的分隔训练法，在这里，胸部、肩部、手臂训练与腿部、背部训练不在同一天。练习者会发现在两种选项中，推和拉运动是交替进行的，肱二头肌、肱三头肌运动分别在上半身的推和拉运动之后立即进行。同时，在上半身运动列表和下半身运动列表中，多关节运动是在单关节运动之前进行的。

表11.10　一周训练4天的分隔训练计划

A计划		B计划	
星期一和星期二（上半身）		星期一和星期四（胸部、肩部、手臂）	
运动	类型	运动	类型
自由重量卧推	多关节，推	坐姿推胸	多关节，推
*背阔肌下拉	多关节，拉	*站姿划船	多关节，拉
站立肩上推举	多关节，推	站立肩上推举	多关节，推
肱二头肌弯举	单关节，拉	器械坐姿弯举	单关节，拉
器械肱三头肌伸展	单关节，推	肱三头肌下压	单关节，推
健身球扩展仰卧卷腹	单关节[a]，拉	扭转卷腹	单关节[a]，拉
星期二和星期五（下半身）		星期二和星期五（腿部和背部）	
运动	类型	运动	类型
箭步蹲	多关节，推	腿举	多关节，推
*俯卧腿弯举	单关节，拉	*俯卧腿弯举	单关节，拉
*器械伸膝	单关节，推	*器械伸膝	单关节，推
*器械站立提踵	单关节，推[b]	*器械站立提踵	单关节，推[b]
		*器械坐姿提踵	单关节，推[b]
		俯身划船	多关节，拉[c]
		*背阔肌下拉	多关节，拉[c]

注：[a] 所有核心练习被笼统地归类为单关节运动。

　　[b] 所有的小腿练习都是推的运动，所以不能交替做拉的小腿运动（因为没有）。

　　[c] 所有的上背部练习都是拉的运动，所以不能交替做推的上背部运动（因为没有）。

分隔训练法具有几个优点。它将训练计划中的动作拆分为4天进行，而不是3天，这样能缩减完成训练计划的时间，使我们能够增加更多的训练项目和组数，同时也能保持运动时间的合理性。而这些额外增加的训练，可以让练习者对不同的肌群有所侧重地训练。这个计划的缺点就在于必须一周训练4天，而不是3天。

训练频率
自我评估测试

在下列各项中标出正确选项。答案在第245页。

1. 创造适当的刺激提升能力，这取决于使用超负荷原则以及 [_____以有规律的方式_____以不定时的方式] 训练。

2. 与分隔训练法相比，一周3天的计划通常包括[_____更多_____更少]的训练次数。

3. 与一周3天计划相比，在分隔训练法中的训练项目通常花[_____更少_____更多]时间去完成。

4. 一个[_____分隔训练_____一周3天]计划为训练特定肌肉群提供了最好的机会。

训练计划设计原则的成功总结

清楚地了解如何应用特异性概念和超负荷原则是制定周密计划的基础。通过了解和确定相应的训练负荷、重复次数、组数和间歇时间来制定肌肉耐力、增肌、爆发力和肌肉力量计划是达到特定目标的关键。

选择练习的时候，要记住特异性概念、现有的设备和每个练习所需的保护者。同时，为7个肌群中的每一个肌群选择至少一种练习，并选择平衡配对的方式。如果想侧重训练某个肌群，但是又没有足够多的时间的话，可以选择添加附加练习。最后，请记住，如何安排练习顺序也会影响训练计划的整体强度。

有规律地训练对抗阻训练计划的成效是至关重要的。开始时，通常计划每周有2次或3次训练，可能演变为一周4天的分隔训练。在分隔训练中因为有额外的训练时间，所以可以将需要投入更多时间的劣势与可以强化特定的身体部位的优势相抵消。

从训练中恢复对之后的训练是非常重要的，训练并不是越多越好。最后，肌肉需要营养，特别是在一个具有挑战性的训练中。吃营养餐对于肌肉修复、增肌以及力量增长是必要的。

第12章提供了关于如何修改一直遵循的计划的策略，以避免练习者进入训练瓶颈期，并促使进一步向抗阻训练目标迈进。一个常见的改变计划的方式就是有目的地改变训练强度。

在进入下一章前

诚实回答下面的每一个问题。如果这些问题的所有回答都是"是",说明你已经准备好开始第12章的学习了。

1. 你已经完成所有的自我评估测验并核对答案了吗?

2. 你已经知道针对不同计划——肌肉耐力、增肌、爆发力和肌肉力量计划,如何运用训练变量了吗?

3. 你已经理解特异性概念且掌握应用它来制定计划的方法了吗?

如何控制训练变量
使训练效果最大化

这一章建立在第11章"训练计划设计原则的应用"的基础上，包括练习的选择与安排、训练负荷、重复次数、组数、间歇时间和训练频率。这一章我们将描述这些训练要素或变量如何被应用以使训练效果最大化。

如果在每周的同一天做相同组数和重复次数的练习，并且每周的训练负荷都相同，那么力量的平台期就会发生，将会导致练习者无法达到训练目标。训练变量需要经常变化，以促进练习者持续提升，同时避免过度训练。

尽管进行更多的重复次数和组数，并举起更重的负荷对持续提升是有必要的，但用过重的负荷进行太多重复次数和组数的训练，且没有充足的间歇时间，可能会导致受伤、肌肉延迟性酸痛，甚至产生关节问题。因此，我们的目标是制定不同训练强度的计划，并提供适当的负荷和间歇时间，以实现在尽量不产生损伤的基础上使训练效果最大化。

训练的变化涉及对以下训练变量的应用。

- 训练频率。
- 练习选择。
- 练习安排。
- 训练负荷。
- 重复次数。
- 组数。
- 间歇时间。

通过改变训练强度制定出的训练计划将更多地关注我们在第11章中讨论的大肌群、多关节运动给定的或计算的负荷。此外，练习者可能还记得，一个特定的高级组的多关节运动通过1RM法来确定训练负荷——这些训练包括针对胸部、肩部以及下肢（全部）主要肌肉（股四头肌、腘绳肌和臀肌）的练习。因为大肌群比小肌群能承受更大的负荷。本章里讨论、提到的多关节运动是指多关节运动的高级组，并不是所有的多关节运动（也绝不是单关节运动）。

一些常用的改变运动强度的策略如下。

- 在一周中的不同时间练习举起重、轻和中等负荷。
- 每周增加负荷。
- 每两到四周以循环或重复的方式改变负荷。

这些策略能够被应用到多关节运动以及制定增加肌肉力量、增肌的计划中，因为其通常涉及进行3组或更多组的多关节运动（单关节运动中使用的负荷要确保能使练习者做8~12次重复，并遵循逐渐增加负荷的原则）。虽然这里讨论的重点是为各种计划安排负荷，但也应意识到，重复次数和组数也可以用来改变运动强度。

训练周内变化

制定一个涉及在训练周内调整负荷的训练计划的方法主要有3种。再次记住，任何绝对或相对负荷的调整都仅适用于对多关节、大肌群的训练。

一周3天，每组相同的负荷

表12.1展示了一周运动3天的训练计划，在这个计划中负荷的等级［重（H）、轻（L）和中等（M）］在一周内是变化的。在同一天，训练所采用的负荷是不变的（因此，名称是"每组相同的负荷"）。该表使用了缩写：3×6指的是3组6次；2×8-12指的是应该做2组，每组8~12次重复运动。如果用120磅完成3组8~10次重复运动，则要像这样写：3×8-10@120。

　　注意，在表12.1中只有多关节运动与字母H、L和M有关，即分别使用重负荷（重复6次，1RM的85%）、轻负荷（重复10次，1RM的75%）和中等负荷（重复8次，1RM的80%）。单关节运动所用的负荷可以让练习者做8~12次重复运动。不使用负荷的核心练习（如扭转卷腹）可以每组执行最多25次重复。即便可以做到，也不要在"轻负荷日"执行超过10次的多关节运动或在"中等负荷日"做超过8次的重复运动。注意，星期一（表12.1的例子）是强度最大的训练日，其次是强度最小的训练日，然后是中等强度的训练日，这样身体就有恢复的时间。在本章提到的这一模式会在所有的运动计划例子中重复出现。

表12.1　周内训练负荷变化：一周3天，每组相同的负荷

运动	星期一	星期三	星期五
坐姿推胸ᵃ	H: 3×6	L: 3×10	M: 3×8
俯身划船	2×8~12	2×8~12	2×8~12
站立肩上推举ᵃ	H: 3×6	L: 3×10	M: 3×8
肱二头肌弯举	2×8~12	2×8~12	2×8~12
器械肱三头肌伸展	2×8~12	2×8~12	2×8~12
*后蹲ᵃ	H: 3×6	L: 3×10	M: 3×8
扭转卷腹	2×15~25	2×15~25	2×15~25

注：ᵃ 高级组的多关节运动（组数不包括热身组）。
重（H）=1RM的85%；轻（L）=1RM的75%；中（M）=1RM的80%。

一周训练3天的金字塔方法

　　在第12章中了解了金字塔方法的使用，即以递增的形式从一组到另一组逐渐增加负荷，直到完成特定运动的所有组为止。表12.2中使用的是递增负荷，但要注意，使用的负荷区间是不同的：星期一（H）从1RM的80%~95%，星期三（L）从1RM的67%~80%，星期五（M）从1RM的75%~85%。该示例使用的1RM是150磅，并四舍五入到最接近的5磅的重量。

一周4天的重－轻分隔训练法

　　表12.3和表12.4显示了一周运动4天（分隔训练法）的计划在一周内是如何组织由重到轻的负荷的。表12.3显示了星期一和星期四对胸部、肩部和肱三头肌运动的负荷安排。表12.4显示了星期二和星期五对腿部、背部和肱二头肌运动的负荷安排。再次提醒，即使能做到，也不要在"轻负荷日"执行超过12次重复次数的训练，这是非常重要的。

表12.2　周内训练负荷变化：一周训练3天的金字塔方法

星期一——重（H）		星期三——轻（L）		星期五——中等（M）	
1RM的百分比	组数 × 重复次数 @ 负荷ª（磅）	1RM的百分比	组数 × 重复次数 @ 负荷ª（磅）	1RM的百分比	组数 × 重复次数 @ 负荷ª（磅）
80	1×8@120	67	1×12@100	75	1×10@110
85	1×6@125	75	1×10@110	80	1×8@120
95	1×4@135	80	1×8@120	85	1×6@125

注：ª 使用的1RM=150磅。

表12.3　星期一与星期四的分隔训练：胸部、肩部和肱三头肌

运动	星期一	星期四
自由重量卧推ª	H：4×6	L：3×12
*哑铃仰卧飞鸟	4×8-12	3×8-12
站立肩上推举ª	H：4×6	L：3×12
肱三头肌下压	4×8-12	3×8-12
健身球扩展仰卧卷腹	2×15-25	2×15-25

注：ª 高级组的多关节运动（组数不包括热身组数）。
重（H）=1RM的85%；轻（L）=1RM的67%。

表12.4　星期二与星期五的分隔训练：腿部、背部和肱二头肌

运动	星期二	星期五
*后蹲ª	H：4×6	L：3×12
*俯卧腿弯举	4×8-12	3×8-12
*器械站立提踵	4×8-12	3×8-12
俯身划船	4×8-12	3×8-12
坐姿划船	4×8-12	3×8-12
器械低位滑轮肱二头肌弯举	4×8-12	3×8-12

注：ª 高级组的多关节运动（组数不包括热身组数）。
重（H）=1RM的85%；轻（L）=1RM的67%。

周至周变化

表12.5显示了在每周的基础上增加负荷的两种方式。A计划只需要每周进行小幅的负荷增长。B计划也只需要每周（星期一）进行小幅的负荷增长，紧接着分别在星期三和星期五使用轻负荷和中等负荷。记住，显示的百分比只适合运用于多关节运动。

表12.5 周内和周间训练负荷变化

A计划：每组相同的负荷，周间增加负荷			
周	星期一	星期三	星期五
1	1RM的80%	1RM的80%	1RM的80%
2	1RM的83%	1RM的83%	1RM的83%
3	1RM的86%	1RM的86%	1RM的86%
B计划：周内和周间负荷变化			
周	星期一	星期三	星期五
1	1RM的80%	1RM的70%	1RM的75%
2	1RM的83%	1RM的73%	1RM的78%
3	1RM的86%	1RM的76%	1RM的81%

周期性训练的变化

本章中阐释的策略描述了如何改变抗阻训练计划的强度。然而，如果长时间沿用这个计划，则很有可能进入平台期或产生过度训练。还记得以前强调需要适当的休息吗？对于训练计划，如果只是一味地增加负荷、重复次数而没有安排休息时间将不会产生最佳的效果。为了避免这种风险，应该遵循周期训练的概念。周期训练指的是有目的地安排或循环进行高强度训练和低强度训练。

一个典型的周期性训练是分时间段执行计划。最长的时间段为大周期，通常持续一整个训练年度，但也可能为一个月到4年（以奥运健儿为例）。大周期内有两个或两个以上的中周期，每个中周期通常是几周到几个月。中周期内有两个或两个以上的小周期，每个小周期通常是一周。这些周期有两大类：线性和非线性。在线性模型中，强度（负荷）随着时间的推移不断增加，而训练量（组数和重复次数）随强度的增加逐渐减少。非线性（波动）模型的特点是每次训练的强度和训练量都在变化。

表12.6中描述的训练计划是8周的周期（只适用于高级组的多关节运动），包括在一周内负荷的变化（非线性），每3周后负荷增加（线性）直到第8周为止。

表12.6　8周的训练周期

周	组数	星期一	星期三	星期五
1	3	H	L	M
2	3	H	L	M
3	3	M	L	测试
4[a]	4	H	L	M
5	4	H	L	M
6	4	M	L	测试
7[a]	4	H	L	M
8	2	L	L	L
9	重新测试高级组多关节运动的1RM并用新的负荷进行8周循环			

注．[a] 在上一周星期五测试的新1RM基础上使用的负荷。
重（H）=1RM的85%；轻（L）=1RM的67%；中（M）=1RM的75%。

　　遵循重、轻、中等的负荷和组数的训练安排原则，在第3周和第6周的星期五，计算新的负荷。按照下列步骤，用简略方式来确定新的1RM用以确定训练负荷。

　　1. 像往常一样热身，接着在第1组和第2组中使用星期五的负荷（在第6周使用第3组的负荷），但分别进行5次和3次重复（在第6周重复6、4和2次）。

　　2. 如果使用金字塔方法，在这个循环中使用到目前为止最大的负荷进行尽可能多的重复运动（针对正在测试的练习）。如果在每一组中使用相同的负荷，在最后一组举起的负荷的基础上增加10磅，并尽可能多地完成重复。

　　3. 使用在第11章中学习的方法估算1RM。下一部分将介绍确定训练负荷的一种快捷方式。

　　在第4周和第7周，举起的负荷将依据最新的1RM进行计算，这是在第3周和第5周的星期五的测试中确定的。注意，第8周的负荷较轻，组数更少（从而减少高强度的训练），在随后的几周内为身体恢复以及增加力量提供机会。在每3周之后可以增加组数。一个一周4天的计划可以以相同的方式循环进行训练。

确定训练负荷的快捷方式

确定训练负荷的快捷方式，不是按照第11章中用1RM乘以所需的训练负荷百分比的方法来确定训练负荷，而是参照表12.7，并按照下面的步骤快速确定。

1. 在"1RM"栏找到并圈出自己的1RM。

2. 确定预期的训练负荷百分比（65%~95%）。

3. 顺着百分比栏一直向下看，直到看到自己圈出的那个1RM所在的行，与对应百分比交叉的数字就是训练负荷。

表12.7　确定训练负荷（单位：磅）

序号	1RM	训练负荷百分比[a]											
		65%	67%	70%	75%	77%	80%	83%	85%	87%	90%	93%	95%
1	20	13	13	14	15	15	16	17	17	17	18	19	19
2	25	16	17	18	19	19	20	21	21	22	23	23	24
3	30	20	20	21	23	23	24	25	26	26	27	28	29
4	35	23	23	25	26	27	28	29	30	30	32	33	33
5	40	26	27	28	30	31	32	33	34	35	36	37	38
6	45	29	30	32	34	35	36	37	38	39	41	42	43
7	50	33	34	35	38	39	40	42	43	44	45	47	48
8	55	36	37	39	41	42	44	46	47	48	50	51	52
9	60	39	40	42	45	46	48	50	51	52	54	56	57
10	65	42	44	46	49	50	52	54	55	57	59	60	62
11	70	46	47	49	53	54	56	58	60	61	63	65	67
12	75	49	50	53	56	58	60	62	64	65	68	70	71
13	80	52	54	56	60	62	64	66	68	70	72	74	76
14	85	55	57	60	64	65	68	71	72	74	77	79	81
15	90	59	60	63	68	69	72	75	77	78	81	84	86
16	95	62	64	67	71	73	76	79	81	83	86	88	90
17	100	65	67	70	75	77	80	83	85	87	90	93	95
18	105	68	70	74	79	81	84	87	89	91	95	98	100
19	110	72	74	77	83	85	88	91	94	96	99	102	105
20	115	75	77	81	86	89	92	95	98	100	104	107	109
21	120	78	80	84	90	92	96	100	102	104	108	112	114
22	125	81	84	88	94	96	100	104	106	109	113	116	119
23	130	85	87	91	98	100	104	108	111	113	117	121	124
24	135	88	90	95	101	104	108	112	115	117	122	126	128
25	140	91	94	98	105	108	112	116	119	122	126	130	133
26	145	94	97	102	109	112	116	120	123	126	131	135	138
27	150	98	101	105	113	116	120	125	128	131	135	140	143

（续表）

序号	1RM	训练负荷百分比[a]										
		65%	67%	70%	75%	77%	80%	83%	85%	87%	90%	93%	95%
28	155	101	104	109	116	119	124	129	132	135	140	144	147
29	160	104	107	112	120	123	128	133	136	139	144	149	152
30	165	107	111	116	124	127	132	137	140	144	149	153	157
31	170	111	114	119	128	131	136	141	145	148	153	158	162
32	175	114	117	123	131	135	140	145	149	152	158	163	166
33	180	117	121	126	135	139	144	149	153	157	162	167	171
34	185	120	124	130	139	142	148	154	157	161	167	172	176
35	190	124	127	133	143	146	152	158	162	165	171	177	181
36	195	127	131	137	146	150	156	162	166	170	176	181	185
37	200	130	134	140	150	154	160	166	170	174	180	186	190
38	210	137	141	147	158	162	168	174	179	183	189	195	200
39	220	143	147	154	165	169	176	183	187	191	198	205	209
40	230	150	154	161	173	177	184	191	196	200	207	214	219
41	240	156	161	168	180	185	192	199	204	209	216	223	228
42	250	163	168	175	188	193	200	208	213	218	225	233	238
43	260	169	174	182	195	200	208	216	221	226	234	242	247
44	270	176	181	189	203	208	216	224	230	235	243	251	257
45	280	182	188	196	210	216	224	232	238	244	252	260	266
46	290	189	194	203	218	223	232	241	247	252	261	270	276
47	300	195	201	210	225	231	240	249	255	261	270	279	285
48	310	202	208	217	233	239	248	257	264	270	279	288	295
49	320	208	214	224	240	246	256	266	272	278	288	298	304
50	330	215	221	231	248	254	264	274	281	287	297	307	314
51	340	221	228	238	255	262	272	282	289	296	306	316	323
52	350	228	235	245	263	270	280	291	298	305	315	326	333
53	360	234	241	252	270	277	288	299	306	313	324	335	342
54	370	241	248	259	278	285	296	307	315	322	333	344	352
55	380	247	255	266	285	293	304	315	323	331	342	353	361
56	390	254	261	273	293	300	312	324	332	339	351	363	371
57	400	260	268	280	300	308	320	332	340	348	360	372	380

注：[a] 在定位训练负荷后，四舍五入到最接近的5磅的增量。再将训练负荷的单位从磅转换成千克，请使用第254~255页的转换表。

　　图12.1是这种快捷方式的一个示例。在这个例子中，这个练习者完成了90磅的7次重复，并想要使用80%1RM的训练负荷。使用第11章中1RM的换算方法，用90磅完成7次重复，那么1RM应该是110磅。在表11.7中，根据"1RM"这一栏，确定110磅是在（序号）第19行。在第19行与80%那一栏交叉处的数字就是计算出的训练负荷（88磅），这个值四舍五入到最

接近的5磅的重量应该是85磅。

使用的负荷		完成的重复次数*		1RM预估系数		使用的负荷		预估的1RM
90磅	×	7	×	0.035	+	90磅	=	112.1磅
预估的1RM（四舍五入到最接近的5磅或器械上最接近的配重片重量）=110磅								

序号	1RM	65%	67%	70%	75%	77%	80%	83%	85%	87%	90%
1	20	13	13	14	15	15	16	17	17	17	
2	25	16	17	18	19	19	20	21	21	22	
3	30	20	20	21	23	23	24	25	26	26	
4	35	23	23	25	26	27	28	29	30	30	
5	40	26	27	28	30	31	32	33	34		
6	45	29	30	32	34	35	36	37	38		
7	50	33	34	35	38	39	40	42	43		
8	55	36	37	39	41	42	44	46	47		
9	60	39	40	42	45	46	48	50	51		
10	65	42	44	46	49	50	52	54	55		
11	70	46	47	49	53	54	56	58	60		
12	75	49	50	53	56	58	60	62	64		
13	80	52	54	56	60	62	64	66	68		
14	85	55	57	60	64	65	68	71	72		
15	90	59	60	63	68	69	72	75	77		
16	95	62	64	67	71	73	76	79	81		
17	100	65	67	70	75	77	80	83	85		
18	105	68	70	74	79	81	84	87	89		
19	110	72	74	77	83	85	88	91	94		
20	115	75	77	81	86	89	92	95	96		

训练负荷百分比[a]

训练负荷88磅经过四舍五入到最接近的5磅的整数倍重量应该是85磅

图12.1　确定训练负荷的快捷方式

　　不管使用哪种方法确定训练负荷，都要在进行"重负荷"训练的那天完成尽可能多的重复运动，但在星期三（轻负荷）和星期五（中等负荷）的运动中，保持重复次数在指定的范围内。这也意味着，即使有能力在星期三（轻负荷）和星期五（中等负荷）进行更多次的重复运动，也不要那么做！在单关节运动中，使用二二原则增加负荷。

计划变化
自我评估测试

在下列各项中标出正确选项。答案在第245页。

1. 在轻和中等负荷训练日允许[＿＿＿＿应用超负荷原则＿＿＿＿从超负荷中恢复]。

2. 在重负荷训练日那天应该进行[＿＿＿＿指定重复次数＿＿＿＿尽可能多的重复次数]。

3. 在表12.6中的8周训练周期中的两个变量是[＿＿＿＿重复次数和组数＿＿＿＿负荷和组数]。

训练效果最大化练习1
快捷的方法

这个练习旨在了解使用表12.7确定训练负荷的快捷方式。假如进行负荷为150磅的"尽可能多的重复运动"，并能够完成8次重复，如果想使用1RM的75%，那么正确的负荷是多少呢？记住，首先从第11章的表11.4中预测1RM，接着使用1RM和表12.7中的75% 1RM来定位正确的训练负荷。四舍五入这个值到最接近的5磅的增量或最接近的配重片重量。答案在第245页。

成功检查

- 根据完成的重复次数进行计算，预测1RM（见表11.3和表11.4）。
- 圈出"1RM"栏中的值（见表12.7）。
- 确定训练目的和1RM的百分比。
- 在表中找到对应数值。
- 四舍五入确定训练负荷。

训练效果最大化练习2
在计划中确定训练负荷

本练习为练习者提供另一个确定训练负荷的方法，请填写图12.2所示计划的训练负荷。在这个训练中，假定用105磅进行5次重复。答案在第246页。

成功检查

- 根据完成的重复次数执行计算，预测1RM。
- 在表12.7中圈出1RM。
- 用所需的训练百分比乘以1RM。
- 四舍五入确定训练负荷。

	星期一（H）	星期三（L）	星期五（M）
第1周	1RM的80%=_____	1RM的67%=_____	1RM的75%=_____

图12.2 练习确定训练负荷

训练变量的成功总结

训练强度可以有多种变化，但最常见的方法是控制训练负荷、组数和重复次数以及训练频率。周期性训练计划包括大强度训练周，紧接着是一周（或数周）较小强度的训练周，这为身体提供了超负荷刺激并为身体恢复及取得显著效果提供了可能性。

当你变得更有经验时，你可能需要更多地了解周期训练。详细的讨论可以在邦帕和布齐凯利（Bompa and Buzzichelli, 2008）的著作中看到。

在第13章，可以应用学到的所有知识来完善自己的抗阻训练计划。这一章将提醒你使用最后两章中所描述的关于训练变量的知识和特异性概念来制定满足需求的计划。享受这个挑战吧！

在进入下一章前

诚实回答下面的每一个问题。如果这些问题的所有回答都是"是"，说明你已经准备好开始第13章的学习了。

1. 你是否完成了自我评估测验和练习并核对了答案？

2. 你是否了解如何控制训练变量以使训练效果最大化？

如何制定个人基本计划

这是一个运用所有学到的知识制定个人抗阻训练计划的好机会。在这一章里，将使用训练变量的相关知识，并运用特异性概念和超负荷原则来制定一个满足练习者需求的基本计划（高级训练的相关信息可见第14和第15章）。

遵循以下步骤。

1. 确定训练目标。

2. 选择练习项目。

3. 确定训练频率。

4. 练习安排。

5. 计算训练负荷。

6. 决定重复次数。

7. 决定每个练习要完成的组数。

8. 决定间歇时间的长短。

9. 决定如何更改计划。

确定训练目标

思考为什么想要进行抗阻训练以及最期待的训练效果。在下列你认为最重要的训练目标旁做一个标记，然后阅读下段落以了解哪种类型的计划最符合训练目标。

☐ 肌肉耐力。

☐ 增肌。

☐ 爆发力。

☐ 肌肉力量。

☐ 肌肉协调。

☐ 身体成分（恢复体形）。

☐ 其他（描述：_____）。

选择一个单一的训练目标有助于集中训练，并使训练效果最大化，之后做出改变时，它不会阻碍练习者完成另一个训练目标!

肌肉耐力

如我们所知，现在的计划是为了提升肌肉耐力。如果这是想通过训练获得的效果，那就不需要做很多改变了。简单地试着从15次重复增加到20次重复，并增加所有练习的组数。如果有可能，也试着减少组间及练习之间的间歇时间，这样做有助于提升肌肉耐力水平。

增肌

为了增加肌肉体积，需要使用能够确保做8~12次重复的负荷，可能也需要增加更多练习和完成更多组数。即使最初想要重点训练胸部和手臂，也要尽量避免在这些肌肉上花费太多的时间而导致没有足够的时间去训练腿部。此外，要意识到，当逐渐增加训练次数、组数（每个运动多达6组）、训练天数的同时，练习者花费在执行训练计划上的时间也会大大增加。如果对健身运动感兴趣，可以查阅菲辰和威尔逊（Fitschen and Wilson, 2020）编写的图书。

爆发力

如果想增加爆发力，需要在每次训练开始时执行一次或多次爆发力练习。回想一下第11章，爆发力练习的负荷需要稍微轻一点，以便快速且爆发性地执行练习。有关此训练目标的更多细节，请参阅第14章。

肌肉力量

如果增加肌肉力量是训练目的，将使用比目前更重的负荷。要记住的一个重要事情（第12章中提到）是安全、有效地使用更重的负荷，必须在每组之间有相当长的间歇时间（2~5分钟）。一个常见的错误是每组都仓促练习。这样做会降低恢复程度，并降低完成后续训练中尽最大努力的可能性。另外，记住只有多关节运动才可安排重负荷（1RM的85%或更重），而且举起这些负荷将需要进行几组热身运动和一个保护者。

肌肉协调

可遵循肌肉耐力计划的指导方针，来实现这一目标。如果没有从这种计划中获得令人满意的肌肉张力的变化，那么转换到一个旨在产生增肌效果的计划。

身体成分（恢复体形）

如果目标是恢复体形，那么练习者可能认为自身脂肪过多或没有足够的肌肉或两个因素都有。考虑做3件事情：遵循增肌训练计划增加肌肉量、更加认真地选择食物、开始有氧训练以增加能量消耗。对于增肌计划，遵照本书中的指导方针即可。在选择食物时，要确保饮食均衡，增加复合碳水化合物的摄入，减少脂肪的摄入。大多数正常的饮食会提供人体所需的蛋白质。有关营养学的更多信息，请参考克拉克（Clark, 2020）的书。对于如何制定一个有效的有氧运动计划，参考贝希勒和厄尔（Baechle and Earle, 2014）的书。

其他

如果有特殊需要，如提高力量举、奥林匹克举或其他体育活动的竞技能力，可以阅读牛顿（Newton, 2006）、阿斯廷和曼（Austin and Mann, 2012）以及邦帕和布齐凯利（Bompa and Buzzichelli, 2004）的书，除此之外，还可参阅美国国家体能协会网站上发表的文章。在法根鲍姆和韦斯科特（Faigenbaum and Westcott, 2009）的书及法根鲍姆、劳埃德、奥利弗和美国运动医学会（Faigenbaum、Lloyd、Oliver and ACSM, 2020）的书中，有许多为青少年运动员制定训练计划的有用指导方针。韦斯科特和贝希勒（Westcott and Baechle, 2007, 2010）的著作对那些对训练感兴趣的人会有所帮助，尤其是老年人。如果正在寻找针对身体塑形、肌肉协调、肌肉力量或交叉训练的计划样例，那么贝希勒和厄尔（Baechle and Earle, 2014）的书会很有用。

选择练习项目

目前的训练计划包含的练习较少，但它们可以训练7个肌群。这是一个基本计划，当练习者到更好或更有经验的阶段时，可以增加练习项目来达到更好的效果。

如果训练目标是增加特定身体部位的肌肉耐力、肌肉体积或肌肉力量，那么为这些肌肉增加其他的练习是一个不错的主意。如果想增加练习，这个时候不要为一个肌群增加超过两个练习。如果遵循一周训练3天的计划，那么增加的练习总数不要超过12个。正如在第11章中学到的，一周运动4天的分隔计划可以增加更多的练习。因此，如果打算执行一周运动4天的训练计划，可以为特定身体部位选择3种练习项目。

使用表13.1，确定下面列出的肌群哪个是想选择训练的或哪个是想突出训练的（这意味着在此之前已经有一个锻炼这个肌群的练习项目了，想再添加一个练习项目）。在完成此任务之前，可能需要参考第3章到第9章来回顾各种自由重量器械和组合器械操作的解释和说明。记得要考虑需要的设备和需要的保护者。考虑好目标后，把练习的名称写在对应肌肉区域的右侧。

表13.1 选择练习项目

日期	肌肉区域	练习项目
	胸部	
	背部	
	肩部	
	肱二头肌	
	肱三头肌	
	腿部（大腿和臀部）	
	小腿	
	核心	

确定训练频率

决定是否要使用一周3天或一周4天（分隔）的计划。如果确定了一个分隔计划，那么确定如何在4天内安排这些训练项目。可能需要重新考虑所选择的练习数目。记住，练习者可以在一周4天的分隔计划中涵盖比一周3天的运动计划更多的训练项目。

选择抗阻训练频率。

- 一周3天计划（如果选择此项，那么跳到"练习安排"）。
- 一周4天计划（如果选择此项，请转到下一行）。

对于分隔计划，选择要遵循的时间表。

- 两天训练胸部、肩部和肱三头肌，另外两天训练腿部、背部和肱二头肌。
- 两天用来训练上半身，另外两天用来训练下半身。

一旦做出决定，就回到表13.1，并在"日期"栏写下一周内每个肌群的训练日期。

练习安排

接下来要决定如何在训练中安排这些练习。第11章给出了几个选择。选择打算使用的一种或多种训练安排。

- 首先进行爆发力练习。

- 在单关节运动前先进行多关节运动。

- 交替进行推和拉练习。

现在再看看想在计划中添加的练习，并确定执行这些练习的顺序。在表13.1、表13.2中，按顺序写下要进行的练习，如果遵循一周运动3天的计划，用左侧栏；如果选用一周运动4天的分隔计划，用右侧栏。

表13.2 练习安排

一周3天的计划		一周4天的分隔计划	
顺序	运动	顺序	运动
1			星期一/星期四[a]运动
2		1	
3		2	
4		3	
5		4	
6		5	
7		6	
8		7	
9			星期二/星期五[a]运动
10		8	
11		9	
12		10	
		11	
		12	
		13	
		14	

注：[a]或者无论哪天，用分隔计划去训练每个肌群。

现在，按照合适的顺序把表13.2中的练习复制到图13.1（一周训练3天的计划）或图13.2（一周训练4天的分隔计划）中合适的空格内。一周训练4天的分隔计划假定在星期一/星期四和星期二/星期五训练。

抗阻训练计划表（一周3天）

名称 _____

肌群名称	练习	负荷 × 组数 × 次数	组	第1天					第2天					第3天				
				1	2	3	4	5	1	2	3	4	5	1	2	3	4	5
1			重量															
			次数															
2			重量															
			次数															
3			重量															
			次数															
4			重量															
			次数															
5			重量															
			次数															
6			重量															
			次数															
7			重量															
			次数															
8			重量															
			次数															
9			重量															
			次数															
10			重量															
			次数															
11			重量															
			次数															
12			重量															
			次数															
体重																		
日期																		
评价																		

[源自：T.R. Baechle and R.W. Earle, *Weight Training: Steps to Success*, 5th ed. (Champaign, IL: Human Kinetics, 2020)].

图13.1 一周3天的计划的详细内容

抗阻训练计划表（一周4天）

名称 _____

周

第1天——星期一　第3天——星期四　第1天——星期一　第3天——星期四

第2天——星期二　第4天——星期五　第2天——星期二　第4天——星期五

星期一/星期四 运动　负荷×组数×次数　组　重量　次数 …… 1～14

星期二/星期五 运动　负荷×组数×次数 …… 8～14

体重　日期　评价

[源自：T.R. Baechle and R.W. Earle, *Weight Training: Steps to Success*, 5th ed. (Champaign, IL.: Human Kinetics, 2020).]

图13.2　一周4天的分隔计划的详细内容

201

计算训练负荷

基于特异性概念、超负荷原则、主要训练目标和运动类型（多关节运动或单关节运动）来确定热身负荷和训练负荷。

首先选择方法。复习第11章中确定训练负荷的方法。在决定每次训练时使用的负荷时，决定采用哪种方法。

- 12~15RM法。
- 1RM法。

练习者可以使用两种方法，特别是练习者训练有素且想开始一个更高强度的高级多关节运动计划时。如果是这样，则要列出一个清单，选定用哪种方法来安排哪些练习。请记住，如果加入爆发力练习，不应像其他多关节运动一样使用最大负荷。

如果练习者想执行一个肌肉力量计划，则需要确定将遵循的方法。

- 金字塔训练。
- 多组－相同负荷训练。

现在确定起始负荷。使用第11章中给出的指导原则，计算所选练习的负荷。为了节省时间，可以使用第12章中的快捷方式确定训练负荷。在图13.1（一周3天的计划）或图13.2（一周4天的分隔计划）"负荷×组数×次数"栏中记下这些负荷。留些地方来记组数和重复次数。现在就这样做，但要慢慢来，因为这个过程是制定计划的所有步骤中最重要的。

决定重复次数

基于训练目标、先前计算的训练负荷以及表11.6（第171页），确定每个练习中每一组的重复次数。

- 12~20次重复。
- 6~12次重复。
- 对于爆发力练习，3~5次重复。
- 多关节运动进行1~6次重复，单关节运动进行8~12次重复。
- 其他（描述：_____）。

在"负荷×组数×次数"栏内刚刚填写的负荷旁边写上每组练习的重复次数。

决定每个练习要完成的组数

根据自身的训练状况、训练目标、可利用的时间和表11.6的信息，确定每组计划进行的训练组数，列在训练计划表中的"负荷 × 组数 × 次数"栏内。练习者可能想安排更多组多关节运动的训练。

决定间歇时间的长短

根据训练目标和表11.6，决定组间和练习之间的间歇时间。

- 20~30秒（针对肌肉耐力计划）。
- 30~90秒（针对增肌计划，或者针对肌肉力量计划或爆发力计划中的单关节运动）。
- 2~5分钟（针对肌肉力量计划或爆发力计划）。

注意： 允许在一组新的练习之间留出一点额外的时间，这样就不会变得太疲劳而影响训练的正确执行。

决定如何更改计划

如果有必要，请参考第12章，然后决定使用哪种方法来改变运动强度。

- 周内变化。
- 周间或逐周变化。
- 周期性变化（周期性训练）。

如果选择周内变化，那么决定将采取哪种方法来改变多关节运动中能够举起的负荷。

- 每组相同的负荷（重、轻、中等负荷训练日）。
- 金字塔方法。
- 由重到轻的分隔方法。

如果选择周间变化，决定将采用哪种方法来改变多关节运动中的负荷。

- 相同的负荷，逐周增加。
- 周内和周间负荷变化。

如果选择周期性变化，决定什么时候将对多关节运动增加负荷。

- 每周。

- 每两周。

- 其他（描述：_____）。

现在决定如何增加多关节运动的负荷。

- 按指定百分比增加负荷。（多少百分比？ _____百分比）

- 在重复测试的基础上增加负荷。（多久重复测试？ 每_____周）

最后，在安排一周的低强度训练计划之前决定将完成的训练周数。

- 4周。

- 5周。

- 6周。

制定训练计划练习
制定一个8周的计划

根据训练计划的变更方法，在另一张表上填写8周训练计划中所有练习的负荷、重复次数和组数。使用下面介绍的"成功检查"中的9个步骤，确保已经考虑到了所有重要的训练变量。

成功检查

- 选择一个主要的训练目标。

- 选择练习。

- 确定训练频率。

- 安排练习。

- 计算训练负荷。

- 确定组数。

- 确定重复次数。

- 确定间歇时间。

- 确定如何更改计划。

制定计划的成功总结

这一章要求练习者运用之前学到的所有关于抗阻训练的知识制定计划。练习者目前已经有能力制定一个满足自己需求的计划，但可能要考虑得长远些，要考虑如何在未来一年更改和调整训练变量。

在学习训练器械和设备、运动技术和训练变量相关知识的过程中，练习者可能已更好地了解了制定抗阻训练计划所需的专门知识。记住，如果没有积极的态度，就没有一个计划一定能使练习者达到训练目标。如果刻苦训练、充分休息并搭配合理的饮食，那么可以保证练习者一定会取得成功并会自豪地享受训练效果！

在进入下一章前

诚实回答下面的每一个问题。如果对前两个问题的回答是"是"，就可以回答第3个问题，确定是否应继续学习第14或15章。

1. 你是否根据"成功检查"中的9个步骤制定了自己的计划？
2. 你是否完成了制定训练计划练习？
3. 你是否已坚持执行你的抗阻训练计划6周或更长时间？如果是，根据以下问题的答案来确定你的下一步。
   - 你是否想通过一项抗阻训练计划来改善你在某项运动中的表现？如果是，请继续学习第14章。
   - 你是否想挑战高强度间歇训练计划，将训练状态提升到高级水平？如果是，请继续学习第15章。

制定针对特定运动的抗阻训练计划

如果阅读这一章，说明你已坚持执行一项抗阻训练计划6周或更长时间，而且你希望通过一项抗阻训练计划来提高在某项运动中的表现。

爆发力在运动中的重要性

许多运动都包含冲刺、跳跃、投掷、碰撞或踢腿动作。所有这些运动有何共同点？那就是速度。成功的运动员可以有目的地快速定向移动双臂、双腿和全身。运动表现与爆发力之间的联系可通过以下两个定义来说明。

- 爆发力 = 力量 × 速度。
- 爆发力 = 做功 ÷ 时间。

与更体弱和移动速度更慢的运动员相比，更强壮且移动速度更快的运动员产生的爆发力更大。另外，由于大多数运动中的表现都基于冲刺、改变方向、投掷或命中的速度，所以能在最短时间内完成这些动作的运动员能产生更大的爆发力。

反之亦然。如果能产生更大的爆发力，那么冲刺、跳跃、投掷、碰撞和踢腿的表现将更好，个人的运动水平将会提高！

针对爆发力练习的举重基础练习

对于最终将加入针对特定运动的抗阻训练计划的练习，要提升执行这些练习的能力，我们需要在执行第2章中的举重基础训练后执行这些练习。第2章介绍了做正确的开始姿势的举重技术，以便练习者安全地将杠铃从地面提起（第18~20页）和从地面提到大腿高度（第20~21页）。许多爆发力练习都涉及这些运动阶段，在此背景下称之为"准备姿势"和"首次发力"，后续还有两个阶段称为"第二次发力"（将杠铃举到肩上）和"抓杠"（在肩上停住并抓住杠铃），最后一个阶段是将杠铃安全地放回地面。下面将延续第2章所述的过程，介绍附加阶段。

将杠铃从大腿举到肩上

如果要把杠铃举到肩上，需要在将杠铃从地面提到大腿高度后继续向上移动杠铃。在爆发力练习中，此阶段称为第二次发力。

在第一次发力后，不要让杠铃在大腿中部降速或停留，更不要呼气。相反，继续上拉杠铃杆，以便当练习者向上拉时，杠铃杆"刷"过大腿。这样会使杠铃杆贴近身体并减少背部的压力，伸膝时，迅速向前挺髋。

继续向上运动，使用颈部和肩部之间的斜方肌做快速的耸肩动作。随后立刻呼气。耸肩动作结束后，屈曲肘关节并向两侧抬高，尽可能高地上拉杠铃（图14.1a）。

错误

杠铃在大腿处停止不动。

改正

将杠铃从地板提拉到肩上的过程要连贯，不允许杠铃在大腿区域停留或停顿。

错误

杠铃摆离大腿和髋部。

改正

集中精力向上提拉杠铃，并保持它贴近大腿和髋部。

错误

屈肘太早。

改正

在耸肩之后的最高点再次屈肘提杠铃。

架铃至肩

一旦杠铃到达最高点，通过向下转动肘部在肩前抓住（或支撑住）杠铃，当杠铃触及肩部和锁骨时，高抬肘部（图14.1b）。翻铃结束时，屈膝屈髋有助于减少杠铃对脊柱的冲击。当上臂与地板平行且形成一个稳定姿势后，自然站立完成这个运动阶段。

错误

向前一步架铃至肩。

改正

肘部下旋，完全包住杠铃，将其引导到肩部上，而不是向前移动将身体移向杠铃。

错误

架铃期间，感觉杠铃突然落在前肩上，或者它的重量让人感觉不舒服。

改正

屈曲髋关节和膝关节，在略微下蹲的姿势下架铃，以缓冲或减轻它的冲击。

图14.1　大腿至肩部阶段

从大腿提拉杠铃到最高位置

1. 继续向上提拉杠铃。
2. 杠铃触碰大腿中部或上部。
3. 伸髋时保持杠铃贴近身体。
4. 保持肘关节伸直。

5. 最大限度伸膝伸髋，然后迅速耸肩。
6. 保持肘关节伸直并尽可能高地耸肩。
7. 立即屈曲肘关节，快速向上及两侧方向提肘。
8. 继续向上提拉杠铃直到它到达最高点。

架铃

1. 立即将肘关节向下旋转，然后在杠铃杆前方向上旋转。

2. 用肩部接住（支撑）杠铃。

3. 屈曲膝关节和髋关节来吸收杠铃的冲击。

4. 抬高肘关节，使上臂与地面平行。

5. 达到平衡并自然站立。

将杠铃放回地面

当需要将杠铃放回地面时，利用建立一个稳定身体姿势的动作将杠铃下放，下放杠铃时，保持杠铃靠近身体且背部挺直，使用腿部力量而不是背部力量来下放杠铃。记住用一种缓慢、可控的方式完成动作。

当杠铃位于肩部高度（图14.2a），利用它的重量缓慢地伸直手臂直到完全垂直于地面（图14.2b），这是把杠铃放至大腿上最简单的方式。髋关节和膝关节保持屈曲，则杠铃降至大腿时，重量会得到缓冲。在下放杠铃到地面的过程中，记住要保持头部直立和背部挺直（图14.2c）。

错误

杠铃杆在大腿处没有停顿。

改正

在向下阶段时计数，"一"到大腿，"二"到地面。

错误

当把杠铃杆从大腿位置降到地面时，臀部仍抬高。

改正

这个姿势给背部的压力很大！一旦杠铃杆下降到大腿处，蹲下去降低杠铃杆，同时保持背部挺直。

图14.2　肩部到地面阶段

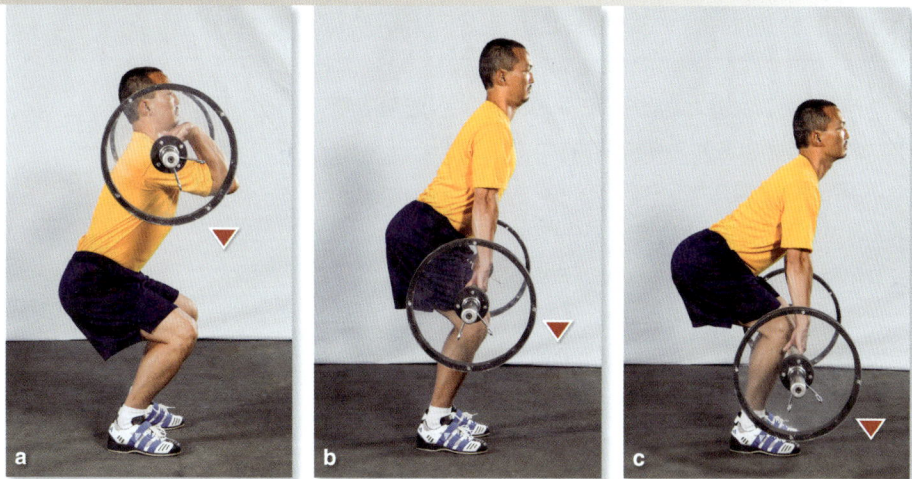

下放

1. 解除杠铃杆的支撑。
2. 首先将杠铃杆降到大腿位置。
3. 屈曲髋关节和膝关节以进行缓冲。

停顿

1. 保持背部挺直或稍微弓起。
2. 保持对杠铃的控制。
3. 保持杠铃杆紧贴大腿、膝盖和小腿。

返回

1. 将杠铃下放至地面。
2. 保持肩胛骨后收。

针对爆发力练习的举重基础练习1
耸肩

许多人在第二次发力期间往往过早屈曲肘关节。这个练习可以避免这种常见的技术问题。

使用正握，拿起杠铃杆并把它保持在大腿高度，肘关节完全伸直，双手牢牢抓住杠铃杆。膝关节和髋关节略微屈曲，快速伸髋伸膝，然后立即耸肩，同时保持肘关节伸直。可以把这种练习看作带着一个杠铃杆进行肘关节伸直的跳跃。每次跳跃之后，把杠铃杆放回大腿位置，而不是放在地面上。重复这个动作10次。

成功检查

- 感受斜方肌发力。
- 保持肘关节完全伸直。

成功得分

每完成一次肘关节伸直的重复动作得1分，最高得分为10分。

得分_____

针对爆发力练习的举重基础练习2
架铃

这个练习将有助于练习者把握架铃至肩部时屈膝和屈髋的正确时机。

遵循前面提到的动作中的相同程序，跳跃后把杠铃杆提拉至肩部。练习把握架铃至肩部时屈膝屈髋的正确时机，并且形成双脚距离略宽于初始站距的支撑姿势。重复10次。

成功检查

- 通过屈曲髋、膝关节来缓冲架铃至肩部产生的冲击。
- 记住要保持肘关节伸直，直到髋部完全伸展。

成功得分

每成功完成一次重复动作——髋、膝、踝都处于合适的位置，得1分。最高得分为10分。

得分_____

爆发力练习

学习并练习针对爆发力练习的举重基础练习后，就可以利用新技能来执行具体的爆发力练习，并将其作为特定运动的抗阻训练计划的重点。

爆发力练习同时锻炼上半身和下半身的主要肌肉。出于此原因，它们有时被称为"全身练习"。但是，需要认识到不是所有全身练习都属于爆发力练习，属于爆发力练习的动作需要练习者快速且爆发性地执行。爆发力练习涉及许多肌肉组织，因此需要一个较高的肌肉协调水平才能准确地执行这些练习。

与特定肌群练习不同，爆发力练习只使用自由重量器械，所以需要一个杠铃杆、配重片和两把卡锁。经验丰富的人士有时使用一两个哑铃或壶铃来进行爆发力练习。请记住，因为全身练习速度很快，所以需要格外关注正确技术，必须在远离其他正在训练的人的区域进行训练。这个区域应该有一些起保护作用的橡胶地板，以免杠铃掉落弄坏地板。

注意：爆发力练习不需要保护者，如果练习中出现问题，一个保护者试图去帮忙或抓握杠铃反而容易对保护者造成伤害。不要让别人来保护练习者。进行练习时，如果遇到平衡或技术问题，可以快速远离杠铃掉落路径，让杠铃掉落到地面上。

膝上高翻

膝上高翻练习非常类似于在本章"针对爆发力练习的举重基础练习"一部分中学到和运用的动作——通过一个快速、有力的双脚起跳动作将杠铃从大腿翻举到肩部位置。杠铃杆的起始位置为膝关节上方的大腿位置。在上升阶段需要髋、膝、踝进行一次强有力的快速伸展，随后耸肩，用手臂将杠铃杆翻举到肩部前面的位置（并支撑住）。

这个练习开始时，杠铃杆处在大腿约中部位置（称为悬挂位置）（图14.3a）。将杠铃杆放至大腿中部位置使用的技术与第2章中描述的准备运动和向上运动相同（从地面到大腿）。

从这个起始姿势，快速向上起跳（图14.3b）。膝关节和髋关节完全伸展。想着从地板蹬地向上跳起，充分伸展下肢的髋、膝、踝3个关节。双脚起跳后立刻做快速的耸肩动作。这个时候，手臂应该像绳子那样把杠铃杆拉向肩部。换句话说，起跳前不要屈曲肘关节。然后，在耸肩运动的最后阶段，肘关节屈曲，继续尽可能高地向上和向两侧提拉杠铃杆。

错误

杠铃摆离大腿和髋部。

改正

集中注意力向上拉杠铃杆，并保持让它紧贴大腿和髋部。

错误

依靠手臂力量提拉杠铃杆离开大腿。

改正

不要想着用手臂主动发力，直到双脚起跳结束。

213

当杠铃杆到达最高点（图14.3c）时，迅速翻转肘部将身体移到杠铃杆下并握住杠铃杆，继而让它固定在练习者的肩部和锁骨位置（图14.3d）。不要太早屈曲肘关节，直到肩部耸到最高位置。当肘关节屈曲使杠铃杆转动时，屈曲膝关节并在肩前握杠铃杆。与此同时，关节应该像减震器那样平稳缓冲杠铃下降产生的冲击。不要在膝关节完全伸展时固定杠铃杆，因为这样做可能会损伤背部。上臂要平行于地面，找到平衡位置后，站直并结束这个运动。将杠铃杆架在肩部上时呼气。

图14.3 **膝上高翻**

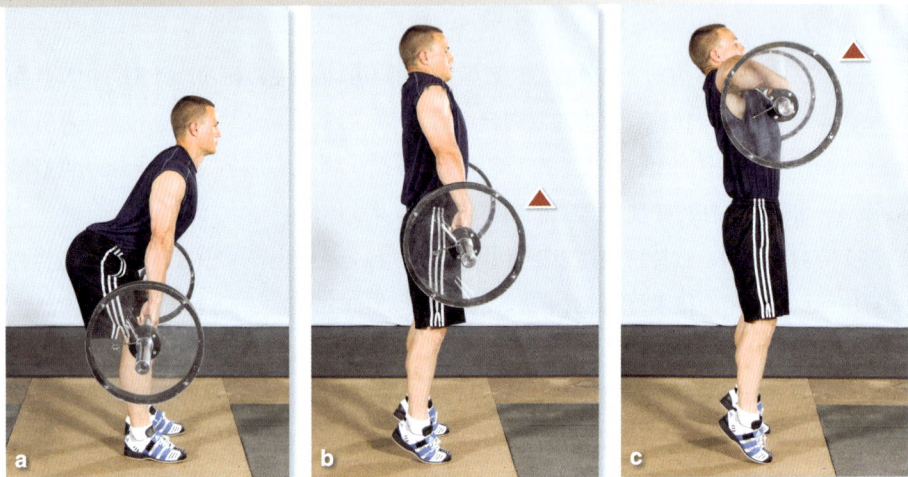

准备

1. 正确地把杠铃杆从地面提拉到大腿位置。
2. 从大腿约中部位置开始练习。
3. 吸气。

双脚起跳和耸肩

1. 双脚用力跳起。
2. 伸髋时保持杠铃杆贴近身体。
3. 保持肘关节伸直。
4. 充分伸展髋和膝。
5. 迅速耸肩。
6. 尽可能高地耸肩。
7. 保持肘关节伸直。

杠铃杆的最高位置

1. 肘关节屈曲，向上及两侧拉杠铃杆。
2. 保持肘关节高于手腕。
3. 继续尽可能高地提拉。

在杠铃杆回到大腿约中部（悬挂）位置的过程中，要采取缓慢、可控的方式使杠铃杆下降（图14.3e）。同时，屈曲髋关节和膝关节来减少下背部的压力。背部要保持挺直，肩部后收，杠铃杆要紧贴胸部和腹部区域。在这组练习的最后一个动作完成后，下蹲，杠铃杆经过膝关节回到地面。

由于这个练习的复杂性，可能会在一次重复运动中出现多种错误或技术缺陷。在这个或其他任何爆发力练习中，要努力完善相关技术。参阅本章前面"针对爆发力练习的举重基础练习"部分的"错误"和"改正"。

图14.3　膝上高翻（续）

抓杠

1. 立即转动肘部使其向下，然后在杠铃杆前抬高。
2. 将杠铃杆架在肩前。
3. 屈曲膝关节和髋关节来吸收杠铃带来的冲击。
4. 呼气。
5. 抬高肘部，使上臂与地面平行。
6. 保持平衡并站直。

回放

1. 从肩上下放杠铃。
2. 屈曲膝关节和髋关节。
3. 将杠铃降低到大腿位置。
4. 保持肩胛骨后收，背部平直。
5. 保持杠铃杆紧贴胸部和腹部。
6. 在悬挂位置停顿。
7. 继续做向上和向下运动，直到练习完成。
8. 在最后一次重复后，使杠铃杆经过膝关节下降。
9. 下蹲，把杠铃放到地面上。
10. 相关动作过程中，保持杠铃杆紧贴大腿、膝关节和小腿。

错误

抓握杠铃杆时，膝关节是伸直的。

改正

集中注意力屈曲髋关节、膝关节，这样做能给肩部支撑杠铃提供"缓冲"，当把杠铃架上去时可缓冲大量冲击。

借力推举

在借力推举运动中，杠铃杆借助一种迅速、有力的双脚起跳动作而移动，这与膝上高翻相似，但它是从肩部移到头顶位置。这个练习的起始姿势是膝上高翻练习中的结束姿势——杠铃杆位于肩前。上升阶段与站立肩上推举（图6.1）相似，但借力推举要求髋关节、膝关节和踝关节进行强有力的快速伸展，然后手臂向上推举杠铃至头部上方的稳定位置，肘关节要完全伸展。在杠铃回到肩部、进行下一次重复之前吸气。

在开始借力推举练习前，练习者需要使用第2章中的提拉技术和膝上高翻（图14.3）技术来正确地把杠铃杆从地面举到肩部。或者，可以从处在肩部高度的杠铃架上举起杠铃杆。

要用肩部、锁骨和两手稳稳地支撑并固定杠铃杆（图14.4a）。从这个起始姿势开始，用缓慢、适度的速度屈曲髋关节和膝关节，沿直线降低杠铃杆（图14.4b）。做这个下降运动不用全蹲，而是"下降"到一定位置，不超过膝上高翻的起始高度。下降时，身体不要向前或向后倾斜。保持身体直立，头处于中立位置，手臂不动。

到达最低位置后，迅速通过髋关节、膝关节、踝关节的快速伸展做反向运动（图14.4c）。在向上运动的最后阶段，确保髋关节、膝关节完全伸展。当下肢关节完全伸展时，稍稍向后仰头，使杠铃杆经过下颌（否则杠铃杆可能会碰到练习者）。在这一位置时（而不是更早）手臂开始向上推举。确保杠铃杆的运动轨迹是直线，并确保双脚向上起跳时，身体是笔直的。

在头顶正上方抓杠铃杆，肘关节要完全伸展，通过髋关节、膝关节的屈曲来缓冲（图14.4d）。身体要直立，头在杠铃杆正下方位置，目视前方。抓杠铃杆时，避免躯干后倾。想象躯干、头和杠铃杆在一条直线上。一旦杠铃杆在头顶达到平衡，通过伸展髋关节和膝关节，使身体完全站直。

用一种缓慢、可控的方式使杠铃杆返回肩部的起始位置，然后站直（图14.4e）。当杠铃杆到达肩部时呼气，同时屈曲髋关节和膝关节来减轻冲击。背部要保持挺直，肩胛骨后收并挺胸。当完成该组练习的最后一次重复后，降低杠铃杆到大腿位置，然后下蹲把杠铃杆放到地面。

图14.4 借力推举

准备

1. 正确地把杠铃杆从地面提拉到大腿位置。
2. 从大腿位置正确翻举杠铃到肩部。
3. 杠铃杆在肩部位置时开始练习。
4. 吸气。

下降

1. 以缓慢、可控的速度屈曲髋关节和膝关节。
2. 沿直线降低杠铃杆。
3. 保持身体笔直，头部中立。
4. 不要改变手臂的姿势。
5. 杠铃杆不要下降得太低。

驱动

1. 双脚用力跳起。
2. 头部稍微向后仰。
3. 充分伸展髋关节和膝关节。
4. 手臂向上推举。
5. 目视前方。

图14.4 借力推举（续）

抓杠

1. 在头部正上方抓杠铃杆，肘关节完全伸展。

2. 屈曲膝关节和髋关节来吸收杠铃带来的冲击。

3. 保持身体笔直，目视前方。

4. 保持平衡并站直。

5. 呼气。

回放

1. 杠铃杆下降至肩部高度。

2. 当杠铃杆到达肩部时吸气。

3. 屈曲膝关节和髋关节。

4. 保持肩胛骨后收，背部平直。

5. 停顿。

6. 继续向上和向下运动，直到完成该组练习。

7. 最后一个重复运动后，把杠铃杆拿离肩部。

8. 将杠铃杆降低到大腿位置。

9. 保持杠铃杆紧贴胸部和腹部。

10. 杠铃杆下降时经过膝关节。

11. 下蹲，把杠铃杆放到地面上。

12. 相关动作过程中，保持杠铃杆紧贴大腿、膝关节和小腿。

和膝上高翻练习一样，学习和掌握这个练习可能是一种挑战。可能会在运动过程中同时出现几个错误。常见的错误和纠正方法与膝上高翻和站立肩上推举中的描述一样。

错误

手臂伸展不均衡。

改正

留意动作滞后的手臂，保持两只手臂伸展方向一致。

错误

抓握姿态，杠铃杆在头部后方或稍稍在头部前方。

改正

在头部正上方抓杠铃杆，肘关节完全伸展，躯干直立，头部在中立位置。

爆发力练习1
热身和试验负荷

在第4章到第9章中，确定了可以做12~15次重复运动的试验负荷。第11章已经解释过，由于爆发力练习涉及身体上半身和下半身多个不同大小的肌群，且需要高水平的技能来正确执行，所以人很容易感觉到疲劳。在这种疲劳的状态下，即使是一个训练有素的练习者也无法有力、快速地进行练习，结果可能会导致练习质量非常差。进行太慢、太重或太多次重复的爆发力练习可能会降低练习的效果。因此，对于膝上高翻和借力推举的热身次数、试验次数甚至训练次数，都要限制在3~5次（表11.6）。

显然，确定其热身和试验负荷最精准的方式是通过之前进行过的膝上高翻练习和借力推举练习找到一个练习者可控的并能够进行爆发式、快速地重复的负荷。但是，如果对这些练习比较陌生，回到第6章中确定站立肩上推举的热身负荷和试验负荷。如果没有在第6章中选择站立肩上推举作为肩部练习，可以返回前面去阅读图6.1旁边的技术要点。

完成站立肩上推举的肩部练习2（基础练习的热身负荷和试验负荷）（第81页），并写下试验负荷。做膝上高翻或借力推举练习时，用这个试验负荷只做3~5次重复，而不是做12~15次重复。这样就可以爆发式地、准确地完成练习而不出现疲劳。用图14.5所示的公式来确定热身负荷。

成功检查

- 在站立肩上推举的肩部练习2（第6章）的基础上确定试验负荷。
- 试验负荷乘以0.6是热身负荷。
- 将热身负荷四舍五入到最接近的5磅的增量。

运动	估计试验负荷（来自站立肩上推举）					热身负荷（3到5次重复）
膝上高翻		×	0.6	=		
借力推举		×	0.6	=		

图14.5 爆发力练习的热身负荷和试验负荷的计算

爆发力练习2
确定训练负荷

回到第6章的肩部练习5，用站立肩上推举的试验负荷确定训练负荷。

接着，将站立肩上推举练习的训练负荷增加10磅。这个负荷就是膝上高翻或借力推举的训练负荷。在之前的章节中，这个练习有助于你通过做12~15次重复运动的方式确定训练负荷。记住，爆发力练习的最高重复次数是每组3~5次。因此，使用膝上高翻或借力推举的训练负荷时，练习者仅需要用正确的动作技术做3~5次重复即可。

如果能够用训练负荷做3~5次重复，那么在训练计划表（图10.1）上记下这个数字作为练习者选择的爆发力练习的训练负荷，并跳过爆发力练习3。

如果做不到3~5次重复，那么到爆发力练习3中对负荷做出调整。

成功检查

- 检查是否使用正确的负荷。
- 在每个重复过程中，使用适当和安全的动作技术。

爆发力练习3
根据需要调整负荷

如果重复次数少于3次，说明负荷太重，需要减轻。如果用试验负荷能做5次以上重复运动，说明负荷太轻，需要增加。图14.6显示了应对爆发力练习的训练负荷做出的必要调整。再次记住，爆发力练习的最高重复次数是每组3到5次。

成功检查

- 检查是否正确使用了负荷调整表。
- 参见以下有关增加重量的注意事项。
- 在训练计划表上记下训练负荷。

注意：尽管爆发力练习3解释了在一次爆发力练习中，负荷轻到可以执行超过5次重复时，如何调整该负荷，但请记住爆发力练习不应使用最大负荷。如果增加了重量，导致无法快速且爆发性地执行完所有重复运动，尤其是在每组快结束时，则速度和爆发性就会下降。随着速度和爆发性下降，该练习将无法有效地提升爆发力。更好的做法是让爆发力练习的负荷适当减少，如果感觉负荷较轻，则更加爆发性地执行该组动作！

完成的重复次数	调整
1	−15磅
2	−10磅
3~5	不需要调整
6~8	+5磅[a]
9~10	+10磅[a]
≥11	+15磅[a]

试验负荷		调整		训练负荷
	+		=	

注：[a] 参见前面有关为爆发力练习增加重量的注意事项。

图14.6 对爆发力练习的训练负荷做出调整

制定针对特定运动的抗阻训练计划

特异性概念指的是用一种特定的方式训练，以实现特定的效果或适应。对于抗阻训练计划，这关系到选择某个练习来训练某个肌群，或者设置特定的训练负荷、重复次数、组数和间歇时间来达到目标结果（表11.6）。此外，特异性还指运动速度和力量的施加（施力和方向）。因此，如果想在抗阻训练计划与要掌握的运动之间建立紧密的直接联系，需要选择模仿该运动主要动作的练习，并以与练习者运动时身体移动方式匹配的模式执行这些练习。

例如，足球运动员的踢、跳和敏捷冲刺。这些动作（本例中仅关注下半身）涉及髋关节、膝关节和踝关节在各个方向的屈曲和伸展（双腿和单腿）。因此，针对足球运动的有效特定运动抗阻训练计划需要包含模仿这些动作的练习，如箭步蹲、器械腿蹬举、*后蹲、*保加利亚式深蹲、*器械伸膝、*俯卧腿弯举和*器械站立提踵。一些需要快速且爆发性地执行的练习（例如，膝上高翻）进一步运用了特异性，因为它们对应足球运动员在比赛中的移动方式。所有这些练习不需要在单次训练中完成，但在针对足球运动而制定特定运动抗阻训练计划时，需要包含这些练习类型。

分析运动

与足球运动的示例一样，制定特定运动训练计划的第一步是分析该运动中常见的主要动作。首先，以比赛观众的身份观察运动员在参加该运动时的身体动作，如头、躯干、手臂、双腿和双足的动作。哪些动作频繁地重复发生？他们在执行这些动作时身体如何移动？一定要观察与练习者处于同一位置的运动员，这样分析才具有特异性（比如，足球守门员频繁做出的动作与足球前锋存在着许多差异）。以图14.7作为工作表来分析运动，填入运动名称（必要时填入练习者的位置），为练习者在运动时经常做的上半身和下半身动作各建立一个列表。一定要记下主要动作的名称并描述执行这些动作时的身体移动方式。

运动:_____
运动位置（如果适用）:_____

上半身动作	下半身动作

[源自：T.R. Baechle and R.W. Earle, *Weight Training: Steps to Success*, 5th ed. (Champaign, IL: Human Kinetics, 2020).]

图14.7 分析你的运动

特定运动训练练习1
分析一次运动测试

这次练习将确定一项运动中的主要动作。思考篮球这项运动，问自己两个问题：运动过程中哪些上半身和下半身动作频繁发生，身体在这些动作发生期间如何移动？填写表格并检查答案（第246页）。

成功检查

- 应用特异性概念。

上半身动作	下半身动作

选择特定运动练习

下一个任务是制定针对特定运动的抗阻训练计划时十分有挑战的任务之一。现在需要确定哪些练习最符合该运动中最常执行的动作。请记住，模仿这些动作还不够，这些练习还需要与运动期间身体发挥自身能力的方式相符。例如，如果运动员以平稳、受控的方式从蹲伏姿势过渡到站立姿势，则该动作与腿蹬举或*后蹲的动作相符。但是，如果运动员通过跳起而站立，则该动作类似于膝上高翻。

如在选择特定运动练习时需要帮助，请参阅本章末的表14.1。需要认识到，不是每种特定运动动作都在表14.1中有相关的练习，大部分运动都拥有许多独特的动作。可利用表14.1来确定主要的运动动作，并为它们与本书中描述的练习建立关系。

特定运动训练练习2
练习选择测试

确定运动中的主要动作后，需要选择模仿这些动作的抗阻训练练习。可以借此练习预演一下该过程。我们重点看看特定运动训练练习1中篮球运动的上半身动作。将特定运动训练练习1中第1列的主要动作复制到此练习的表格的第1列中，然后在第2列中列出第4章到第9章中与这些动作相关的练习。尝试不使用表14.1来完成此练习。对照第246页的答案核对你的回答是否正确。

成功检查

- 应用特异性概念。
- 应用肌群位置的知识。
- 运用第4章到第9章中的练习知识。

223

上半身动作	相关的抗阻训练练习

继续制定计划

分析了运动并选择了模仿其主要动作的练习后，就可以执行第13章中介绍的流程了（图14.8）。练习者完成第二个任务后就可以开始确定目标了。再次阅读第196~197页每个目标的描述，考虑执行运动时身体需要如何移动。

- 运动中的这些动作是否具有重复性和连续性，并且需要持续较长时间（如跑动）？如果是，使用肌肉耐力训练计划十分适合。
- 运动是否涉及大量跳跃或快速、有力的动作？如果是，专注于爆发力的抗阻训练计划会有所帮助。
- 运动中是否需要突然使出很大的力，但每次用力之间可以休息（比如，田径赛场中的一种田赛）？训练肌肉力量肯定对这些活动有益。

确定抗阻训练计划的目标后，跳到列表中的第3项来决定训练频率，然后继续学习第13章！

1. 确定训练目标。
2. 选择练习项目。
3. 确定训练频率。
4. 练习安排。
5. 计算训练负荷。
6. 决定重复次数。
7. 决定每个练习要完成的组数。
8. 决定间歇时间的长短。
9. 决定如何更改计划。

图14.8　制定个人计划的过程（第13章）

制定针对特定运动的抗阻训练计划的成功总结

练习者已通过学习更多举重基础知识和执行爆发力练习的技巧，准备好设计针对特定运动的抗阻训练计划。需要仔细分析才能确定最符合运动中的动作的练习，但是如果取得成功，练习者很快会注意到有效运用特异性概念的价值。要更深入地理解该过程，请参阅邦帕和布齐凯利（Bompa and Buzzichelli, 2015）编写的图书。

衡量这一步是否成功

诚实回答下面的每一个问题。如果这些问题的所有回答都是"是"，说明你已成功完成这一章的学习。

1. 你能否正确地将杠铃从大腿推举到肩上，将它架在肩上，然后放回地面？有一个合格的专业保护者观察你的技术动作吗？

2. 你是否选择了一种爆发力练习？

3. 你已经学会所选择练习的正确技术了吗？

4. 你是否已经确定热身负荷和训练负荷了？

5. 你是否学会了如何分析运动中常见的主要动作？

6. 你能否确定在执行运动时身体如何移动？

7. 你是否选择了与运动中的主要动作相关的抗阻训练练习？

8. 你是否为自己制定了针对特定运动的抗阻训练计划？

表14.1 特定运动抗阻训练练习

运动	主要动作	相关的抗阻训练练习	相关的*附加抗阻训练练习
美式橄榄球、曲棍球、英式橄榄球	敏捷类型的短跑、拦网、抢断	• 膝上高翻、借力推举 • FW-箭步蹲、C/M-器械腿蹬举 • FW-自由重量卧推、M-坐姿推胸 • FW-俯身划船、C/M-器械坐姿划船、M-器械低位滑轮划船 • FW-站立肩上推举、C-器械坐姿推举、M-器械肩上推举 • FW-坐姿肱三头肌头上伸展 • 侧桥、扭转卷腹、俯卧背起	• FW-后蹲、FW-保加利亚式深蹲 • C/M-器械伸膝、M-器械站立提踵 • FW-上斜哑铃卧推 • M-器械面拉 • FW-T形杠铃肩上推举 • FW-哑铃交替肱二头肌弯举、FW-哑铃锤式弯举
射箭	拉弓	• FW-俯身划船、C/M-器械坐姿划船、M-器械低位滑轮划船 • C/M-器械坐姿弯举	• M-器械面拉 • M-器械低位滑轮肱二头肌弯举、FW-哑铃交替肱二头肌弯举、FW-哑铃锤式弯举
羽毛球、美式墙网球、壁球、乒乓球、网球	球拍发球、球拍击球	• 膝上高翻 • FW-箭步蹲 • C/M-坐姿夹胸 • FW-坐姿肱三头肌头上伸展 • 健身球扩展仰卧卷腹、侧桥、扭转卷腹、俯卧背起	• FW-保加利亚式深蹲 • M-器械站立提踵 • FW-哑铃仰卧飞鸟 • M-背阔肌下拉、M-器械面拉 • FW-站姿划船、FW-T形杠铃肩上推举 • FW-哑铃交替肱二头肌弯举、FW-哑铃锤式弯举 • C/M-器械坐姿卷腹、C/M-器械背起
棒球、垒球	投掷、击球、冲刺	• 膝上高翻、借力推举 • FW-箭步蹲 • C/M-坐姿夹胸 • FW-坐姿肱三头肌头上伸展、C/M-器械肱三头肌伸展、M-肱三头肌下压 • 健身球扩展仰卧卷腹、侧桥、扭转卷腹	• FW-保加利亚式深蹲 • C/M-器械伸膝、C/M-俯卧腿弯举、M-器械站立提踵 • FW-哑铃仰卧飞鸟、FW-上斜哑铃卧推 • M-背阔肌下拉、M-器械面拉 • FW-站姿划船、FW-T形杠铃肩上推举 • FW-哑铃交替肱二头肌弯举、FW-哑铃锤式弯举 • C/M-器械坐姿卷腹

（续表）

运动	主要动作	相关的抗阻训练练习	相关的＊附加抗阻训练练习
篮球	跳跃、冲刺、箭步、运球、传球、投篮	• 膝上高翻、借力推举 • FW-箭步蹲、C/M-器械腿蹬举 • FW-自由重量卧推、M-坐姿推胸 • FW-站立肩上推举、C-器械坐姿推举、M-器械肩上推举 • FW-坐姿肱三头肌头上伸展 • C/M-器械肱三头肌伸展、M-肱三头肌下压	• FW-后蹲、FW-保加利亚式深蹲 • C/M-器械伸膝、C/M-俯卧腿弯举、M-器械站立提踵 • FW-上斜哑铃卧推 • FW-T形杠铃肩上推举 • FW-哑铃交替肱二头肌弯举、FW-哑铃锤式弯举
保龄球	后摆、扬球	• FW-箭步蹲 • C/M-坐姿夹胸 • FW-俯身划船、C/M-器械坐姿划船、M-器械低位滑轮划船 • FW-站立肩上推举、C-器械坐姿推举、M-器械肩上推举	• FW-保加利亚式深蹲 • C/M-器械伸膝、C/M-俯卧腿弯举 • FW-哑铃仰卧飞鸟、FW-上斜哑铃卧推 • M-器械面拉 • FW-站姿划船、FW-T形杠铃肩上推举 • FW-哑铃交替肱二头肌弯举、FW-哑铃锤式弯举
拳击	出拳、防守	• FW-箭步蹲 • FW-自由重量卧推、M-坐姿推胸 • C/M-器械肱三头肌伸展 • 健身球扩展仰卧卷腹、侧桥、扭转卷腹、俯卧背起	• FW-保加利亚式深蹲 • M-器械站立提踵 • FW-上斜哑铃卧推 • M-器械面拉 • FW-站姿划船、FW-T形杠铃肩上推举 • FW-仰卧肱三头肌伸展、FW-仰卧对握哑铃肱三头肌伸展 • C/M-器械坐姿卷腹、C/M-器械背起
划船	划（上半身）、推（下半身）	• 膝上高翻、借力推举 • C/M-器械腿蹬举 • FW-俯身划船、C/M-器械坐姿划船、M-器械低位滑轮划船 • C/M-器械坐姿弯举 • 健身球扩展仰卧卷腹、俯卧背起	• FW-后蹲 • C/M-器械伸膝 • M-器械面拉 • M-器械低位滑轮肱二头肌弯举、FW-哑铃交替肱二头肌弯举、FW-哑铃锤式弯举 • C/M-器械坐姿卷腹、C/M-器械背起

（续表）

运动	主要动作	相关的抗阻训练练习	相关的*附加抗阻训练练习
越野赛跑、越野滑雪	向前跑	• FW-箭步蹲 • FW-自由重量卧推、M-坐姿推胸 • FW-俯身划船、C/M-器械坐姿划船、M-器械低位滑轮划船 • C/M-器械肱三头肌伸展、M-肱三头肌下压	• FW-保加利亚式深蹲 • C/M-器械伸膝、C/M-俯卧腿弯举、M-器械站立提踵 • FW-上斜哑铃卧推 • M-器械面拉 • FW-站姿划船、FW-T形杠铃肩上推举 • FW-哑铃交替肱二头肌弯举、FW-哑铃锤式弯举
骑自行车	踩踏板	• 膝上高翻、借力推举 • FW-箭步蹲、C/M-器械腿蹬举	• FW-后蹲、FW-保加利亚式深蹲 • C/M-器械伸膝、C/M-俯卧腿弯举、M-器械坐姿提踵
高尔夫球	后摆、挥杆（上半身）	• C/M-坐姿夹胸 • FW-俯身划船、C/M-器械坐姿划船、M-器械低位滑轮划船 • FW-站立肩上推举、C-器械坐姿推举、M-器械肩上推举 • 健身球扩展仰卧卷腹、侧桥、扭转卷腹、俯卧背起	• FW-哑铃仰卧飞鸟、FW-上斜哑铃卧推 • M-器械面拉 • FW-站姿划船、FW-T形杠铃肩上推举 • FW-哑铃交替肱二头肌弯举、FW-哑铃锤式弯举 • C/M-器械坐姿卷腹、C/M-器械背起
体操	空翻、吊环、鞍马、杠铃操	• 膝上高翻、借力推举 • FW-箭步蹲、C/M-器械腿蹬举 • FW-自由重量卧推、C/M-坐姿夹胸、M-推胸 • FW-俯身划船、C/M-器械坐姿划船、M-器械低位滑轮划船 • FW-站立肩上推举、C-器械坐姿推举、M-器械肩上推举 • C/M-器械肱三头肌伸展、M-肱三头肌下压 • 健身球扩展仰卧卷腹、俯卧背起	• FW-后蹲、FW-保加利亚式深蹲 • M-器械站立提踵、M-器械坐姿提踵 • FW-哑铃仰卧飞鸟、FW-上斜哑铃卧推 • M-背阔肌下拉、M-器械面拉 • FW-站姿划船、FW-T形杠铃肩上推举 • FW-哑铃交替肱二头肌弯举、FW-哑铃锤式弯举 • FW-仰卧肱三头肌伸展、FW-仰卧对握哑铃肱三头肌伸展 • C/M-器械坐姿卷腹、C/M-器械背起

（续表）

运动	主要动作	相关的抗阻训练练习	相关的＊附加抗阻训练练习
曲棍球、英式足球	踢、跳、敏捷型短跑	• 膝上高翻 • FW–箭步蹲、C/M–器械腿举 • C/M–器械肱三头肌伸展、M–肱三头肌下压	• FW–后蹲、FW–保加利亚式深蹲 • C/M–器械伸膝、C/M–俯卧腿弯举、M–器械站立提踵 • M–背阔肌下拉、M–器械面拉 • FW–站姿划船、FW–T形杠铃肩上推举 • FW–哑铃交替肱二头肌弯举、FW–哑铃锤式弯举
武术	出拳、踢腿、阻挡	• 借力推举 • FW–箭步蹲、C/M–器械腿举 • FW–自由重量卧推、M–坐姿推胸 • C/M–器械肱三头肌伸展 • 健身球扩展仰卧卷腹、侧桥、扭转卷腹、俯卧背起	• FW–后蹲、FW–保加利亚式深蹲 • C/M–器械伸膝、M–器械站立提踵 • FW–上斜哑铃卧推 • M–器械面拉 • FW–站姿划船、FW–T形杠铃肩上推举 • FW–仰卧肱三头肌伸展、FW–仰卧对握哑铃肱三头肌伸展 • C/M–器械坐姿卷腹、C/M–器械背起
滑板、单板滑雪、冲浪、滑水	平衡（半蹲姿势）	• FW–箭步蹲、C/M–器械腿举	• FW–后蹲、FW–保加利亚式深蹲 • C/M–器械伸膝、C/M–俯卧腿弯举、M–器械站立提踵 • M–器械坐姿提踵
滑冰（任何类型）	猛冲、蹬冰	• 膝上高翻、借力推举 • FW–箭步蹲、C/M–器械腿举	• FW–后蹲、FW–保加利亚式深蹲 • C/M–器械伸膝、C/M–俯卧腿弯举、M–器械站立提踵
游泳	标准泳姿	• 膝上高翻、借力推举 • FW–箭步蹲 • C/M–坐姿夹胸 • FW–坐姿肱三头肌头上伸展 • C/M–器械肱三头肌伸展 • 健身球扩展仰卧卷腹、俯卧背起	• FW–保加利亚式深蹲 • C/M–器械伸膝、C/M–俯卧腿弯举、M–器械站立提踵、M–器械坐姿提踵 • FW–哑铃仰卧飞鸟 • M–背阔肌下拉、M–器械面拉 • FW–站姿划船 • FW–哑铃交替肱二头肌弯举、FW–哑铃锤式弯举 • FW–仰卧肱三头肌伸展、FW–仰卧对握哑铃肱三头肌伸展 • C/M–器械坐姿卷腹、C/M–器械背起

（续表）

运动	主要动作	相关的抗阻训练练习	相关的*附加抗阻训练练习
田径比赛	跳跃、投掷、短跑	• 膝上高翻、借力推举 • FW-箭步蹲、C/M-器械腿蹬举 • C/M-坐姿夹胸 • FW-坐姿肱三头肌头上伸展、C/M-器械肱三头肌伸展、M-肱三头肌下压	• FW-后蹲、FW-保加利亚式深蹲 • C/M-器械伸膝、C/M-俯卧腿弯举、M-器械站立提踵 • FW-哑铃仰卧飞鸟、FW-上斜哑铃卧推 • M-背阔肌下拉、M-器械面拉 • FW-站姿划船、FW-T形杠铃肩上推举 • FW-哑铃交替肱二头肌弯举、FW-哑铃锤式弯举
排球	跳传、拦网、发球、猛冲	• 膝上高翻、借力推举 • FW-箭步蹲、C/M-器械腿蹬举 • FW-自由重量卧推、M-坐姿推胸 • FW-站立肩上推举、C-器械坐姿推举、M-器械肩上推举 • FW-坐姿肱三头肌头上伸展、C/M-器械肱三头肌伸展、M-肱三头肌下压	• FW-后蹲、FW-保加利亚式深蹲 • C/M-器械伸膝、C/M-俯卧腿弯举、M-器械站立提踵 • FW-上斜哑铃卧推 • M-背阔肌下拉、M-器械面拉 • FW-T形杠铃肩上推举 • FW-哑铃交替肱二头肌弯举、FW-哑铃锤式弯举
竞走	竞走	• FW-箭步蹲 • C/M-器械肱三头肌伸展、M-肱三头肌下压	• FW-保加利亚式深蹲 • C/M-器械伸膝、C/M-俯卧腿弯举、M-器械站立提踵 • FW-站姿划船 • FW-哑铃交替肱二头肌弯举、FW-哑铃锤式弯举
摔跤	擒摔、扭打	• 膝上高翻、借力推举 • FW-箭步蹲、C/M-器械腿蹬举 • C/M-坐姿夹胸 • FW-俯身划船、C/M-器械坐姿划船、M-器械低位滑轮划船 • C/M-器械肱三头肌伸展、M-肱三头肌下压 • 健身球扩展仰卧卷腹、侧桥、扭转卷腹、俯卧背起	• FW-后蹲、FW-保加利亚式深蹲 • FW-哑铃仰卧飞鸟 • M-器械面拉 • FW-站姿划船、FW-T形杠铃肩上推举 • FW-哑铃交替肱二头肌弯举、FW-哑铃锤式弯举 • C/M-器械坐姿卷腹、C/M-器械背起

注：有许多练习可以视为特定运动练习，此表仅包含本书中的练习并尝试让列表简短（可以添加其他练习）。FW=自由重量器械，C=凸轮器械，M=复合功能或单一功能器械。

[经许可，源自：T.R. Baechle and R.W. Earle, *Fitness Weight Training*, 3rd ed. (Champaign, IL: Human Kinetics, 2014), 254-256.]

第 15 章

制定高强度间歇训练计划

准备好接受挑战了吗？坚持抗阻训练至少6周后，可通过修改当前计划，融入高强度间歇训练，从而迅速提升训练状态。

高强度间歇训练的定义

在一次锻炼中交替进行"开"（较困难）的锻炼部分，或间隔"关"（较容易）的休息或恢复部分，并不是一种新的锻炼方法。有证据表明，1912年奥林匹克运动会的运动员遵循了一种类似间歇训练的程序。人们现在发明的短语"高强度间歇训练"（High-Intensity Interval Training，HIIT）描述了各种不同类型的锻炼，但著名体育学家Laursen和Buchheit（2019年）给其的定义是"由反复的高强度运动和其间穿插的低强度练习或完全休息周期组成的练习"。

HIIT的重要方面在于，如果不停下休息或者至少降低强度水平来恢复体力，一次锻炼的"开"部分（常常被称为"工作间隔"）的强度水平无法维持太长时间。恢复（或半恢复，取决于练习者的身体状况或锻炼目的）之后，继续重复高强度的工作间隔，不断循环。最终，与尝试按更高的强度进行整套锻炼相比，练习者可以进行更多整体练习（锻炼时间更长）。如果不添加休息间隔，将无法锻炼足够长的时间。

注意： 任何HIIT的核心都是非常高强度的工作间隔，理想情况下，可以达到或接近最大间隔时长。因此，推荐坚持抗阻训练至少6周后，再开始执行HIIT。其他保守指导原则建议，青少年（不满13岁）和老年人（年满60岁）以及任何存在健康问题的人应遵循标准类型的练习计划。

231

对HIIT的反应和适应

回想一下在"抗阻训练基础"部分中学到的有关身体如何在生理学上适应抗阻训练的两个方面。

- 通常抗阻训练消耗的能量没有有氧运动多。
- 可以肯定地说，负荷较大、重复次数较少、组间休息时间较长的抗阻训练计划对心肺耐力的影响最小。然而，当训练计划中的训练负荷为轻度到中度（1RM的40%到60%），重复次数较多（15次及以上），并且组间休息时间较短（30秒到60秒）时，提升一点摄氧量和力量（5%）是有可能的。

传统抗阻训练计划的这些限制不适合融入HIIT的计划！此说法有一些例外（比如，HIIT通常比有氧运动的时间更短，心肺耐力的改善程度取决于锻炼中执行的动作），但一般而言，与传统抗阻训练计划相比，HIIT消耗的热量更多，因其持续性可以对摄氧量的提升产生更积极的作用。

此外，随着身体适应高强度锻炼，练习者将逐渐能够执行更多、更长时间和更高强度的工作间隔。这是由于肌肉中乳酸积累得更慢，从而延迟了肌肉疲劳。另外，练习者的肌肉能在休息间隔中更快且更全面地恢复。

与任何形式的坚持练习一样，能够带来有益影响的改变是周期性的。通过逐渐增加负荷（第11章），练习者的身体将会适应，从而能进行更长时间、更高强度和更频繁的HIIT。

HIIT的训练变量

最初，HIIT涉及跑步或骑行，因为将HIIT纳入训练的运动员是跑步者或骑行者。随着时间的推移，HIIT的形式已经改变，包含混合了跑步、骑行或其他有氧练习模式的抗阻训练（常常仅使用自重）或单独执行的抗阻训练（仅有抗阻训练练习）。这种练习模式组合或特定练习常常按"练习站"进行组织，练习者依次前往各个练习站。

为了应用特异性概念，针对HIIT的特点而重新描述并排列第13章中涵盖的训练变量会有所帮助。

1. 确定HIIT的练习频率。

2. 为HIIT选择练习模式，以及如果适用，选择特定的抗阻训练。

3. 在一次HIIT中按顺序排列练习模式或特定练习。

4. 确定工作间隔和休息（或恢复）间隔的长度（时长）。

5. 确定工作间隔和休息间隔的强度。

6. 确定一次HIIT中执行多少轮间隔。

7. 逐步增加HIIT的难度。

HIIT的示例和说明

尽管HIIT仅有7个主要的训练变量，但有各种各样的HIIT方法。如果在开展了小组练习课的健身中心练习，可能看到过"震动有氧运动""HIIT冲击波""间隔循环"等标志或时间表。从核心上讲，所有课程的结构都是相同的：交替执行高强度部分与低强度（或完全休息）部分。

Tabata训练是一种具有标准结构的HIIT。它是以日本体育学家Izumi Tabata博士的名字命名的。根据严格定义，Tabata训练涉及以下元素（Tabata, 2019）。

- 20秒非常高强度的练习（强度范围为1~10，目标强度为9或10）。
- 10秒休息（不活动）。
- 总计重复8次。

该锻炼仅用时4分钟，在这之后可以休息较长时间，而且如果练习者的身体状况可以适应，可以增加更多持续时间为4分钟的锻炼。

Tabata训练的两种常见修改版本如下。

- 一组8个练习，进行一次（每个练习20秒，其间休息10秒）。
- 一组2个配对练习，重复4次（练习1执行20秒，休息10秒；练习2执行20秒，休息10秒；重复该组4次）。

可以选择在20秒的工作间隔内执行任何类型的练习模式或特定练习。例如常常执行体操或抗阻训练的大肌群多关节运动（第11章）或自身体重版本，如俯卧撑、分腿跳、下蹲或引体向上。除了第4到第9中更加标准的自由重量练习和器械练习，也可以使用不同类型的器械，如弹力带、健身球、壶铃、健身实心球或沙袋。甚至执行HIIT的位置也可以选择。练习站可以设在公园内，可以利用草地、沙滩、长凳、台阶和矮墙。

以下是使用第4到第9章中的一些练习和其他自重练习的示例。

- 一组8个练习（依次执行每个练习）。
  - 俯卧撑（或许可以在上斜表面上执行，以便更容易完成）。
  - 下蹲（利用体重，也可以手握壶铃或健身实心球）。
  - 引体向上（使用较低的杠，让双脚可以站在地上，以便易于完成）。
  - 箭步蹲（利用体重或在双肩上使用沙袋）。
  - 肩上推举（使用哑铃或壶铃）。

- ○ 分腿跳（在草地或沙坑中）。
- ○ 坐姿划船（使用器械或弹力带）。
- ○ 上台阶（踏上箱子、长凳或矮墙后还原，一次换一条腿）。
- 一组两个配对练习（选择一对练习并重复4次）。
- ○ 俯卧撑＋下蹲（自重）。
- ○ 引体向上＋箭步蹲（自重）。
- ○ 肩上推举＋分腿跳。
- ○ 坐姿划船＋上台阶。

制定HIIT计划

　　练习者须已坚持抗阻训练至少6周，而且已设计了自己的基本计划（第13章）或特定运动计划（第14章）——这是最难的部分！由于HIIT的苛刻性质，要遵循的第一条指导原则是，不是每项锻炼都应是HIIT。因此，执行HIIT的方法是修改当前的基本或特定运动计划来添加HIIT，而不是制定一个完全由HIIT组成的HIIT计划。对大部分人来讲，适合每周执行一两次HIIT（一周内间隔均匀）。以下各部分将介绍如何调整当前计划来包含HIIT。

确定训练频率

　　如果当前正在执行一周3天的计划，可将3天中的一两天替换为HIIT。如果正在执行分隔训练计划，一周中两天训练上半身，两天训练下半身（表11.10），将难以确定在哪天执行HIIT不会影响其他训练日，尤其是当HIIT中同时包含上半身和下半身（或全身）练习时。结果将是身体的某一半连续两天都承受训练压力（表15.1）。

表15.1　包含一次HIIT的一周4天分隔训练计划

星期日	星期一	星期二	星期三	星期四	星期五	星期六
HIIT[a]	上半身抗阻训练	下半身抗阻训练	休息	上半身抗阻训练	下半身抗阻训练	休息

注：[a] 如果在此项训练中加入上半身和下半身（或全身）练习，上半身将连续两天（星期日和星期一）承受压力。

　　一种替代方法是将第一个上半身训练日和第一个下半身训练日改为HIIT日及此后的休息日（表15.2）。尽管此版本安排了连续4个抗阻训练日，但它们交替训练身体的各个部位。

表15.2　调整后的包含一次HIIT的一周4天分隔训练计划

星期日	星期一	星期二	星期三	星期四	星期五	星期六
HIIT	休息	上半身抗阻训练	下半身抗阻训练	上半身抗阻训练	下半身抗阻训练	休息

选择模式和练习

前面已提到，可以纳入HIIT的练习模式和特定练习有许多选择。简化的策略如下。

- 选择一种由跑步（如在跑步机或跑道上）、骑行（如在固定自行车上）或其他有氧运动（如在椭圆机或划船机上）组成的模式。
- 从当前计划中选择一种练习（如坐姿推胸）。
- 使用当前计划中一种练习的变形（如用自重下蹲代替器械腿蹬举）。
- 选择一种体操类型的练习（如分腿跳）。

Tabata训练方法的第2种版本，可以为一次HIIT选择最少两个练习。但是，一般来讲，最好选择4~8个练习，特别是在不熟悉HIIT的情况下。在开始时，常常更容易从已执行的练习中进行选择（因为练习者熟悉它们）或选择下半身或全身多关节运动的一种仅使用体重的版本（因为附加负荷可能太重）。如果需要获得练习思路，可以再次阅读第13章中选择练习的方针及原则。

选择练习时请记住，如果任何练习必须在固定位置执行（比如，单站器械），则选择的其他练习需要在附近的开阔区域执行，该区域需要有足够的空间供练习者完成计划执行的练习。如果这个开放区域离该固定位置太远，练习者可能在休息间隔没有足够的时间前往和离开该区域。

安排练习

像传统的抗阻训练一样，练习顺序会影响锻炼的强度。第13章中介绍的选项也可用于HIIT，但有一个例外。如果将在一个反复的循环中执行HIIT，"在单关节运动前先进行多关节运动"的指令将不适用，因为你在重复该循环时，会在多关节运动前执行单关节运动。最常见的方法是交替执行上半身和下半身练习。

根据可用的设备和空间，可能需要调节顺序，以便在练习之间有足够的时间前往下一站，从而在休息间隔结束时开始下一个训练间隔。这类似于在选择模式和练习时需要解决的逻辑问题。

235

确定间隔时长

在目前讨论的变量中，没有一个变量与训练状态的联系像训练和休息（或恢复）间隔时长那么紧密。类似地，开始执行HIIT时，应从相对较短的工作间隔和相同的休息/恢复间隔开始，即使已坚持抗阻训练一段时间。Tabata训练的间隔为20秒（训练）和10秒（休息），但前3次或前4次训练的保守指导原则为每次间隔10秒。随着身体状况改善，可以增加训练间隔的时间，保持休息间隔大体相同（参阅"逐步增加HIIT的难度"了解更多细节）。

确定间隔强度

你可能已经注意到，按制定HIIT计划的顺序，练习者需要首先确定工作间隔和休息（恢复）间隔的时长，然后再确定间隔的强度。原因在于，根据定义，任何HIIT的工作间隔的强度都是相同的——达到或接近该间隔长度的最大强度。因此强度的确定更加主观或相对，不需要计算1RM的某个百分比。理想情况下，练习者使用器械上的负荷或设置可以让其执行尽可能多的重复次数（As Many Repetitions As Possible，AMRAP），或者无论练习者在上一步中确定的工作间隔时间有多长，都可以达到或接近最大强度以完成锻炼。对于抗阻训练，负荷通常只是练习者的体重。随着体能提高，可能需要添加额外的阻力来继续运用超负荷原则（参见"逐步增加HIIT的难度"了解更多细节）。

对于休息或恢复间隔，由于需要从工作间隔中恢复，因此通常不会执行练习（零强度）。在恢复间隔中，受过良好训练的人可以执行非常低强度的练习（如散步），但这是一个例外。

注意：由于HIIT具有如此高的强度，在开始前一定要充分热身（对于将在训练中执行的特定练习，需要执行一般性热身和针对性热身）。另外，由于局部肌肉过于疲劳，一定要注意保持正确的练习技巧（不良的技巧可能导致受伤或事故）。在完成HIIT后一定要进行整理放松。完成一组后不要坐下或躺下，而应走一走或执行一些轻微的活动，直到感觉身体已恢复。

确定回合数

在一次HIIT中连续执行的一组模式或练习称为一个"回合"。例如，如果HIIT包含4个练习，而且每个练习的一组为10秒，每次完成一组，每组完成后休息10秒，然后第2次完成这4个练习，那么练习者就完成了两个回合。有时使用"循环"来表示同一个概念。

像间隔的时长一样，执行的回合数也取决于训练状态。开始执行HIIT时，应首先执行一个回合，即使已坚持抗阻训练一段时间。随着体能提高，可以执行更多回合（参见"逐步增加HIIT的难度"了解更多细节）。

逐步增加HIIT的难度

可通过许多方式来逐步提高HIIT的难度。这是一个必要的步骤，因为身体会适应HIIT的压力，所以要继续应用超负荷原则，需要执行以下一项或多项工作。

选择更有挑战的模式或练习

可以对一个或多个练习站执行此更改。例如，执行体重蹲跳（从蹲下姿势跳到空中）来代替自重下蹲。

增加工作间隔的时间

一种保守的方法是一次增加的时间不超过10%。但是，如果最初的工作间隔为10秒，可以增加5秒，直到达到20秒。随后，在适当时将工作间隔的时间逐步增加10%。

增加外部阻力或提高难度

根据为HIIT选择的练习，练习者可能已使用了额外的阻力（比如，如果使用器械进行抗阻训练），或者在有氧运动器械上使用了一定的强度设置。逐步增加阻力或提高难度，意味着添加更大的重量或在器械上使用更高强度的设置。

执行更多回合

这是一种具有挑战的递增，除非模式不同或练习的次数很少。一种常用的方法是逐步增加工作间隔的时长（回合数保持不变）到某个时间，然后添加一个回合，但将工作间隔的时长缩短到最初的值，以此类推（参见表15.3中的示例）。

表15.3　逐步增加HIIT的工作间隔时长和回合数的示例

HIIT	工作间隔（秒）	回合数
1	10	1
2	15	1
3	20	1
4	22	1
5	24	1
6	10	2
7	15	2
8	20	2
9	22	2
10	24	2
11	10	3

（续表）

HIIT	工作间隔（秒）	回合数
12	15	3
13	20	3
14	22	3
15	24	3

HIIT 练习
设计3种HIIT

在单独一张纸上创建3种HIIT，其中包含难度递增的各次训练。根据"成功检查"中的7点，确保考虑了每种HIIT的所有重要的训练变量。根据可用器械和空间，包括模式和练习，来设计这些训练项目，以便将它们纳入当前计划且适合当前训练状态，然后结合实际逐步增加难度。

成功检查

- 确定频率。
- 选择练习模式和特定的抗阻训练。
- 在一次锻炼中按顺序排列练习模式和/或特定练习。
- 确定工作和休息（或恢复）间隔的时长。
- 确定工作间隔和休息间隔的强度。
- 确定要执行的回合数。
- 逐步增加难度。

高强度间歇训练的成功总结

通过演练修改当前的基本或特定运动计划的过程，创建可以纳入计划的HIIT。该过程要求练习者以独特的方式考虑和处理一个传统抗阻训练计划的训练变量，如果练习者取得了成功，将能根据当前训练状态来创建合适且有效的练习。

衡量这一步是否成功

诚实回答下面的每一个问题。如果这些问题的所有回答都是"是"，说明你已成功完成这一章的学习。

1. 你是否理解HIIT的定义？

2. 你是否已了解身体如何反应和适应HIIT？

3. 你是否已学会如何在当前训练计划中安排一个HIIT？

4. 你是否理解为HIIT训练选择模式和练习策略的方法？

5. 你能否按理想的顺序排列一次HIIT的模式和练习？

6. 你能否确定一次HIIT的工作及休息（恢复）间隔的合适时长？

7. 你能否理解一次HIIT的工作及休息（或恢复）间隔需要的强度？

8. 你能否确定一次HIIT的合适回合数？

9. 你能否理解逐步增加HIIT的训练难度的策略？

10. 你是否设计了3个HIIT锻炼？

答案

第3章——答案

练习步骤实践

练习步骤测验

1. b
2. b
3. c
4. b

5. b
6. b
7. b
8. a

第11章——答案

选择练习和安排训练1

特异性概念问答

C/I		练习	主要训练肌群
C	1.	*后蹲	腿部（大腿和臀部）
C	2.	*仰卧肱三头肌伸展	上臂后侧
I	3.	站立肩上推举	背部
C	4.	*器械站立提踵	小腿
C	5.	箭步蹲	腿部（大腿和臀部）
I	6.	侧桥	肩部
C	7.	俯身划船	上背部
C	8.	*器械坐姿卷腹	核心
C	9.	器械坐姿推举	肩部
I	10.	*站姿划船	背部
C	11.	器械坐姿弯举	上臂前侧
C	12.	*俯卧腿弯举	腿部（大腿后侧）
I	13.	*背阔肌下拉	胸部
C	14.	*器械伸膝	腿部（大腿前侧）
I	15.	坐姿夹胸	肩部

选择练习和安排训练 2

平衡（配对）练习问答

1. I；*器械伸膝与*俯卧腿弯举

2. C

3. I；*哑铃仰卧飞鸟与俯身划船（或器械坐姿划船或器械低位滑轮划船）

选择练习和安排训练 3

安排训练问答

	练习	多关节运动	单关节运动	推	拉
1.	*后蹲	X		X	
2.	*仰卧肱三头肌伸展		X	X	
3.	站立肩上推举	X		X	
4.	*器械站立提踵		X	X	
5.	箭步蹲	X		X	
6.	侧桥		X		X
7.	俯身划船	X[a]			X
8.	*器械坐姿卷腹		X		X
9.	器械坐姿推举		X		X
10.	*站姿划船	X[a]			X
11.	器械坐姿弯举		X		X
12.	*俯卧腿弯举		X		X
13.	*背阔肌下拉	X[a]			X
14.	*器械伸膝		X	X	
15.	坐姿夹胸		X		X

注：[a] 尽管这些多关节运动在练习时会改变两个或多个关节的角度，但不推荐使用它们来执行 1RM 测试。"选择练习和安排训练 3"后的"控制训练变量"一节中已经说明。第 11 章中的"安排训练问答"说明了仅某些多关节运动适合使用 1RM 法来确定训练负荷。

1RM 负荷

自我评估测试

1. 一次重复最大重量

2. 箭步蹲

3. 20

增加负荷

自我评估测试

1. 两个连续训练的最后一组中完成超过原定目标至少2次的重复次数
2. 更重

重复次数

自我评估测试

1. 更少
2. 负荷

组数

自我评估测试

1. 2
2. 动员

间歇时间长度

自我评估测试

1. 更大
2. 会影响

肌肉耐力训练计划

自我评估测试

1a. 轻

1b. 60%~67%

1c. 12~20

1d. 2~3

2. 20~30秒

增肌计划

自我评估测试

1a. 中

1b. 67%~85%

1c. 6~12

1d. 3~6

1e. 30~90秒

2. 超级组

爆发力训练计划

自我评估测试

1a. 重

1b. 75%~85%

1c. 3~5

1d. 3~5

1e. 2~5分钟

2. 肌肉力量；爆发力练习；一半

肌肉力量计划

自我评估测试

1a. 重

1b. 85%~100%

1c. 1~6

1d. 3~5

1e. 2~5分钟

2. 170磅

3. 渐进性超负荷原则

4. 金字塔；多组-相同负荷

5. 单关节运动

运用训练变量练习2

确定负荷范围

目标	1RM		1RM的百分比		训练负荷范围
增肌	85磅	×	67%~85%	=	55磅到70磅
增加肌肉力量	85磅	×	85%~100%	=	70磅到85磅
增加肌肉耐力	85磅	×	60%~67%	=	50磅到55磅

注：四舍五入负荷到最接近的5磅或器械上最接近的配重片重量。

训练频率

自我评估测试

1. 以有规律的方式

2. 更少

3. 更少

4. 分隔训练

第12章——答案

计划变化

自我评估测试

1. 从超负荷中恢复

2. 尽可能多的重复次数

3. 负荷和组数

训练效果最大化练习1

快捷的方法

尽可能多地进行重复的负荷是150磅。依据表11.4且完成8次重复，预测的1RM计算为192磅，四舍五入为190磅。在表12.7中，190磅在第35行。第35行与75%列重合处是143磅。四舍五入之后，这个数字等于140磅，即训练负荷为140磅。

训练效果最大化练习2

在计划中确定训练负荷

使用的负荷是105磅，完成了5次重复。根据表11.4，预测的1RM计算为123.4磅，四舍五入为120磅，以此作为预测的1RM。我们在表12.7中的第21行找到120磅。对于80%的训练负荷，在表12.7中查找第21行和80%所在列交会处的值（96磅，四舍五入后为95磅）。对于67%的训练负荷，在表12.7中找到67%所在列与第21行交会处的值（80磅）。对于75%的训练负荷，在表12.7中找到75%所在列与第21行交会处的值（90磅）。

	星期一（H）	星期三（L）	星期五（M）
第1周	1RM的80%=95磅	1RM的67%=80磅	1RM的75%=90磅

第14章——答案

特定运动训练练习1

分析一次运动测试

上半身动作	下半身动作
运球：一只手臂向下推球	跳跃：单脚或双脚快速上跳并离开初始位置
传球：单臂或双臂将球推离身体	冲刺：快速跑动（主要向前，但有许多可能的方向）
投篮：单臂将球往上推离身体	箭步：一只脚离开起始位置的移步

特定运动训练练习2

练习选择测试

上半身动作	相关的抗阻训练练习
运球：一只手臂向下推球	C/M-器械肱三头肌伸展、M-肱三头肌下压
传球：单臂或双臂将球推离身体	FW-自由重量卧推、M-坐姿推胸、FW-*上斜哑铃卧推
投篮：单臂将球往上推离身体	FW-站立肩上推举、C-器械坐姿推举、M-器械肩上推举、FW-*T形杠铃肩上推举、FW-坐姿肱三头肌头上伸展

注：有许多练习可以视为特定运动练习；此表仅包含本书中的练习并尝试让列表简短（可以添加其他练习）。FW=自由重量器械，C=凸轮器械，M=复合功能器械或单一功能器械。

246

专业词汇表

1RM法：确定练习者一次能够举起的最大重量的过程。

绝对力量：基于能够举起的实际负荷表述。

有氧：有氧气参与的情况下。

有氧能力：基于最大摄氧量的体能测试。

有氧供能系统：需要氧气才能产生三磷酸腺苷（Adenosine Triphosphate，ATP）的代谢途径。

有氧运动：肌纤维通过获得足够的氧气来保持稳定状态的运动。例如，步行、骑自行车、跑步、游泳和越野滑雪。

全或无定律：受大脑刺激的肌纤维将最大限度地收缩或根本不收缩；强度不足的刺激不会引起收缩。

正反握：一种握法，一只手正握，另一只手反握，双手的拇指指向同一个方向，也被称为混合握。

氨基酸：含氮的化合物，蛋白质的组成部分。

合成代谢的影响：有利于新陈代谢过程的组织构建。

合成代谢类固醇：刺激身体合成代谢的睾酮或类似物质。

无氧：在氧气不参与的情况下。

无氧运动：在不需要氧气参与的情况下提供所需能量的运动。例如，举重和100米短跑。

雄性激素作用：一种雄性激素的特性。

准备姿势：运动前稳定的身体姿势。

萎缩：由于缺乏运动、疾病或饥饿导致肌纤维横截面积变小。

杠铃：双臂练习中使用的一种自由重量器械，长杆两端放置配重片。

基础代谢率（Basal Metabolic Rate，BMR）：身体在休息状态下的能量消耗。

卧推架：用来放置和支撑杠铃的直立架子。

健美运动：一项使用力量训练来增肌的运动。

身体成分：身体成分的量化，特别是脂肪和肌肉。它可以用多种方法进行测量，比如，皮褶卡钳、腰围测量、电阻抗或水下（静水压力）称重。

千卡：从食物释放中或从代谢中消耗的能量的测量单位。

弧形杠铃杆：一个与标准杠铃杆和奥林匹克杠铃杆相似但弯曲的杠铃杆。在运动中，它的弧形能够给特定的肌群施加独立的训练压力，也叫作EZ杆。

碳水化合物：由碳、氢和氧组成的一组化学物质，如糖、淀粉和纤维素。其是一种基本食物，每克约含4千卡能量。

心肌：只位于心脏中的一种横纹肌肉组织（不随意肌）。

心肺适能：心脏和肺把氧气输送到工作肌肉的效率。

循环训练：一种使用某种外部阻力、用时间控制训练和休息时间的间歇训练。

闭合式握法：手指和拇指环绕杠铃杆的一种握法，也称闭握。

系数：代表人的体重百分比的系数。

辊环：杠铃或哑铃的一部分，用来避免配重片滑向手部。

常规握距：双手间距大致与肩同宽，两手与配重片等距的杠铃握法。

组合组：一组由两个针对同一块肌肉或肌群的练习组成的中间无间歇的训练。例如，一个锻炼胸部的组合组，先进行一组自由重量卧推练习，紧接着做哑铃仰卧飞鸟练习。其经常被误称为超级组。

肌肉向心收缩：一种肌肉收缩类型，其特征是收缩时肌肉缩短（例如，肱二头肌弯举的上升阶段）。

能量代谢训练：提高身体产生能量和做功的能力的过程。

整理运动：完成训练后立即进行轻度或温和运动的一个阶段。其主要目的是使身体逐渐恢复到放松状态。

核心：身体的核心部分，包括下背部、躯干和腹部肌肉。

核心练习：一种锻炼下背部、躯干和腹部肌肉的练习。

延迟性肌肉酸痛：剧烈运动后的24~48小时，身体会变得酸痛。

哑铃：一种抗阻训练器械，通常用于单臂练习，由短杆和两端的配重片组成。

动态：涉及动作的练习，它的反义词是静态。

动态肌肉运动：一种包含向心收缩、离心收缩或同时包含两种类型收缩的肌肉活动。

离心肌肉运动：在用力过程中肌肉被拉长而不是缩短的肌肉收缩方式。例如，肱二头肌弯举的下降阶段，肱二头肌在发力的同时被拉长。离心抗阻训练通常伴随着肌肉酸痛。

补剂：用于增强运动表现的物质。

身体必需脂肪：储存在骨髓、心脏、肺、肝、脾、肾、肌肉和富含脂质组织的中枢神经系统中的脂肪。维持正常的生理功能，男性最少需要3%，女性最少需要12%。

健身球：一种充气的、由弹性软质聚氯乙烯和尼龙纤维构成的球，直径22到30英寸，也称为稳定球、平衡球、形体球、锻炼球、理疗球或瑞士球。

运动处方：一个基于目前的身体健康水平和想要达到目标的训练计划。

伸展：关节角度增加的运动。肱三头肌下压运动中的下降阶段是一个肘关节伸展的典型例子。

虚握：一种拇指不环绕杠铃杆的握法，也叫作开放式握法。

白肌纤维：骨骼肌肌纤维的一种类型，在爆发式肌肉运动中被高度募集，如短跑、铅球和竞技举重。

脂肪：一种基本的食物成分，占食物比例的25%~30%。在人体内，它本质上是非代谢活性组织。

固定阻力器械：一种带有预设滑轮的抗阻训练器械，通常通过推动或拉动连接到缆绳滑轮装置的握柄进行练习。有些时候，缆绳的材质可以根据具体需要更换，例如，链条或皮带。

平背：背部的上部和下部平直的姿势，不是圆背或驼背。

柔韧性：关节在其可运动范围内的运动能力。

屈曲：关节角度减小的运动。例如，肱二头肌弯举的上升运动中肘关节屈曲。

自由重量器械：一种抗阻训练的器械，允许关节进行非限制性运动（与让关节按预定方式运动的器械相反）。

频率：给定时间段的训练次数，例如，一周3次。

男性乳房发育症：指男性乳房增大，是服用类固醇的一个副作用。

交递：一名保护者把杠铃从杠铃架或地板上交递到练习者手中的协助行为。

悬挂位置：双手握住杠铃使之停留在大腿中部，同时保持微蹲的身体姿势。

高强度间歇训练：在一个训练中交替进行"开"（较难）的训练部分以及"关"（较容易）的休息或恢复部分。。

激素：内分泌腺分泌的化学物质，对其他细胞、组织和器官的活动有特殊的影响。

静水压力称重：身体成分测量的一种方法，使用静水压力称重确定身体的密度，可以计算体脂百分比。它是一种被广泛接受的、用来确定身体成分的准确方法，也叫作水下称重。

增生：肌肉组织由于肌纤维分裂并形成单独的肌纤维而导致的肌肉体积的增加。

高血压：过高的血压。

增肌：肌肉横截面积的增加。更简单的表述就是肌肉体积增加。

过度通气：由于呼吸深度和呼吸频率的增加，使肺过度通气，通常导致二氧化碳过度排出。可能伴随的症状有低血压和头晕等。

强度：运动刺激施加在身体上的相对压力水平。

缺血：工作组织的氧气供应减少的一种状况。

等速：肌肉活动的一种，在仪器的控制下，肌肉进行恒速运动。这个术语只适用于向心肌肉动作。

等长收缩：肌肉活动的一种，肌肉在不缩短的情况下产生张力，也叫作静态收缩。

等张：一种动态运动，肌肉在整个运动过程中产生相同大小的力。这种情况很少发生。因此，这个词不应该用来描述人类的运动表现。在相对宽松的情况下，它被用来描述动态自由重量运动。

壶铃：类似于一个哑铃，是一种在顶部带有手柄的铁球。

滚花：杠铃上的一个粗糙区域，有助于更好地握住杠铃杆。

去脂体重：体重减去脂肪重量，也叫脱脂重量。

韧带：致密结缔组织附着于骨关节面。

由轻到重金字塔训练：负荷逐组递增的一种训练方法。

线性周期：在强度随着时间推移逐渐增加的同时，训练量逐渐减少的一种周期训练模型。

负荷：能举起的重量。

卡锁：放在配重片两端的一种配件，用来把配重片固定在杆上。

大周期：周期计划中的一个时间段或循环训练周期，持续1个月到多年（比如，奥运会运动员的大周期通常为4年），一般长度是一年。

中周期： 周期训练计划中的一个时间段或训练周期，通常持续时间是几周到几个月，一般长度是一个月。两个或两个以上的中周期组成一个大周期。

代谢： 体内发生的化学变化或反应的总和。

小周期： 周期训练计划的一个时间段或训练周期，它是中周期的一部分，持续1~4周；通常长度是一周。两个或两个以上的小周期组成一个中周期。

微创伤： 肌肉组织因剧烈训练而被撕裂的情况。

混合握： 一种杠铃杆的握法，一只手用正握，另一只手用反握，也叫作正反握。

运动单元： 一个运动神经和它所支配的所有肌肉纤维。

多关节运动： 一种锻炼大肌肉，并在运动中涉及两个或更多关节活动的运动。在这本书中，较突出的多关节运动是自由重量卧推、坐姿推胸、站立肩上推举、器械坐姿推举、箭步蹲、器械腿蹬举、*后蹲、膝上高翻和借力推举。

多组： 在进行不同练习前，进行不止一组的运动（在休息之后）。

多组-相同负荷训练： 一组练习中的每一组运动都使用相同负荷的一种训练方法。

肌肉平衡： 交替训练互为拮抗关系的两组肌群，使力量平衡和肌肉对称。

肌肉僵硬： 用来描述一个人在进行抗阻训练时关节灵活性受限的术语，这可能是肌肉缺乏运动或不正确的抗阻训练及拉伸运动较少造成的。这个术语不适合用来描述那些在抗阻训练中掌握较好训练技巧和进行合理拉伸练习的人。

肌群： 在这本书中，7个肌群被命名为：胸部、肩部、背部、上臂前部、上臂后部、核心和腿部。

肌肉耐力： 肌肉反复收缩一段时间而不易疲劳的能力。

肌肉力量： 肌肉一次最大限度动用的能力。

被动运动： 练习的一种形式，更适合称为离心运动。在这个运动中，肌肉处于张力状态，肌肉被拉长而不是缩短。

神经： 参照神经系统。

神经学习因子： 募集更多肌纤维以及选择那些在抗阻训练或练习中表现得十分高效的肌纤维的能力。

神经肌肉： 涉及神经系统和肌肉系统。

营养学： 研究水、碳水化合物、蛋白质、脂肪、维生素和矿物质如何在休息和锻炼期间提供身体所需的能量、物质和营养的学科。

奥林匹克杠铃杆： 一根大约7英尺长的杆，在两端有辊环来配置重量。杆中间直径约1英寸，两端是2英寸。它重45磅；有奥林匹克卡锁的，通常重55磅。

奥林匹克举重： 竞技举重的一种形式，是抓举运动中最大力量水平的比赛。

一次重复最大重量（1RM）： 用最大努力只能做一次重复的重量（负荷）。

超负荷原则： 施加略大于肌肉习惯水平的负荷，这样，随着时间的推移，肌肉慢慢适应，继而可以承受更大的负荷。

过度训练： 过度的心理或身体疲劳（或两者），在训练期间不能完全恢复的一种状态。

摄氧量：心脏和肺吸收和利用氧气的能力，通常用每千克体重每分钟［毫升/（千克·分）］的吸氧量来表述。

体脂百分比：脂肪占体重的百分比。常见范围是男性的体脂占体重的14%~18%，女性的体脂占体重的22%~26%。

周期：一种变换训练计划的方法，可以此方法系统地安排高强度和低强度训练。

体适能：身体积极活动的能力，由个人的心肺耐力、肌肉力量、肌肉耐力、柔韧性和身体成分水平决定。

支点：变阻训练器中凸轮转动的轴。

主动运动：肌肉以向心收缩形式运动。

爆发力：快速产生爆发力的能力；在数学上的定义为力×速度或做功÷时间。

力量举重：竞技体育运动，涉及深蹲、卧推和硬拉运动中的最大力量水平。

动力区：身体的大腿和髋部区域，包括身体最大的肌群：股四头肌（大腿的前侧）、腘绳肌（大腿后侧）和臀肌。

练习步骤：教人如何进行抗阻训练的程序。

计划设计：一个精心设计抗阻训练计划的行为。

训练变量：一个精心设计的抗阻训练计划的组成部分，包括练习的选择、训练安排、训练负荷、重复次数、组数、间歇时间和训练频率。

渐进性超负荷原则：随着时间的推移，系统地应用超负荷原则。

正握：抓握时，掌心向下或向后，双手拇指指向相反方向。

俯卧：脸朝下趴着，与仰卧相对应。

蛋白质：一种食物成分，它为组织的生长和修复提供必需的氨基酸。

金字塔训练：负荷逐渐增重（升金字塔）或负荷逐渐递减（降金字塔）的多组训练方法。

快速翻举练习：一种以爆发式动作为特征的举重训练；例子有高翻、抓举和膝上高翻。

关节活动度（Range of Motion，ROM）：身体围绕关节旋转可获得的活动范围。

动员：在运动中或者为了一个运动使用或动员肌肉的过程。

募集：在肌肉活动中神经肌肉系统激活运动单位的过程。

相对力量：基于总体重或瘦体重变量的力量相对值。

重复：进行一次练习的动作阶段。

重复最大重量（Repetition Maximum，RM）：能够在没有产生疲劳之前完成给定重复次数的最大负荷。例如，10RM就是能够进行10次重复的最大重量。

间歇时间：在两组运动或两个练习之间的休息时间。

回合：在一次HIIT中连续执行的一组模式或练习。在HIIT中使用的"回合"一词与传统抗阻训练计划中使用的"组"同义，也称为"循环"。

组合器械：一种可以允许练习者通过一个插栓来选择或固定负荷的抗阻训练器械。

组：在一个没有休息时间的练习中连续完成多次重复。

单关节运动：涉及单肌群、单关节运动的练习。例如，肱二头肌弯举、器械肱三头肌伸展和*器械站立提踵运动。

骨骼肌：肌肉组织的一种，它通过肌腱附着在骨骼上，并对大脑的主动刺激做出反应。

红肌纤维：骨骼肌肌纤维的一种类型，具有能够反复工作而不易疲劳的能力。这种类型的肌纤维在长跑、游泳和自行车运动中被高度募集。

平滑肌：一种不随意肌，它位于眼睛、胃、肠、膀胱、子宫和血管壁上。

特异性概念：为达到特定效果，用一种特定方式锻炼身体。

分隔计划：一种抗阻训练计划，其特点是分开或隔日进行不同的练习（例如，上半身或下半身锻炼）。

深蹲架：可以把杠铃杆支撑并保持在肩部高度的架子；通常练习者利用它把杠铃杆放在后背，为*后蹲运动做准备。

标准杠铃杆：它是直径为1英寸的杆，通常每英尺重约5磅。

静态伸展：把肌肉和结缔组织放置在被动牵拉的位置并保持静态。

粘滞点：在整个动作范围中，移动重物或阻力最困难的点。

力量平台期：力量训练过程中出现的一种暂时性的进展停滞现象。

力量训练：利用抗阻训练提高一个人产生力量或对抗阻力的能力，以提高力量、竞技表现或两者都提高。这种训练可以使用自由重量器械、自重、组合器械或其他设备来实现提高力量、竞技表现的目标。

横纹肌：骨骼肌具有交替的明暗带或条纹。除了心脏肌肉，所有的横纹肌都是随意肌。

超级组：一种交替锻炼拮抗肌群且无间歇的训练形式。例如，一组肱二头肌弯举运动之后紧接着是一组肱三头肌下压，就是锻炼上臂的超级组。

反握：一种握法，掌心朝上或朝前，两个拇指指向相反的方向。

仰卧：背部朝下、脸朝上的姿势，与俯卧相反。

Tabata训练：一种HIIT，由20秒超高强度的练习和随后10秒的休息（不活动）组成，该过程重复8次（总计练习4分钟）。

肌腱：使肌肉附着在骨头上的致密结缔组织。

睾酮：由睾丸产生的雄性激素，决定男性性征。

治疗指数：类固醇的合成代谢作用及雄性激素作用之间的比率。

一周3天计划：星期一、星期三和星期五训练，或星期二、星期四和星期六训练，或星期日、星期二、星期四训练。在一周3天的计划中，要进行每个训练日所有的练习。

试验负荷：用于确定实际训练计划中的负荷是否可接受或是否为正确的负荷。

二二原则：当一个人在连续两个训练日的最后一组运动中能够完成超出目标次数两次或更多次重复时，说明在肌肉适应性上已经取得了充分的提高。

波动周期：一个周期模型，它的特点是训练强度和训练量在训练与训练间都会有变化，也被称为非线性周期。

通用：一个抗阻训练阻力设备的品牌。

可变阻力器械：一种抗阻训练器械，有一个肾形的轮子或凸轮，训练时能给肌肉更加均匀的压力。

训练变量：通过控制训练频率、训练强度、持续时间或运动模式等训练变量，使产生在身体上或精神上的效果最大化，并使过度训练的概率最小化。

维生素：作为重要生化（代谢）反应催化剂的有机物。

训练量：每次训练、每堂训练课或每周进行的全部运动。训练量被计算为总的重复次数乘以总的举起重量或组数乘以重复次数。

热身：运动员在训练开始前的阶段进行的轻度或适度活动。它的主要目的是为身体进行更强烈的运动做准备。

抗阻训练：利用抗阻训练提高一个人产生力量或对抗阻力的能力，以达到提升力量、肌肉耐力、肌肉体积、竞技表现水平或者所有这些目标。这种训练可以使用自由重量器械、自重、组合器械或其他设备来实现。最近几年，这个术语被力量训练取代。

交叉时间训练：与他人共用一个器械，在自己组间休息时让他人使用设备。

单位换算表

把 磅换算成千克的方法是用磅数乘以0.453593。估算的话乘以0.45就可以了。在这个图表中，数字被四舍五入到最接近的0.25的倍数。例如，185乘以0.453593等于83.9147。这里的千克数是83.75而不是84。把千克换算成磅是用千克数乘以2.2046，快速估算的话就是乘以2.2。

磅到千克				千克到磅			
磅	千克	磅	千克	千克	磅	千克	磅
2.50	1.00	205.00	92.75	2.50	5.50	95.00	209.25
5.00	2.25	210.00	95.25	5.00	11.00	97.50	214.75
10.00	4.50	215.00	97.50	7.50	16.50	100.00	220.25
15.00	6.75	220.00	99.75	10.00	22.00	102.50	225.75
20.00	9.00	225.00	102.00	12.50	27.50	105.00	231.25
25.00	11.25	230.00	104.25	15.00	33.00	107.50	236.75
30.00	13.50	235.00	106.50	17.50	38.50	110.00	242.50
35.00	15.75	240.00	108.75	20.00	44.00	112.50	248.00
40.00	18.00	245.00	111.00	22.50	49.50	115.00	253.50
45.00	20.25	250.00	113.25	25.00	55.00	117.50	259.00
50.00	22.50	255.00	115.50	27.50	60.50	120.00	264.50
55.00	24.75	260.00	117.75	30.00	66.00	122.50	270.00
60.00	27.00	265.00	120.00	32.50	71.50	125.00	275.50
65.00	29.25	270.00	122.25	35.00	77.00	127.50	281.00
70.00	31.75	275.00	124.50	37.50	82.50	130.00	286.50
75.00	34.00	280.00	127.00	40.00	88.00	132.50	292.00
80.00	36.25	285.00	129.25	42.50	93.50	135.00	297.50
85.00	38.50	290.00	131.50	45.00	99.00	137.50	303.00
90.00	40.75	295.00	133.75	47.50	104.50	140.00	308.50
95.00	43.00	300.00	136.00	50.00	110.00	142.50	314.00
100.00	45.25	305.00	138.25	52.50	115.50	145.00	319.50
105.00	47.50	310.00	140.50	55.00	121.25	147.50	325.00
110.00	49.75	315.00	142.75	57.50	126.75	150.00	330.50
115.00	52.00	320.00	145.00	60.00	132.25	152.50	336.00

（续表）

磅到千克				千克到磅			
磅	千克	磅	千克	千克	磅	千克	磅
120.00	54.25	325.00	147.25	62.50	137.75	155.00	341.50
125.00	56.50	330.00	149.50	65.00	143.25	157.50	347.00
130.00	58.75	335.00	151.75	67.50	148.75	160.00	352.50
135.00	61.00	340.00	154.00	70.00	154.25	162.50	358.00
140.00	63.50	345.00	156.25	72.50	159.75	165.00	363.75
145.00	65.75	350.00	158.75	75.00	165.25	167.50	369.25
150.00	68.00	355.00	161.00	77.50	170.75	170.00	374.75
155.00	70.25	360.00	163.25	80.00	176.25	172.50	380.25
160.00	72.50	365.00	165.50	82.50	181.75	175.00	385.75
165.00	74.75	370.00	167.75	85.00	187.25	177.50	391.25
170.00	77.00	375.00	170.00	87.50	192.75	180.00	396.75
175.00	79.25	380.00	172.25	90.00	198.25	182.50	402.25
180.00	81.50	385.00	174.50	92.50	203.75		
185.00	83.75	390.00	176.75				
190.00	86.00	395.00	179.00				
195.00	88.25	400.00	181.25				
200.00	90.50						

参考文献

Austin, D., and B. Mann. 2012. *Powerlifting*. Champaign, IL: Human Kinetics.

Baechle, T.R., and R.W. Earle. 2014. *Fitness Weight Training*. 3rd ed. Champaign, IL: Human Kinetics.

Baechle, T.R., and W.L. Westcott. 2010. *Fitness Professional's Guide to Strength Training Older Adults*. 2nd ed. Champaign, IL: Human Kinetics.

Bompa, T., and C. Buzzichelli. 2015. *Periodization Training for Sports*. 3rd ed. Champaign, IL: Human Kinetics.

Bompa, T., and C. Buzzichelli. 2019. *Periodization: Theory and Methodology of Training*. 6th ed. Champaign, IL: Human Kinetics.

Clark, N. 2020. *Nancy Clark's Sports Nutrition Guidebook*. 6th ed. Champaign, IL: Human Kinetics.

Coburn, J.W., and M.H. Malek (editors). 2012. *NSCA's Essentials of Personal Training*. 2nd ed. Champaign, IL: Human Kinetics.

Faigenbaum, A., R. Lloyd, J. Oliver, and American College of Sports Medicine. 2020. *Essentials of Youth Fitness*. Champaign, IL: Human Kinetics.

Faigenbaum, A., and W.L. Westcott. 2009. *Strength and Power for Young Athletes*. Champaign, IL: Human Kinetics.

Fitschen, P., and C. Wilson. 2020. *Bodybuilding: The Complete Contest Preparation Handbook*. Champaign, IL: Human Kinetics.

Haff, G.G., and N.T. Triplett (editors). 2016. *Essentials of Strength Training and Conditioning*. 4th ed. Champaign, IL: Human Kinetics.

Hoffman, J.R., W.J. Kraemer, S. Bhasin, T. Storer, N.A. Ratamess, G.G. Haff, D.S. Willoughby, and A.D. Rogol. 2009. "Position Stand on Androgen and Human Growth Hormone Use." *Journal of Strength and Conditioning Research* 23(5): S1–S59.

Laursen, P., and M. Buchheit. 2019. *Science and Application of High-Intensity Interval Training*. Champaign, IL: Human Kinetics.

McAtee, R., and J. Charland. 2014. *Facilitated Stretching*. 4th ed. Champaign, IL: Human Kinetics.

Newton, H. 2006. *Explosive Lifting for Sports*. Enhanced ed. Champaign, IL: Human Kinetics.

Tabata, I. 2019. "Tabata Training: One of the Most Energetically Effective High-Intensity Intermittent Training Methods." *The Journal of Physiological Sciences* 69(4): 559–572.

Westcott, W.L., and T.R. Baechle. 2007. *Strength Training Past 50*. 2nd ed. Champaign, IL: Human Kinetics.

关于作者

托马斯·R.贝希勒，EdD, NSCA-CSCS, *D-R, NSCA-CPT,*D-R,
撰写或编著了17本有关抗阻训练的书籍，其中一些被翻译为10种语言。
其中，他编著的《NSCA-CSCS美国国家体能协会体能教练认证指南》
（*Essentials of Strength Training and Conditioning*）前3版（他也撰写了一些
章节）和与人联合编著的《NSCA-CPT美国国家体能协会私人教练认证指
南》（*NSCA's Essentials of Personal Training*）最为著名。他发表了80篇文
章，出席过170场有关抗阻训练、健身和健康的演讲，其中40场是国际性演
讲。贝希勒是NSCA的创始人之一，曾是该协会第二任主席兼教育主管。在担任NSCA认证委员会常务
董事期间，他在将NSCA-CSCS和NSCA-CPT认证确立为重要的证书方面发挥了重要作用。贝希勒对地
方、国家和国际专业组织和机构做出了巨大贡献，并因此获得了40多项大奖，包括来自美国人体运动出
版社和美国健康、体育教育、娱乐及舞蹈联盟（AAHPERD）的赞誉。他曾被克赖顿大学授予杰出教学
奖，在该校担任运动科学系和健康预科的主任长达38年，目前仍是该校的名誉教授。他获得NSCA的奖
项和赞誉包括：1982年和1983年获得NSCA第四区年度力量教练称号；1984年获得年度力量与调理专家
称号；1986年、1991年和1993年获得美国总统奖；1998年获得终身成就奖；2007年获得NSCA认证委员
会的服务奖；2017年入驻NSCA名人堂；2019年获得先锋奖和阿尔文·罗伊职业成就奖。

罗杰·W.厄尔，MA, NSCA-CSCS, *D, NSCA-CPT, *D, 拥有超过
30年的私人健身教练和竞技运动体能教练的工作经验，并且是所有年龄段和
不同健身水平的人的行为改变的推动者。除了面授和在线训练客户，他还在
美国国家和国际会议上发表有关体重管理、运动动机以及制定个性化运动和
训练计划的演讲。厄尔是美国人体运动出版社贸易和专业部门的高级策划编
辑，该出版社是全球最大的体育和运动书籍及在线产品发行商。他是与健身
或抗阻训练相关的10本书的合著者、合编者或撰稿人，其中包括《重量训练
指南》（*Fitness Weight Training*）和《EuropeActive给运动专业人士的基础指南》（*EuropeActive's Foundations
for Exercise Professionals*）。厄尔曾担任NSCA认证委员会的执行副董事和考试开发总监，负责审查和编
辑CSCS和NSCA-CPT考试的材料并撰写学习资料，还与人合编了《NSCA-CPT美国国家体能协会私人
教练认证指南》的第1版和《NSCA-CSCS美国国家体能协会体能教练认证指南》的第2版和第3版。就
职于NSCA之前，厄尔曾在内布拉斯加州奥马哈市克赖顿大学担任首席力量和体能教练10年，也曾在该
校的运动科学和竞技训练系任教6年。

关于译者

何璘瑄，华东师范大学体育与健康学院体育专业硕士，国家体育总局训练局体能康复中心体能训练师；备战2020年东京奥运会期间，负责中国国家男子体操队选手伍冠华的体能训练；曾为田径、体操、篮球、跳水、举重、羽毛球、乒乓球、花样游泳、排球共计9个项目的国家队提供体能测评服务；参与《NSCA-CSCS美国国家体能协会体能教练认证指南（第4版）》的审校工作。